KB184463

시험에 나오는 서술형 유형 집중 공략

내신공략 중학영어

3

이 책을 지은 분들

이용준
(현) HighEnd Institute 대표
서울대학교 영어영문학과 석사
(전) 서울시립대 YBM 토익강의
(전) Exam4you 내신/모의고사 출제 위원

- 다락원 시험에 강한 고등영어 서술형
- 다락원 구문 insight 독해·영작 응용편
- 에듀원 EBS 수특특강 영어 평가문제집
- 꿈틀 1등급 서술형

이희완
(현) 이희완 영어연구소장
(전) 청심국제중고등학교 교사
(전) 대치 다원교육 영어과 원장

- 미래앤 리딩바이크 SUM
- 웅진컴퍼스 Navigator 시리즈

홍유석

- 다락원 시험에 강한 고등영어 서술형
- 다락원 구문 insight 독해·영작 응용편
- 진학사 링크랭크 수능 Voca
- 웰메이드 수능반지원정대 EBS 100% 연계 봉투모의고사
- 자이스토리 프리미엄 모의고사
- 자이스토리 절대평가 영어독해 시리즈
- B2B 천기누설 시리즈
- 단단북스 솔깃 모의고사
- 교학사 Back to the Basics

내신공략 중학영어 서술형 3

지은이 이용준, 이희완, 홍유석
펴낸이 정규도
펴낸곳 ㈜다락원

초판 1쇄 발행 2025년 1월 6일

편집 강화진
디자인 김나경, 토비트
영문 감수 Ted Gray

다락원 경기도 파주시 문발로 211
내용문의 (02)736-2031 내선 533
구입문의 (02)736-2031 내선 250~252
Fax (02)732-2037
출판등록 1977년 9월 16일 제 406-2008-000007호
Copyright © 2025 이용준, 이희완, 홍유석

저자 및 출판사의 허락 없이 이 책의 일부 또는 전부를 무단 복제·전재·발췌할 수 없습니다. 구입 후 철회는 회사 내규에 부합하는 경우에 가능하므로 구입처에 문의하시기 바랍니다. 분실·파손 등에 따른 소비자 피해에 대해서는 공정거래위원회에서 고시한 소비자 분쟁 해결 기준에 따라 보상 가능합니다. 잘못된 책은 바꿔 드립니다.

ISBN 978-89-277-4166-4 54740
978-89-277-4163-3 54740 (set)

www.darakwon.co.kr
다락원 홈페이지를 방문하시면 상세한 출판정보와 함께 동영상강좌, MP3 자료 등 다양한 어학 정보를 얻으실 수 있습니다.

PREFACE

〈시험에 강한 고등 영어 서술형〉을 출간한 후, 그 교재로 약 1년 동안 예비고 1, 2 학생들을 직접 가르쳐오면서, 학생들이 자신의 부족한 부분을 보완하고 시험에 필요한 기초를 쌓아 나가는 모습을 지켜보며 뿌듯함을 느낄 수 있었습니다.

하지만 동시에 고2인데도 고등 영어 서술형에 있는 문제를 거의 풀지 못하고 어려워하는 학생들도 접할 수 있었습니다. 그들에게 필요한 건 고등 영어 서술형보다 더 쉬운 기초 문법서와 서술형 교재였습니다. "그렇다면 기초가 부족한 고등학생들과 중학생들 모두를 위한 서술형 교재가 필요하겠구나!"라는 생각을 하게 되었고, 고등 영어 서술형의 바로 전 단계인 중등 영어 서술형 내용 구상에 들어갔습니다.

때마침 다락원에서도 제대로 된 중등 영어 서술형 교재의 필요성에 대해 인지하고 교재를 기획 중인 것을 알게 되었고, 이러한 우연의 일치로 저는 뜻이 맞는 훌륭한 다른 선생님들과 함께 집필할 수 있는 기회를 잡을 수 있었습니다. 문법책인지 영작책인지 애매모호한 기존 서술형 교재들과 차별화되면서도, 문법 서술형과 내용 이해 서술형의 기본을 다루고, 시험에 나오는 내용들로만 구성한 서술형 교재 개발에 착수하게 되었습니다.

전국의 중학교의 시험지를 분석하여 시험에서 어떤 내용이 다루어지고 어떤 문제 유형이 출제되는지를 정리하였습니다. 한 권으로 출간된 〈시험에 강한 고등 영어 서술형〉과는 달리 세 권으로 내용을 세분화하여 더 자세한 설명과 예시, 연습 문제를 수록하였습니다.
이 책을 통해 중학생들과 기초가 부족한 고등학생들 모두 학교 시험에서 어려움을 겪지 않고, 내신대비와 수능대비를 위한 초석을 쌓을 수 있길 바랍니다.

이 교재가 출간되기까지 애써주신 다락원 출판사의 모든 관계자 분들과, 힘든 작업을 함께 해준 공동 저자들, 그리고 시험지 정리와 분석에 도움을 준 박나현, 주한별 두 명의 조교들에게 감사의 인사를 드립니다. 마지막으로 아픈 본인들보다 제 건강을 더 걱정하시는 어머니와 누나가 오래도록 건강한 삶을 살아가길 바라봅니다.

대표 저자 이 용 준

STRUCTURES

중학교 영어 서술형 문제는 문법 요소를 얼마나 정확하게 학습했는지를 묻는 문법 서술형과, 영어로 된 지문 및 대화를 읽고 얼마나 이해했는지를 묻는 내용 이해 서술형으로 나뉩니다. 문법 서술형으로만 구성된 타사의 다른 교재들과 달리, "내공 중학영어 서술형"은 문법 서술형은 물론, 내용 이해 서술형까지 완벽히 대비할 수 있도록 구성하였습니다.

● PART I Chapter 01~10 문법 서술형

문법 포인트

중학교 영어 서술형 문제에 빈출되는 문법 포인트만 추려 한 눈에 보기 좋게 정리하였습니다.

바로 적용하기

위에서 학습한 문법 포인트를 적용하여 단계별로 구성된 서술형 기본 유형의 문제들을 풀어보는 코너입니다. 서술형 영작 문제에 자주 출제되는 유형으로 구성하여 내신 서술형에 충분히 대비할 수 있습니다.

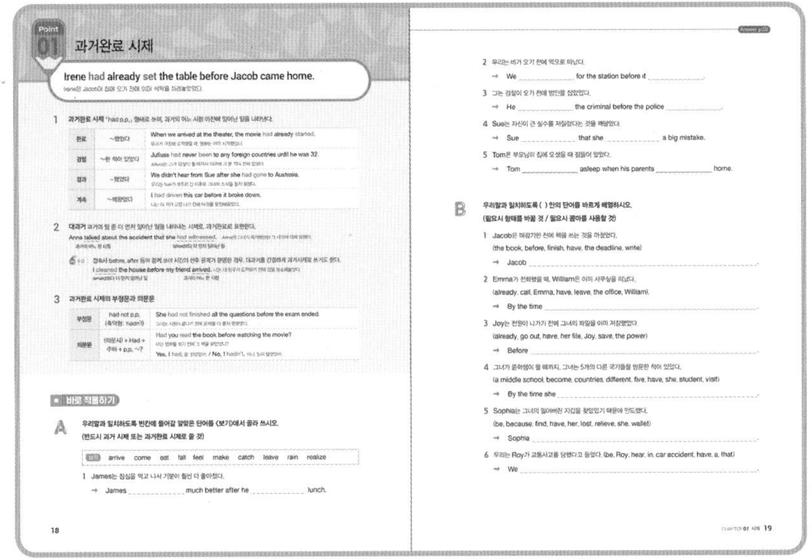

시험에 나오는 서술형

챕터의 문법 포인트 학습이 끝난 후, 중학교 영어 시험에 나오는 서술형 문제들을 풀어보는 코너입니다. 뒤로 갈수록 어려운 문제가 나오도록 단계별로 구성하였고, 신유형, 함정유형 등 다양한 유형의 문제들을 풀어보며 학교 시험에 철저히 대비할 수 있습니다.

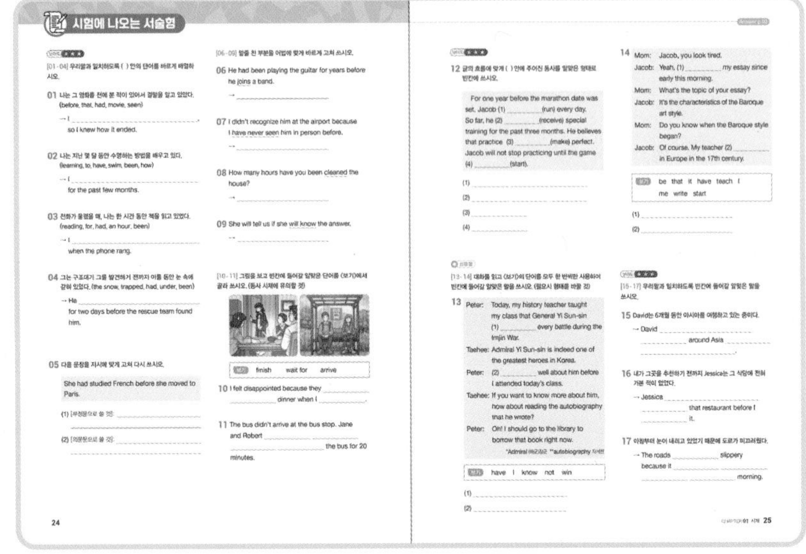

● PART II Chapter 11 내용 이해 서술형

유형 포인트

학년별로 자주 출제되는 내용 이해 서술형 유형을 권 당 두 유형씩 소개했습니다. 출제 경향과 예시 유형을 살펴보며 내용 이해 서술형에 대한 자신감을 키울 수 있습니다.

바로 적용하기

위에 해당하는 내용 이해 서술형 유형을 풀어봄으로써 해당 유형에 대한 감을 익힐 수 있습니다.

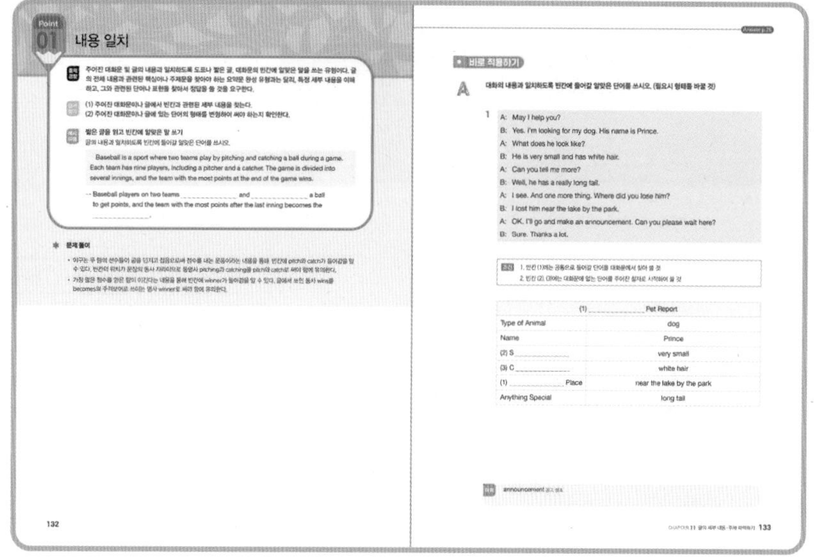

실전 예상 문제

내용 이해 서술형 학습이 끝난 후, 챕터를 아우르는 실전 예상 문제를 풀어봅니다. 여러 포인트가 종합적으로 혼합되어 출제된 문제를 풀어봄으로써 실제 시험에 철저히 대비할 수 있습니다.

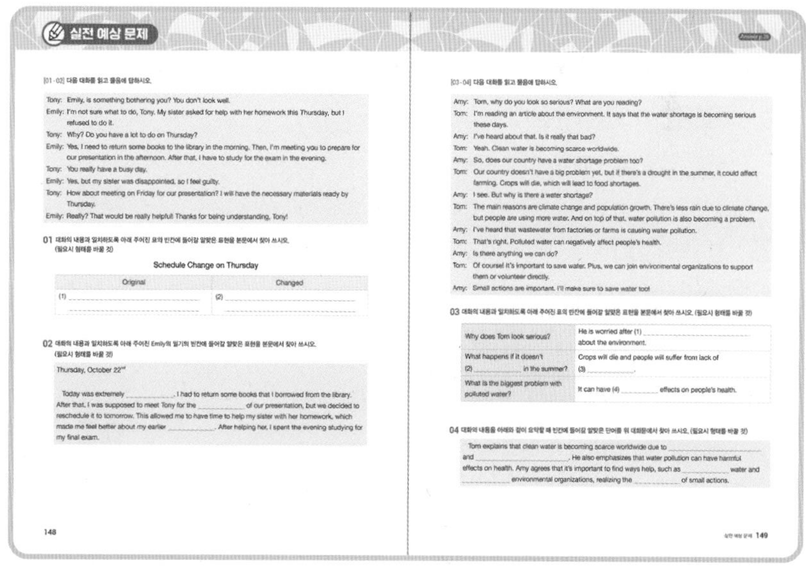

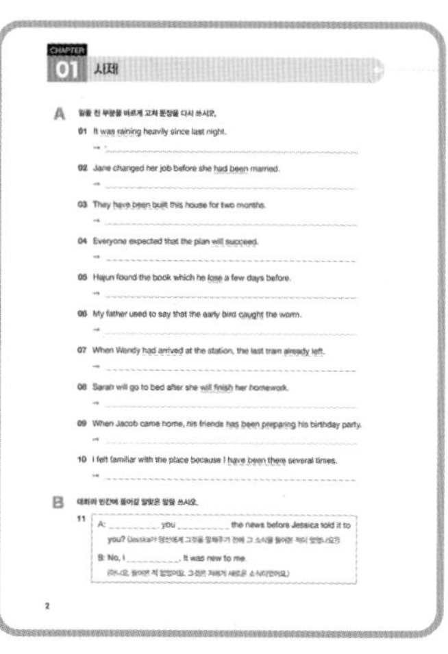

WorkBook

별책으로 제공되는 워크북에서는 각 챕터의 문법사항을 Worksheet 형태로 제공하여 학습한 내용을 빠르게 복습하고 실력을 점검할 수 있습니다.

CONTENTS

PART I Chapter 01~10
문법 서술형

PART II Chapter 11

내용 이해 서술형

CHAPTER

CHAPTER

기출분석 학교명 (가나다순)

지역	학교명
서울	경신중학교
	고덕중학교
	공항중학교
	구룡중학교
	당산서중학교
	당산중학교
	대명중학교
	대원국제중학교
	동도중학교
	마포중학교
	목동중학교
	문래중학교
	번동중학교
	배문중학교
	배재중학교
	배화중학교
	배화여자중학교
	상일중학교
	상현중학교
	서울여자중학교
	선화예술중학교
	성덕여자중학교
	성암여자중학교
	신명중학교
	신목중학교
	신반포중학교
	신천중학교
	압구정중학교
	양정중학교
	양화중학교
	언주중학교
	여의도중학교
	역삼중학교

지역	학교명
경기	염창중학교
	영도중학교
	은성중학교
	을지중학교
	이수중학교
	월촌중학교
	창문여자중학교
	창일중학교
	공도중학교
	교문중학교
	금파중학교
	광동중학교
	도래울중학교
	대안중학교
	만정중학교
	범계중학교
	본오중학교
	부명중학교
	부천부곡중학교
	서울삼육중학교
	서천중학교
	성남문원중학교
	성남서중학교
	성남여자중학교
	성일중학교
	수성중학교
	숙지중학교
	영복여자중학교
	용인신릉중학교
	임곡중학교
	잠원중학교
	장자중학교
	조양중 학교

지역	학교명
인천	진접중학교
	청계중학교
	창성중학교
	태평중학교
	평촌중학교
	간재울중학교
	갈산중학교
	검단중학교
	구월여자중학교
	구월중학교
	남인천여자중학교
	동인천중학교
	박문중학교
	삼산중학교
	상인천여자중학교
	송도중학교
	신송중학교
	연성중학교
	연화중학교
	용현중학교
	용현여자중학교
	인주중학교
	인천경연중학교
	인천고잔중학교
	인천루원중학교
	인천신정중학교
	인천청라중학교
	인천청람중학교
	인천청호중학교
	인천현송중학교
	인천해원중학교
	인천초은중학교
	청량중학교

지역	학교명
충청	가경중학교
	경덕중학교
	금천중학교
	남성중학교
	대성여자중학교
	대성중학교
	복대중학교
	서산중학교
	송절중학교
	세광중학교
	오송중학교
	용암중학교
	운호중학교
	원평중학교
	군산남중학교
	군산동원중학교
전라	군산월명중학교
	군산중앙중학교
	군산중학교
	이리중학교
	이일여자중학교
	익산부송중학교
	익산어양중학교
	원광여자중학교
	원광중학교
	전주해성중학교
	전주신흥중학교
대전	대전대성여자중학교
	대전여자중학교
	우송중학교
	충남중학교

지역	학교명
대구	고산중학교
	다사중학교
	달서중학교
	대건중학교
	매호중학교
	신아중학교
	심인중학교
	왕선중학교
	월암중학교
	학산중학교
부산	가람중학교
	구남중학교
	구포중학교
	동주여자중학교
	동주중학교
	모동중학교
	모라중학교
	부산중앙중학교
	사하중학교
	신덕중학교
	정관중학교
울산	가온중학교
	달천중학교
	무거중학교
	문수중학교
	신일중학교
	야음중학교
	울산중앙중학교
	울산중학교
	울산제일중학교
	유곡중학교

지역	학교명
광주	장검중학교
	천상중학교
	학성여자중학교
	고려중학교
	고실중학교
	금구중학교
	금당중학교
	성덕중학교
	수완중학교
	수완하나중학교
	영천중학교
	용두중학교
	운남중학교
	일곡중학교
	장덕중학교
	가야중학교
경상	감계중학교
	경운중학교
	구미인덕중학교
	김해서중학교
	내동중학교
	대방중학교
	안남중학교
	오상중학교
	옥계중학교
	인동중학교
	임호중학교
	진평중학교
	창북중학교
	천생중학교
	해마루중학교

서술형이 쉬워지는 기초 문법 개념

❶ 품사

영어 단어는 기능과 의미에 따라 8가지로 나뉘는데 이를 품사라 한다.

1 명사 명사는 사물, 사람, 장소 등의 이름을 나타내는 말

book, dog, teacher, Tom, New York, happiness, family 등

역할 주어, 목적어, 보어

Tom is my friend. 주어 Tom은 내 친구이다.
I bought a book. 목적어 나는 책 한 권을 샀다.
My favorite food is pizza. 보어 내가 가장 좋아하는 음식은 피자이다.

명사 역할 가능한 것

명사	명사구	명사절
	• to부정사(구) • 동명사(구)	• that절 • whether절

Honesty is the best policy. 단독 명사 정직함이 최선의 방책이다.
To learn a new language takes time. to부정사 새로운 언어를 배우는 것은 시간이 걸린다.
I enjoy dancing in my free time. 동명사 나는 여가 시간에 춤추는 것을 즐긴다.
I believe that love conquers all. that절 나는 사랑이 모든 것을 이긴다고 믿는다.
She wondered whether he would come to the party or not. whether절
그녀는 그가 파티에 올지 안 올지 궁금했다.

2 대명사 대명사는 명사를 대신하는 말

it, this, these, she, he 등

역할 주어, 목적어, 보어

This is my book. 주어 이것은 내 책이다.
I like her. 목적어 나는 그녀를 좋아한다.
These books are mine. 보어 이 책들은 내 것이다.

3 동사 동사는 주어의 동작이나 상태, 위치를 나타내는 말

am, is, are, run, go, make 등

Kate is from Canada. be동사 Kate는 캐나다 출신이다.

I go swimming every day. 일반동사 나는 매일 수영하러 간다.

She can ride a bike. 조동사 그녀는 자전거를 탈 수 있다.

4 형용사 형용사는 명사, 대명사를 꾸며주는 말

red, beautiful, ugly, kind, hot, lazy 등

역할 수식어, 주격보어, 목적격보어

Tom is a diligent student. 수식어 Tom은 부지런한 학생이다.

He is kind. 주격보어 그는 친절하다.

This jacket keeps me warm. 목적격보어 이 재킷은 나를 따뜻하게 유지해준다.

형용사 역할 가능한 것

형용사 / to부정사 / 분사 / 전치사구 / 형용사절 (관계대명사절)

This cake is very sweet. 단독 형용사 이 케이크는 매우 달다.

I need a book to read on the train. to부정사 나는 기차에서 읽을 책이 필요하다.

The woman wearing a hat is my cousin. 분사 모자를 쓴 저 여자는 나의 사촌이다.

The girl in the photo is my sister. 전치사구 사진 속 소녀는 내 여동생이다.

People who exercise regularly are healthy. 형용사절
규칙적으로 운동하는 사람은 건강하다.

5 부사 부사는 동사, 부사, 형용사, 문장 전체를 꾸며주는 말

slowly, quickly, fast, very 등

부사 역할 가능한 것

- 부사
- 부사구
  - to부정사구
  - 전치사구
  - 분사구
- 부사절 (종속접속사+주어+동사)

She slowly opened the door. 단독 부사 그녀는 천천히 문을 열었다.

I went to the library to return the book. to부정사 나는 이 책을 반납하기 위해 도서관에 갔다.

We stayed at the hotel. 전치사구 우리는 그 호텔에 머물렀다.

Seeing me, he waved his hand at me. 분사구 나를 보자 그는 손을 흔들었다.

When Jake arrives, we will go to see a movie. 부사절
Jake가 도착하면 우리는 영화를 보러 갈 것이다.

6 전치사 전치사는 명사나 대명사 앞에서 시간, 장소, 방법 등을 나타내는 말

at, on, in, to, after, before 등

역할 형용사구, 부사구

Ryan is in New York now. 형용사 역할 Ryan은 지금 뉴욕에 있다.

The man in the rain was my father. 형용사 역할 빗속에 있던 남자는 내 아빠였다.

Put on your bag on the desk. 부사 역할 네 가방을 책상 위에 올려놓아라.

7 접속사 접속사는 단어와 단어, 구와 구, 절과 절을 연결할 때 쓰는 말

and, but, or, although 등

접속사의 종류

등위접속사	종속접속사	상관접속사
and, but, or	because, if, although, after, when 등	

Jacob has a dog and two cats. 등위접속사 Jacob은 개 한 마리와 고양이 두 마리를 키운다.

I went to bed early because I was tired. 종속접속사
나는 피곤했기 때문에 일찍 잠자리에 들었다.

He can speak both English and Spanish. 상관접속사
그는 영어와 스페인어를 둘 다 말할 수 있다.

8 감탄사 감탄사는 기쁨, 놀람, 슬픔과 같은 감정 및 느낌을 나타내는 말

Wow, Oh 등

Wow, look at the beautiful sunsets! 와, 저 아름다운 석양 좀 봐!

❷ 문장 성분

문장 성분이란 문장을 구성하는 요소를 말한다. 영어 문장을 만들 때 필요한 재료에는 주어, 동사, 목적어, 보어, 수식어가 있다.

1 **주어** (subject)
동작이나 상태의 주체가 되는 말로 '누가,' '무엇이'에 해당한다.
He is a famous singer. 그는 유명한 가수이다.

2 **동사** (verb)
주어의 동작이나 상태를 나타내는 말로 '~하다,' '~이다'에 해당한다.
I prepared dinner. 나는 저녁을 준비했다.
Dinner is ready. 저녁이 준비됐다.

3 **목적어** (object)
동작의 대상을 나타내는 말로 '~을'에 해당한다.
I cleaned the window. 나는 창문을 닦았다.

4 **보어** (complement)
주어나 목적어를 보충 설명하는 말로, 주어나 목적어의 성질, 상태 등을 나타낸다.
She looks happy. 주격보어 그녀는 행복해 보인다.
The news made me sad. 목적격보어 그 뉴스는 나를 슬프게 만들었다.

5 **수식어** (modifier)
다양한 위치에서 문장에 여러 의미를 더해주는 역할을 한다. 문장을 구성하는 데에 필수적인 것은 아니다.
The bird soared gracefully through the sky. 그 새는 우아하게 하늘로 날아올랐다.

3 품사와 문장 성분

각 문장 성분에는 특정한 품사만 올 수 있다. 품사와 문장 성분과의 관계를 알아보자.

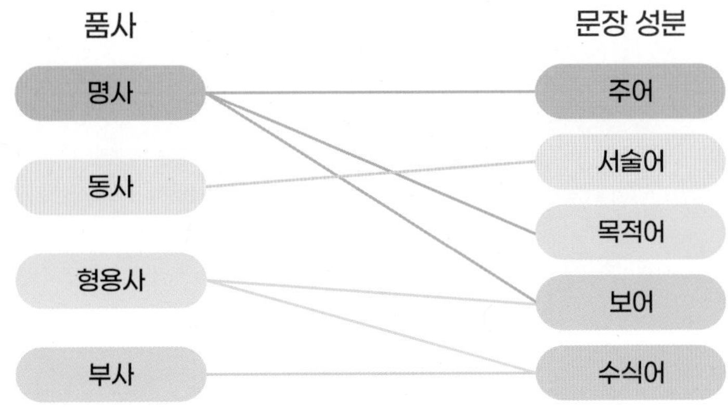

4 구와 절

구와 절은 문장을 구성하는 단위로, 두 개 이상의 단어가 모여 하나의 의미를 나타내는 말이다. 구는 「주어 + 동사」를 포함하지 않은 의미 단위이며, 절은 「주어 + 동사」를 포함한 의미 단위이다. 둘 다 문장에서 명사, 형용사, 부사 역할을 한다.

1 **명사 역할**

명사구 **Those flowers are beautiful.** 주어 저 꽃들은 아름답다.

His job is writing novels. 보어 그의 직업은 소설을 쓰는 것이다.

명사절 **Mike hopes that they will win the game.**
목적어 Mike는 그들이 그 경기에서 이기기를 소망한다.

2 **형용사 역할**

형용사구 **The vase on the table was made in Italy.**
전치사구 탁자 위에 있는 그 꽃병은 이탈리아에서 만들어졌다.

형용사절 **The vase which was made in Italy is very expensive.**
관계대명사절 이탈리아에서 만들어진 그 꽃병은 매우 비싸다.

3 **부사 역할**

부사구 **I kicked the ball to score a goal.**
to부정사구 나는 골을 넣기 위해 공을 찼다.

I met Chris at the library. 전치사구 나는 도서관에서 Chris를 만났다.

부사절 **Although it was raining, they decided to go for a walk.**
비록 비가 왔지만, 그들은 산책하러 나가기로 결정했다.

PART Ⅰ
Chapter 01~10

문법 서술형

CHAPTER 01

시제

Point 01 **과거완료 시제**

Irene had already set the table before Jacob came home.
Irene은 Jacob이 집에 오기 전에 이미 식탁을 차려놓았었다.

Point 02 **완료진행 시제**

Roy has been talking with Tom for an hour.
Roy는 한 시간 동안 Tom과 이야기하고 있다.

He had been studying for hours before the exam started.
시험이 시작되기 전에 그는 몇 시간 동안 공부하고 있었다.

Point 03 **시제 일치와 예외**

I lost the umbrella that Yeri had lent to me.
나는 예리가 나에게 빌려주었던 우산을 잃어버렸다.

He taught us that patience is important in life.
그는 우리에게 삶에서 인내심이 중요하다고 가르쳤다.

Point 01 과거완료 시제

Irene had already set the table before Jacob came home.
Irene은 Jacob이 집에 오기 전에 이미 식탁을 차려놓았었다.

1 **과거완료 시제** 「had p.p.」 형태로 쓰며, 과거의 어느 시점 이전에 일어난 일을 나타낸다.

완료	~했었다	When we arrived at the theater, the movie had already started. 우리가 극장에 도착했을 때, 영화는 이미 시작했었다.
경험	~한 적이 있었다	Juliuss had never been to any foreign countries until he was 32. Juliuss는 그가 32살이 될 때까지 외국에 가 본 적이 전혀 없었다.
결과	~했었다	We didn't hear from Sue after she had gone to Australia. 우리는 Sue가 호주로 간 이후로 그녀의 소식을 듣지 못했다.
계속	~해왔었다	I had driven this car before it broke down. 나는 이 차가 고장 나기 전에 이것을 운전해왔었다.

2 **대과거** 과거의 일 중 더 먼저 일어난 일을 나타내는 시제로, 과거완료로 표현한다.

Anne talked about the accident that she had witnessed. Anne은 그녀가 목격했었던 그 사고에 대해 말했다.
과거의 어느 한 시점 talked보다 더 먼저 일어난 일

접속사 before, after 등이 함께 쓰여 시간의 선후 관계가 분명한 경우, 대과거를 간결하게 과거시제로 쓰기도 한다.

I cleaned the house *before* my friend arrived. 나는 내 친구가 도착하기 전에 집을 청소해놓았다.
arrived보다 더 먼저 일어난 일 과거의 어느 한 시점

3 **과거완료 시제의 부정문과 의문문**

부정문	had not p.p. (축약형: hadn't)	She had not finished all the questions before the exam ended. 그녀는 시험이 끝나기 전에 문제를 다 풀지 못했었다.
의문문	(의문사) + Had + 주어 + p.p. ~?	Had you read the book before watching the movie? 너는 영화를 보기 전에 그 책을 읽었었니? Yes, I had. 응, 읽었었어. / No, I hadn't. 아니, 읽지 않았었어.

● 바로 적용하기

우리말과 일치하도록 빈칸에 들어갈 알맞은 단어를 〈보기〉에서 골라 쓰시오.
(반드시 과거 시제 또는 과거완료 시제로 쓸 것)

보기	arrive come eat fall feel make catch leave rain realize

1 James는 점심을 먹고 나서 기분이 훨씬 더 좋아졌다.

→ James ______________ much better after he ______________ lunch.

2 우리는 비가 오기 전에 역으로 떠났다.

→ We ______________ for the station before it ______________.

3 그는 경찰이 오기 전에 범인을 잡았었다.

→ He ______________ the criminal before the police ______________.

4 Sue는 자신이 큰 실수를 저질렀다는 것을 깨달았다.

→ Sue ______________ that she ______________ a big mistake.

5 Tom은 부모님이 집에 오셨을 때 잠들어 있었다.

→ Tom ______________ asleep when his parents ______________ home.

B

우리말과 일치하도록 ( ) 안의 단어를 바르게 배열하시오.
(필요시 형태를 바꿀 것 / 필요시 콤마를 사용할 것)

1 Jacob은 마감기한 전에 책을 쓰는 것을 마쳤었다.

(the book, before, finish, have, the deadline, write)

→ Jacob ____.

2 Emma가 전화했을 때, William은 이미 사무실을 떠났다.

(already, call, Emma, have, leave, the office, William).

→ By the time ____.

3 Joy는 전원이 나가기 전에 그녀의 파일을 이미 저장했었다.

(already, go out, have, her file, Joy, save, the power)

→ Before ____.

4 그녀가 중학생이 될 때까지, 그녀는 5개의 다른 국가들을 방문한 적이 있었다.

(a middle school, become, countries, different, five, have, she, student, visit)

→ By the time she ____.

5 Sophia는 그녀의 잃어버린 지갑을 찾았었기 때문에 안도했다.

(be, because, find, have, her, lost, relieve, she, wallet)

→ Sophia ____.

6 우리는 Roy가 교통사고를 당했다고 들었다. (be, Roy, hear, in, car accident, have, a, that)

→ We ____.

Point 02

완료진행 시제

Roy has been talking with Tom for an hour.
Roy는 한 시간 동안 Tom과 이야기하고 있다.

He had been studying for hours before the exam started.
시험이 시작되기 전에 그는 몇 시간 동안 공부하고 있었다.

1 **현재완료진행 시제** 「have[has] been + -ing」 형태로 쓰며, 과거에 시작된 일이 현재까지 계속되고 있을 때 사용한다.

Brian has been repairing the car since early this morning. Brain은 오늘 아침 일찍부터 차를 수리하고 있다.

Tip 현재진행 시제 vs. 현재완료진행 시제

시제	의미	함께 쓰이는 부사
현재진행 시제	'지금,' '현재' 진행되고 있는 상태 및 동작을 강조	now 등
현재완료진행 시제	과거부터 지금까지 쭉 지속되고 있는 상태나 동작	since, for, so far, up to now 등

It is raining *now*. 지금 비가 오고 있다.

It has been raining *for three hours*. 세 시간째 비가 오고 있다.

2 **과거완료진행 시제** 「had been + -ing」 형태로 쓰며, 대과거에 시작된 일이 과거까지 계속되고 있을 때 사용한다.

We had been waiting at the station for an hour before the train arrived.
우리는 기차가 도착하기 전에 역에서 한 시간 동안 기다리고 있었다.

3 **완료진행 시제의 의문문**

현재완료진행 시제	Have you been spending time with your family? 당신은 가족과 함께 시간을 보내고 있는 중인가요? Yes, I have. 네, 그래요. / No, I haven't. 아니요, 그렇지 않아요.
과거완료진행 시제	Had you been feeling nervous before the interview started? 너는 인터뷰가 시작되기 전에 긴장하고 있었니? Yes, I had. 네, 그랬어요. / No, I hadn't. 아니요, 그렇지 않았어요.

바로 적용하기

밑줄 친 부분을 바르게 고쳐 문장을 다시 쓰시오.

1 I am studying English for three hours.

→ ______________________________

2 They have been waiting to board before the plane took off.

→ ______________________________

3 Sarah has been writing an email right now.

→ ______________________________

4 How long are you waiting for the bus so far?

→ ______________________________

5 We have been preparing the camp before it started to rain.

→ ______________________________

6 Have been you reading the book I recommended?

→ ______________________________

7 Jerry had been living in the city since 2010.

→ ______________________________

8 Had you been taking a nap until your parents come home?

→ ______________________________

B

우리말과 일치하도록 ( ) 안의 단어를 바르게 배열하시오. (필요시 형태를 바꿀 것 / 필요시 콤마를 사용할 것)

1 지난주부터 눈이 내리고 있는 중이다. (be, have, it, last, snow, since, week)

→ ______________________________

2 Crystal은 몇 주 동안 새로운 요리법을 개발하고 있는 중이다.

(a, be, recipe, Crystal, develop, for, have, new, weeks)

→ ______________________________

3 네가 나에게 전화했을 때, 나는 세 시간 동안 일하고 있었던 중이었어. (부사절을 먼저 쓸 것)

(you, three hours, me, be, for, when, I, work, call, have)

→ ______________________________

4 우리는 Irene을 몇 시간 동안 기다리고 있었던 중이었다. (be, for, for hours, have, Irene, wait, we)

→ ______________________________

5 호랑이의 수는 지금까지도 줄어들고 있는 중이다.

(of, decrease, have, be, the number, up to now, tigers)

→ ______________________________

6 Alex는 지금까지 그 소설을 집필하고 있다. (until now, write, be, Alex, have, the novel)

→ ______________________________

Point 03

시제 일치와 예외

I lost the umbrella that Yeri had lent to me.
나는 예리가 나에게 빌려주었던 우산을 잃어버렸다.

He taught us that patience is important in life.
그는 우리에게 삶에서 인내심이 중요하다고 가르쳤다.

1 **시제 일치** 주절의 시제에 따라 종속절의 시제가 정해진다.

주절의 시제	종속절의 시제	예문
현재 시제일 때	모든 시제 가능	I believe that she is a liar. 나는 그녀가 거짓말쟁이라고 생각한다. I believe that she was a liar. 나는 그녀가 거짓말쟁이였다고 생각한다.
과거 시제일 때	과거, 과거진행, 과거완료, 과거완료진행 시제만 가능	I believed that she was a liar. 나는 그녀가 거짓말쟁이였다고 생각했다. I believed that she had been a liar. 나는 그녀가 거짓말쟁이였었다고 생각했다.

2 **시제 일치의 예외** 주절의 시제와 상관없이 종속절의 내용에 따라 시제가 정해진다.

종속절의 내용	종속절의 시제	예문
• 영어 속담·격언 • 학문적인 원리·원칙 • 법, 과학적 사실	현재 시제만 쓴다.	I realized that blood is thicker than water. 나는 피는 물보다 진하다는 것을 깨달았다. No one denied that the sun sets in the west. 태양이 서쪽에서 진다는 것을 누구도 부인할 수 없었다.
시간·조건의 부사절		She will start cooking as soon as she gets home. 그녀는 집에 도착하자마자 요리를 시작할 것이다.
현재에도 지속되는 습관		My parents said that they go for a walk every weekend. 내 부모님은 매주말마다 산책하신다고 말씀하셨다. *cf.* 시제 일치가 되는 경우에는 과거의 사실만을 의미한다. My parents said that they went for a walk every weekend. 내 부모님은 매주말마다 산책하셨다고 말씀하셨다.
역사적 사실	과거 시제만 쓴다.	The Korean War broke out in 1950. 한국전쟁은 1950년에 발발했다.

• 바로 적용하기

우리말과 일치하도록 빈칸에 들어갈 알맞은 단어를 〈보기〉에서 골라 쓰시오. (필요시 형태를 바꿀 것)

보기 be borrow stay go hear learn receive snow move tell

1 예리는 도서관에 가서 책을 몇 권 빌렸다.

→ Yeri ______________ to the library and ______________ some books.

2 나는 물이 4℃일 때 밀도가 가장 높다고 배웠다.

→ I ______________ that the density of water ______________ highest at 4℃.

3 내일 아침에 눈이 온다면 우리는 등산하러 가는 대신에 집에 머무를 것이다.

→ If it ______________ tomorrow morning, we ______________ at home instead of going hiking.

4 나는 그녀가 작년에 새 도시로 이사 갔다고 들었다.

→ I ______________ that she ______________ to a new city last year.

5 Wendy는 내가 보낸 택배를 받았다고 나에게 알려주었다.

→ Wendy ______________ me that she ______________ the package I sent.

B

어법상 틀린 곳을 찾아 바르게 고치시오. (틀린 곳이 없으면 O를 쓸 것)

1 Harry said that he works at a new company.

→ ______________ → ______________

2 In the Middle Ages, people didn't believe that the Earth moved around the Sun.

→ ______________ → ______________

3 My history teacher said that Japan had invaded the Joseon Dynasty in 1592.

→ ______________ → ______________

4 When it will be fine, we will go on a picnic.

→ ______________ → ______________

5 When I overslept, my father told me that the early bird caught the worm.

→ ______________ → ______________

6 Sally remembered that she had left her cell phone at home.

→ ______________ → ______________

7 Seulgi didn't know that the Olympic Games were held every four years.

→ ______________ → ______________

8 Alan said that he still got up at six every morning.

→ ______________ → ______________

시험에 나오는 서술형

난이도 ★★★

[01-04] 우리말과 일치하도록 ( ) 안의 단어를 바르게 배열하시오.

01 나는 그 영화를 전에 본 적이 있어서 결말을 알고 있었다. (before, that, had, movie, seen)

→ I ______________________________,
so I knew how it ended.

02 나는 지난 몇 달 동안 수영하는 방법을 배우고 있다. (learning, to, have, swim, been, how)

→ I ______________________________
for the past few months.

03 전화가 울렸을 때, 나는 한 시간 동안 책을 읽고 있었다. (reading, for, had, an hour, been)

→ I ______________________________
when the phone rang.

04 그는 구조대가 그를 발견하기 전까지 이틀 동안 눈 속에 갇혀 있었다. (the snow, trapped, had, under, been)

→ He ______________________________
for two days before the rescue team found him.

05 다음 문장을 지시에 맞게 고쳐 다시 쓰시오.

> She had studied French before she moved to Paris.

(1) [부정문으로 쓸 것]: ______________________________

(2) [의문문으로 쓸 것]: ______________________________

[06-09] 밑줄 친 부분을 어법에 맞게 바르게 고쳐 쓰시오.

06 He had been playing the guitar for years before he joins a band.

→ ______________________________

07 I didn't recognize him at the airport because I have never seen him in person before.

→ ______________________________

08 How many hours have you been cleaned the house?

→ ______________________________

09 She will tell us if she will know the answer.

→ ______________________________

[10-11] 그림을 보고 빈칸에 들어갈 알맞은 단어를 〈보기〉에서 골라 쓰시오. (동사 시제에 유의할 것)

보기	finish	wait for	arrive

10 I felt disappointed because they ______________ ______________ dinner when I ______________.

11 The bus didn't arrive at the bus stop. Jane and Robert ______________ ______________ ______________ ______________ the bus for 20 minutes.

난이도 ★★★

12 글의 흐름에 맞게 ( ) 안에 주어진 동사를 알맞은 형태로 빈칸에 쓰시오.

For one year before the marathon date was set, Jacob (1) __________(run) every day. So far, he (2) __________(receive) special training for the past three months. He believes that practice (3) __________(make) perfect. Jacob will not stop practicing until the game (4) __________(start).

(1) __________ __________ __________

(2) __________ __________ __________

(3) ______________

(4) ______________

신유형

[13-14] 대화를 읽고 〈보기〉의 단어를 모두 한 번씩만 사용하여 빈칸에 들어갈 알맞은 말을 쓰시오. (필요시 형태를 바꿀 것)

13

Peter: Today, my history teacher taught my class that General Yi Sun-sin (1) __________ every battle during the Imjin War.

Taehee: Admiral Yi Sun-sin is indeed one of the greatest heroes in Korea.

Peter: (2) __________ well about him before I attended today's class.

Taehee: If you want to know more about him, how about reading the autobiography that he wrote?

Peter: Oh! I should go to the library to borrow that book right now.

*Admiral (해군)장군 **autobiography 자서전

보기	have I know not win

(1) ________________________

(2) ________________________

14

Mom: Jacob, you look tired.

Jacob: Yeah, (1) __________ my essay since early this morning.

Mom: What's the topic of your essay?

Jacob: It's the characteristics of the Baroque art style.

Mom: Do you know when the Baroque style began?

Jacob: Of course. My teacher (2) __________ in Europe in the 17th century.

보기	be that it have teach I me write start

(1) ________________________

(2) ________________________

난이도 ★★★

[15-17] 우리말과 일치하도록 빈칸에 들어갈 알맞은 말을 쓰시오.

15 David는 6개월 동안 아시아를 여행하고 있는 중이다.

→ David __________ __________ __________ around Asia __________ __________ __________.

16 내가 그곳을 추천하기 전까지 Jessica는 그 식당에 전혀 가본 적이 없었다.

→ Jessica __________ __________ __________ that restaurant before I __________ it.

17 아침부터 눈이 내리고 있었기 때문에 도로가 미끄러웠다.

→ The roads __________ slippery because it __________ __________ __________ __________ morning.

함정유형

[18-19] 어법상 틀린 문장 세 개를 찾아 기호를 쓰고, 틀린 부분을 바르게 고쳐 쓰시오.

18

ⓐ Sophia returned the book that she has borrowed from the library.
ⓑ I learned that Sejong the Great had introduced Hangeul in 1443.
ⓒ He has been attending yoga classes for 3 months, and he feels more healthier now.
ⓓ Kelly immediately had gone to bed after she had taken a shower.
ⓔ When I was a child, I didn't know that water freezes at 0℃.

( ) ______ → ______
( ) ______ → ______
( ) ______ → ______

19

ⓐ Nobody knows if David will finish his project soon.
ⓑ I will text you as soon as I will finish my work.
ⓒ My cell phone has been not working well for days.
ⓓ Had been Amy ready for the presentation?
ⓔ She told me that the first train arrives at 6 a.m. every day.

( ) ______ → ______
( ) ______ → ______
( ) ______ → ______

[20-21] 글을 읽고 물음에 답하시오.

Long ago, people thought rainbows were a way to communicate with the gods because they looked like a link between the sky and the earth. (A) 과학자들은 무지개가 어떻게 형성되는지 이해하기 전까지, 무지개에 대한 이론을 발전시켜오고 있었다. Finally, after long research, they discovered that rainbows were created when sunlight passes through raindrops. Sunlight hitting raindrops bends and reflects in various colors.

20 윗글의 밑줄 친 우리말 (A)를 〈조건〉에 맞게 영어로 쓰시오.

조건 1. 〈보기〉의 단어를 모두 한 번씩 사용할 것
2. 필요시 형태를 바꿀 것

보기 theories be have rainbows develop about

Scientists ______ ______ until they understood how rainbows were formed.

21 윗글에서 어법상 틀린 부분을 찾아 바르게 고치시오.

______ → ______

CHAPTER

02

수동태

Point 04 **수동태의 시제**

Dinner is being prepared by the chef.
저녁식사가 주방장에 의해 준비되고 있는 중이다.

The homework has been done by the students.
숙제가 학생들에 의해 끝났다.

Point 05 **4형식 수동태**

I was given a book by Jack.
나는 Jack에게서 책 한 권을 받았다.

A book was given to me by Jack.
책 한 권이 Jack에 의해 나에게 주어졌다.

Point 06 **5형식 수동태**

The puppy was called Rocky by him.
그 강아지는 그에 의해 Rocky라고 불리어졌다.

I was made to cry by a sad movie.
나는 슬픈 영화에 의해 울게 되었다.

Point 07 **주의해야 할 수동태**

It is thought that cats are good pets.
고양이는 좋은 애완동물이라고 여겨진다.

The actor was reported to have been hurt in a car accident.
그 배우가 교통사고로 다쳤다고 보도되었다.

The TV was turned off by her.
TV가 그녀에 의해서 꺼졌다.

Point 04

수동태의 시제

Dinner is being prepared by the chef.
저녁식사가 주방장에 의해 준비되고 있는 중이다.

The homework has been done by the students. 숙제가 학생들에 의해 끝났다.

1 수동태의 시제 수동태의 기본 형태는 「be동사 + p.p. + by + 행위자」로, be동사의 형태에 의해 시제가 결정된다.

현재시제: am[is/are] + p.p.	과거시제: was[were] + p.p.	미래시제: will be + p.p.

My father fixes computers. 내 아버지는 컴퓨터를 수리하신다.
→ Computers are fixed my by father. 컴퓨터는 아버지에 의해 수리된다.

Someone stole my bag on the subway. 누군가가 지하철에서 내 가방을 훔쳤다.
→ My bag was stolen on the subway (by someone). 내 가방이 지하철에서 (누군가에 의해) 도난당했다.

We will hold the music festival. 우리는 음악 축제를 개최할 것이다.
→ The music festival will be held by us. 음악 축제는 우리에 의해 개최될 것이다.

Tip 행위의 주체가 일반인이거나 말하지 않아도 알 수 있는 경우, 또는 굳이 언급할 필요가 없을 때는 「by + 행위자」를 생략할 수 있다.

진행시제: am[is/are/was/were] + being + p.p.	현재완료시제: have[has] + been + p.p.

The students were cleaning the classroom. 학생들은 교실을 청소하고 있었다.
→ The classroom was being cleaned by the students. 교실이 학생들에 의해 청소되고 있었다.

I have painted this picture for two months. 나는 두 달 동안 이 그림을 그려왔다.
→ This picture has been painted for two months by me. 이 그림은 두 달 동안 나에 의해 그려져왔다.

Tip 조동사가 포함된 수동태는 「조동사 + be + p.p.」의 형태로 나타낸다.
I can't accept his apology. 나는 그의 사과를 받아들일 수 없다.
→ His apology can't be accepted by me. 그의 사과는 나에 의해 받아들여질 수 없다.

바로 적용하기

수동태 문장은 능동태로, 능동태 문장은 수동태로 바꿔 쓰시오.

1 A cat is chasing a mouse.

→ ______________________________

2 The cars were being repaired by the mechanic.

→ ______________________________

Answer p.04

3 A lot of personal information has been exposed online by a hacker.

→ ______________________________

4 Tom has planted many trees in the forest.

→ ______________________________

5 He will be remembered as a good teacher by many students.

→ ______________________________

6 Brian must finish the homework by six o'clock.

→ ______________________________

B

우리말과 일치하도록 ( ) 안의 단어를 바르게 배열하시오. (필요시 형태를 바꿀 것)

1 생일파티가 수진이에 의해 계획되고 있다. (by, be, the, plan, Sujin, birthday party, be)

→ ______________________________

2 이 제품은 고객의 편리함을 위해 디자인되었다.
(customer convenience, be, this, design, product, for)

→ ______________________________

3 이 정보는 누구에게도 알려져서는 안 된다. (not, information, anyone, know, should, by, be, this)

→ ______________________________

4 담요가 탑승객들에게 제공되고 있었다. (provide, be, be, the passengers, blankets, to)

→ ______________________________

5 높은 건물들이 이 도시에 지어져 왔다. (this, in, buildings, be, tall, build, have, city)

→ ______________________________

6 운전 규칙은 모든 이들에 의해 지켜져야 한다. (by, must, follow, everyone, driving rules, be)

→ ______________________________

7 검사 결과는 의사에 의해 검토될 것이다. (will, the, review, the doctor, test results, be, by)

→ ______________________________

8 전 세계의 사람들이 이 영화에 의해 감동 받아왔다.
(people, this, be, the world, move, have, by, movie, all over)

→ ______________________________

Point 05

4형식 수동태

I was given a book by Jack.
나는 Jack에게서 책 한 권을 받았다.

A book was given to me by Jack.
책 한 권이 Jack에 의해 나에게 주어졌다.

1 **4형식 수동태의 특징** 4형식 문장은 「주어 + 동사 + 간접목적어 + 직접목적어」로 이루어져 있으므로, 두 목적어 모두 수동태의 주어로 쓸 수 있다. 직접목적어가 수동태 문장의 주어로 올 경우, 간접목적어 앞에 전치사 to, for, of 중 알맞은 것을 써준다. (4형식에서 3형식 전환 후 수동태 전환)

He showed me an old picture. 그는 나에게 오래된 사진 한 장을 보여주었다.
(me: 간·목, an old picture: 직·목)

→ I was shown an old picture by him. 〈능동태의 간접목적어가 수동태의 주어〉 나는 그에 의해 오래된 사진을 보았다.

→ An old picture was shown to me by him. 〈능동태의 직접목적어가 수동태의 주어〉 오래된 사진이 그에 의해 나에게 보여졌다.

Tip

1 간접목적어 앞에 쓰는 전치사
- to를 쓰는 동사: give, write, send, tell, teach, show, lend, bring, award 등
- for를 쓰는 동사: make, cook, buy, get 등
- of를 쓰는 동사: ask 등

2 make, buy, cook, get, sell, read, write 등의 동사는 간접목적어를 주어로 하는 수동태를 만들 수 없다.
My dad will make me a wooden boat. 아빠께서 나에게 나무보트를 만들어 주실 것이다.
(me: 간·목, a wooden boat: 직·목)
→ ~~I will be made~~ a wooden boat by my dad. (x)
→ A wooden boat will be made for me by my dad. (O) 나무보트가 아빠에 의해 나를 위해 만들어질 것이다.

바로 적용하기

밑줄 친 부분을 주어로 써서 수동태 문장으로 바꿔 쓰시오.

1 Tom bought me a bottle of milk from the store.
→ ______________________

2 I'll send Sandra an email.
→ ______________________

3 He asked Juliet some questions about the accident.
→ ______________________

4 The clerk handed me a pair of jeans.
→ ______________________

5 The children threw the animals food in the zoo.
→ ______________________

6 Jack read his students the first chapter of the book.

→ ______________________

7 I taught my brother how to ride a bike.

→ ______________________

8 She offered us some advice.

→ ______________________

B 우리말과 일치하도록 ( ) 안의 단어를 바르게 배열하시오. (필요시 형태를 바꿀 것)

1 동일한 문자 메시지가 Jane에 의해 우리 모두에게 보내졌다.
(text messages, all of us, to, the same, by, send, be, Jane)

→ ______________________

2 열쇠가 그에 의해 나에게 건네졌다. (be, him, to, a key, me, by, hand)

→ ______________________

3 약간의 농담이 파티에서 Bill에 의해 사람들에게 말해졌다.
(people, by, some, the party, tell, to, Bill, jokes, at, be)

→ ______________________

4 그 가수는 그의 팬들에 의해 많은 꽃들을 받았다.
(give, flowers, be, the singer, by, his, of, fans, lots)

→ ______________________

5 아침식사는 모두를 위해 주인에 의해 요리될 것이다.
(will, for, by, the breakfast, be, the host, everyone, cook)

→ ______________________

6 멋진 연이 그의 할아버지에 의해 그를 위해 만들어졌다.
(grandfather, make, be, by, his, a, nice, him, for, kite)

→ ______________________

7 새 차가 영업사원에 의해 나에게 판매되었다. (me, be, the, to, the salesperson, new car, by, sell)

→ ______________________

8 그녀는 학장에 의해 장학금을 수여받았다. (award, by, she, a scholarship, be, the principal)

→ ______________________

Point 06

5형식 수동태

The puppy was called Rocky by him. 그 강아지는 그에 의해 Rocky라고 불리어졌다.

I was made to cry by a sad movie. 나는 슬픈 영화에 의해 울게 되었다.

1 **5형식 수동태의 특징** 5형식 문장은 「주어 + 동사 + 목적어 + 목적격보어」로 이루어져 있으므로, 능동태의 목적어가 수동태의 주어가 된다. 이때 남겨진 목적격보어의 형태가 시험 문제로 자주 출제된다.

- **목적격보어를 그대로 쓰는 경우:** 목적격보어가 명사, 형용사 · 분사, to부정사인 경우, 수동태 문장에서 「be + p.p.」 뒤에 그대로 써 준다.

명사 · 형용사 · 분사 목적격보어	People consider him a genius. 사람들은 그를 천재로 여긴다. → He is considered a genius. 그는 천재라고 여겨진다. The gift made me happy. 그 선물이 나를 행복하게 만들었다. → I was made happy by the gift. 나는 그 선물에 의해 행복하게 되었다.
to부정사 목적격보어	His doctor advised him to eat fewer sweets. 그의 의사는 그가 단 것을 더 적게 먹을 것을 충고했다. → He was advised to eat fewer sweets by his doctor. 그는 그의 의사에 의해서 단 것을 더 적게 먹도록 충고 받았다.

- **목적격보어의 형태가 변하는 경우:** 사역동사, 지각동사, help의 목적격보어로 쓰인 원형부정사는 수동태 문장에서 「be + p.p.」 뒤에 to부정사로 써준다.

사역동사의 목적격보어	He made me practice yoga once a day. 그는 내가 하루에 한 번 요가를 연습하게 했다. → I was made to practice yoga once a day by him. 나는 그에 의해 하루에 한 번 요가를 연습하게 되었다.
지각동사의 목적격보어	He heard a boy sing in English. 그는 한 소년이 영어로 노래하는 것을 들었다. → A boy was heard to sing[singing] in English by him. 한 소년이 영어로 노래하는 것이 그에 의해 들려졌다. *cf.* 지각동사의 경우 현재분사로 쓰는 것이 더 일반적이다.

바로 적용하기

능동태 문장을 수동태 문장으로 바꿔 쓰시오.

1 People called the phenomenon a miracle.

→ ______________________________

2 The guard kept the front gate open.

→ ______________________________

3 The teacher made me participate in the science fair.

→ ______________________________

4 We found Sally waiting outside the house.

→ ______________________________

5 The coach makes the team practice shooting every day.

→ ______________________________

6 I saw an airplane fly under the cloud.

→ ______________________________

7 The critics found the movie exciting.

→ ______________________________

8 He expects the weather to improve this weekend.

→ ______________________________

B 우리말과 일치하도록 ( ) 안의 단어를 바르게 배열하시오. (필요시 형태를 바꿀 것)

1 그 행성은 사람들에게 화성이라고 불린다. (call, be, by, the planet, people, Mars)

→ ______________________________

2 그 소녀는 엄마에 의해 아이스크림을 먹는 것이 허락되었다.
(mom, be, her, ice cream, to, the girl, allow, have, by)

→ ______________________________

3 그들은 선생님에 의해 에세이를 쓰게 되었다. (an essay, to, they, by, make, be, write, the teacher)

→ ______________________________

4 한 소년이 어젯밤 비어있는 집에 침입하는 것이 목격되었다.
(be, an, to, night, empty, a boy, see, house, last, break into)

→ ______________________________

5 그들의 엄마는 집안일에 의해 바쁜 상태가 유지되었다(계속해서 바빴다).
(be, by, their, the, household, busy, mother, chores, keep)

→ ______________________________

6 아기 고양이가 상자에서 나오도록 나에 의해 도움 받았다.
(me, get out, the box, be, of, the kitten, by, help, to)

→ ______________________________

Point 07 주의해야 할 수동태

It is thought that cats are good pets.
고양이는 좋은 애완동물이라고 여겨진다.

The actor was reported to have been hurt in a car accident.
그 배우가 교통사고로 다쳤다고 보도되었다.

The TV was turned off by her. TV가 그녀에 의해서 꺼졌다.

1 **목적어가 that절인 문장의 수동태** say, think, believe, know 등의 목적어가 that절인 경우, 가주어 It이나 that절의 주어를 수동태 문장의 주어로 쓴다. that절의 주어를 수동태 문장의 주어로 쓸 때, that절의 동사는 to부정사로 바뀐다.

People know that the Earth is round. 사람들은 지구가 둥글다는 것을 안다.
→ It is known that the Earth is round. 지구가 둥글다는 것은 알려져 있다.
→ The Earth is known to be round. 지구는 둥글다고 알려져 있다.

 that절의 주어를 수동태 문장의 주어로 쓸 때, that절의 시제가 주절의 시제보다 더 앞서면 완료부정사인 「to have + p.p.」로 써야 한다.

They believe(현재시제) that James invented(과거시제) this machine. 그들은 James가 이 기계를 발명했다고 믿는다.
→ James is believed to have invented this machine. James가 이 기계를 발명했다고 믿어진다.

2 **동사구의 수동태** 동사구가 쓰인 문장을 수동태로 전환할 때는, 동사구를 하나의 단어처럼 취급하여 항상 함께 붙여 쓴다.

take care of ~을 돌보다	pick up ~을 (차에) 태우다	make use of ~을 이용하다
look down on ~을 무시하다	look up to ~을 존경하다	make fun of ~을 놀리다
turn on ~을 켜다	turn off ~을 끄다	put off ~을 미루다
speak to ~에게 말을 걸다	think of A as B A를 B라고 생각하다	refer to A as B A를 B라고 언급하다, 부르다

The teacher put off the exam. 그 선생님은 시험을 연기했다.
→ The exam was put off by the teacher. 시험은 그 선생님에 의해 연기되었다.

● 바로 적용하기

능동태 문장을 수동태 문장으로 바꿔 쓰시오.

1 They believe that the number four is unlucky. (가주어 it을 주어로 쓸 것)
→ ______________________

2 She says that reading is important for learning. (reading을 주어로 쓸 것)
→ ______________________

3 My brother made fun of me when I wore glasses.

→ ____________________

4 They know that she worked hard on the project. (she를 주어로 쓸 것)

→ ____________________

5 I thought that the woman was a spy. (가주어 it을 주어로 쓸 것)

→ ____________________

6 You should take care of your son.

→ ____________________

B

우리말과 일치하도록 ( ) 안의 단어를 바르게 배열하시오. (필요시 형태를 바꿀 것)

1 까치는 행운을 가져다준다고 여겨진다. (bring, believe, luck, to, be, magpies, good)

→ ____________________

2 스마트폰은 작은 컴퓨터로 생각될 수 있다. (a, can, computer, of, a smartphone, be, as, small, think)

→ ____________________

3 이집트의 남자들은 화장을 했다고 믿어진다. (that, believe, be, wear, it, in Egypt, makeup, men)

→ ____________________

4 그 질병은 중국에서 비롯되었다고 생각된다. (originate, have, think, be, to, in China, the disease)

→ ____________________

5 그녀가 경기에서 우승할 것이라고 예상된다. (it, she, win, the, that, expect, be, will, game)

→ ____________________

6 그 도구들은 전문가에 의해 차를 고치는 데 사용되었다.
(the car, make, fix, the tools, the expert, be, use, to, by, of)

→ ____________________

7 그 책은 베스트셀러라고 불린다. (to, a, be, as, the book, bestseller, refer)

→ ____________________

8 그 조각상은 18세기에 만들어졌던 것으로 알려져 있다.
(know, be, in, century, the statue, to, create, the 18th, be, have)

→ ____________________

시험에 나오는 서술형

난이도 ★★★

[01-04] 우리말과 일치하도록 ( ) 안의 단어를 알맞은 형태로 바꿔 문장을 완성하시오.

01 새로운 학교들이 도시 전역에 지어지고 있는 중이다.

→ New schools ________________ all over the city. (build)

02 초대장은 내일까지 발송되어야 한다.

→ The invitation cards ________________ by tomorrow. (must, send out)

03 많은 유명인사들이 그 축제에 초대될 것이다.

→ Many celebrities ________________ to the festival. (invite)

04 맛있는 스파게티가 그의 어머니에 의해 그를 위해 만들어졌다.

→ Delicious spaghetti ________________ him by his mother. (cook)

[05-08] 어법상 틀린 부분을 찾아 바르게 고쳐 쓰시오.

05 The house is now been painted by the workers.

____________ → ____________

06 Yumi felt that her opinions were looked down by her friends.

____________ → ____________

07 Children should teach how to behave politely by their parents.

____________ → ____________

08 Niki was seen pick the flowers at the park.

____________ → ____________

[09-10] 다음 문장을 수동태로 바꿔 쓰시오.

09 My brother advised me to review my notes to prepare for the exams.

→ ________________________________ to prepare for the exams.

10 The guests have reserved all the seats.

→ All the seats ________________ the guests.

난이도 ★★★

신유형

[11-13] 우리말과 일치하도록 각 상자에서 필요한 말을 하나씩 골라 문장을 완성하시오. (필요시 형태를 바꿀 것)

look up	make fun	think of

as	to	of	on

11 그 의사는 지역 사회의 모든 사람들에 의해 존경받는다.

→ The doctor ________________ by everyone in the community.

12 그 식당은 이 도시에서 해산물로 최고의 장소로 생각된다.

→ The restaurant ________________ the best place for seafood in town.

13 Taylor는 그의 억양 때문에 놀림을 받았다.

→ Taylor ________________ because of his accent.

[14-15] 다음 문장을 주어진 말로 시작하는 수동태로 바꿔 쓰시오. (「by+행위자」는 생략할 것)

14 People thought that she had died of a heart attack.

(1) It ______________________________
______________________________.

(2) She ______________________________
______________________________.

15 The child asked Henry many questions.

(1) Henry ______________________________
______________________________.

(2) Many questions ______________________________
______________________________.

[16-17] 대화를 읽고 물음에 답하시오.

Anna: Hi, Mark! Did you submit your drawing for the art contest?
Mark: Hi, Anna! Of course I did. How about you?
Anna: I think (A) <u>I can submit my drawing tomorrow.</u> I will finish my painting by tonight.
Mark: Did you hear about that? (B) <u>우승 작품은 학교 로비에 전시될 거래.</u>
Anna: Yes, I've heard about it. I hope we both get good results.
Mark: Yeah, let's wish for good luck.

16 밑줄 친 (A)를 수동태 문장으로 바꿔 쓰시오.

→ ______________________________
____

17 〈보기〉의 단어를 바르게 배열하여 밑줄 친 우리말 (B)를 영어로 쓰시오. (필요시 형태를 바꿀 것)

보기	the	be	school lobby
	will	in	display

→ The winning artworks ______________________________
______________________________.

난이도 ★★★

[18-20] 우리말과 일치하도록 〈조건〉에 맞게 영어로 쓰시오.

18 많은 사람들이 그 사고에서 부상당했다고 보도되었다.

조건
1. report, wound, many, in the accident를 포함하여 총 11단어의 문장으로 쓸 것
2. 필요시 형태를 바꿀 것

→ ______________________________
____

19 문이 보안요원에 의해 잠기지 않은 것으로 발견되었다.

조건
1. find, the security guard, unlock, the door를 포함하여 총 9단어의 문장으로 쓸 것
2. 필요시 형태를 바꿀 것

→ ______________________________
____

20 Sophia가 친구들과 함께 버스에서 내리는 것이 목격되었다.

조건
1. see, get off를 포함하여 총 11단어의 문장으로 쓸 것
2. 필요시 형태를 바꿀 것

→ ______________________________
____

함정유형

[21-22] 어법상 틀린 문장을 모두 찾아 기호를 쓰고, 틀린 부분을 바르게 고쳐 문장을 다시 쓰시오.

21

ⓐ She felt nervous when she was spoken to by a stranger.
ⓑ Stars can be seen from anywhere in this country.
ⓒ My daughter was bought a bicycle.
ⓓ The same questions were asked to Catherine by many people.
ⓔ Mozart is believed to write the song in 1786.

( ) ______________________
( ) ______________________
( ) ______________________
( ) ______________________
( ) ______________________

22

ⓐ The plants are taken care of a professional gardener.
ⓑ The pizza is expected arrive soon.
ⓒ We were made wait outside in the cold.
ⓓ The bridge has been repairing since the storm damage.
ⓔ It is thought that the building was constructed over 500 years ago.

( ) ______________________
( ) ______________________
( ) ______________________
( ) ______________________
( ) ______________________

[23-25] 글을 읽고 물음에 답하시오.

My mom wants us to help with the housework on weekends. Yesterday, the living room ⓐ was cleaned by my brother. The dishes ⓑ were washed by my sister and the laundry ⓒ was being done by my Dad. I also had to do my duty, but I wanted to sleep more. Dad saw me lying in bed and said that my duty ⓓ should do right now. (A) 결국 나는 그에 의해 화장실을 청소하게 되었다. After all the housework ⓔ was finished, a delicious breakfast was cooked __________ us by Mom.

23 ⓐ~ⓔ 중 어법상 틀린 것을 골라 기호를 쓰고 바르게 고치시오.

( ) __________ → __________

24 밑줄 친 우리말 (A)와 일치하도록 〈조건〉에 맞게 영어로 쓰시오.

조건
1. 수동태로 쓸 것
2. clean, the bathroom, make를 포함하여 총 9단어의 문장으로 쓸 것
3. 필요시 형태를 바꿀 것

→ Eventually, ______________________

____

25 빈칸에 들어갈 알맞은 단어를 쓰시오.

____

CHAPTER 03

to부정사

Point 08 명사적 용법

I hope to meet you soon.
나는 곧 당신을 만나기를 바란다.

Could you teach me how to swim?
저에게 수영하는 방법을 가르쳐 줄래요?

Point 09 형용사적 · 부사적 용법

I need someone to talk to.
나는 이야기할 사람이 필요하다.

I'm sorry to interrupt you.
방해해서 미안해요.

Point 10 목적격보어: to부정사와 원형부정사

My father wants me to study hard.
나의 아버지는 내가 열심히 공부하기를 원하신다.

I made my brother wash the dishes.
나는 남동생에게 설거지를 하게 했다.

Point 11 의미상 주어와 부정 / seem to

It was difficult for everyone not to laugh at his joke.
그의 농담에 모든 사람들이 웃지 않기란 어려웠다.

Jake seems to know the answer to every question.
Jake는 모든 질문에 대한 답을 알고 있는 것 같다.

Point 08

명사적 용법

I hope to meet you soon.
나는 곧 당신을 만나기를 바란다.

Could you teach me how to swim?
저에게 수영하는 방법을 가르쳐 줄래요?

1 **명사적 용법** to부정사가 명사로 쓰여 문장에서 주어, 보어, 목적어 역할을 하며, '~하는 것'으로 해석한다.

주어	To talk with Jane is pleasant. Jane과 이야기 나누는 것은 유쾌하다. = It is pleasant to talk with Jane.
보어	My goal is to swim every day. 나의 목표는 매일 수영하는 것이다.
목적어	I want to drink some cold water. 나는 시원한 물을 좀 마시고 싶다.

★ 1 to부정사 주어는 단수취급한다.
2 to부정사가 주어로 쓰일 때, 주어 자리에 가주어 It을 쓰고 to부정사는 뒤로 보낸다.

2 **「의문사 + to부정사」** 명사로 쓰여 문장에서 주어, 보어, 목적어 역할을 하며, 「의문사 + 주어 + should + 동사원형」으로 바꿔 쓸 수 있다.

「what + to부정사」 무엇을 ~해야 할지	「who(m) + to부정사」 누가(누구를) ~해야 할지
「which + to부정사」 어떤 것을 ~해야 할지	「when + to부정사」 언제 ~해야 할지
「where + to부정사」 어디서 ~해야 할지	「how + to부정사」 어떻게 ~해야 할지

★ 「why + to부정사」의 형태로는 쓰지 않는다.

Sarah didn't know what to wear for the job interview. Sarah는 구직 면접에서 무엇을 입어야 할지 몰랐다.
= Sarah didn't know what she should wear for the job interview.

우리말과 일치하도록 ( ) 안의 단어를 바르게 배열하시오.

1 이 호수에서 수영하는 것은 매우 위험하다. (swim, this lake, dangerous, to, in, is, very)

→ ______________________________

2 제 시간에 일어나기 위해 알람을 맞춰놓는 것이 필요하다.
(for, necessary, on time, it, set, waking up, is, to, an alarm)

→ ______________________________

3 내 목표는 유명한 유튜버가 되는 것이다. (become, Youtuber, goal, to, a, my, is, famous)

→ ______________________________

4 나의 형은 내년에 대학을 졸업할 것으로 예상하고 있다.
(from, to, next year, my brother, graduate, college, expects)

→ ______________________________

5 세계를 여행하는 것은 나의 가장 큰 꿈이다. (biggest, is, travel, it, to, the world, my, dream)

→ ______________________________

B

우리말과 일치하도록 「의문사 + to부정사」와 ( ) 안의 단어를 사용하여 문장을 완성하시오.

1 나는 베이스기타 연주하는 방법을 배웠다. (the bass guitar, play)

→ ______________________________

2 누구를 초대할지가 나의 첫 번째 고려사항이다. (first consideration)

→ ______________________________

3 Mark는 어디로 휴가를 갈지 결정하지 못했다. (hasn't, for his vacation)

→ ______________________________

4 우리는 언제 우리의 오래된 집을 팔지 논의했다. (sell, discuss)

→ ______________________________

5 나는 그녀의 기분을 좋게 만들기 위해 무엇을 말해야 할지 몰랐다. (make, feel better)

→ ______________________________

C

어법상 틀린 부분을 찾아 바르게 고쳐 문장을 다시 쓰시오.

1 That sign indicates where I should to park my car.

→ ______________________________

2 To focus on classes are not easy.

→ ______________________________

3 It's hard to decide when take a break during a busy day.

→ ______________________________

4 That was difficult to find out the cause of the fire.

→ ______________________________

5 I advised her on what she says during the interview.

→ ______________________________

6 They need practicing for the upcoming game.

→ ______________________________

Point 09

형용사적 · 부사적 용법

I need someone to talk to.
나는 이야기할 사람이 필요하다.

I'm sorry to interrupt you.
방해해서 미안해요.

1 형용사적 용법 to부정사가 형용사로 쓰여 앞에 있는 명사를 수식하며, '~하는' 또는 '~할'이라고 해석한다.

(대)명사 + to부정사	She has a lot of homework to do. 그녀는 해야 할 많은 숙제가 있다.
(대)명사 + to부정사 + 전치사	I'm looking for a small house to live in. 나는 살 작은 집을 찾고 있다.
-thing/-body/-one + 형용사 + to부정사	Would you like *something* cold to drink? 마실 차가운 것 좀 드릴까요?

2 부사적 용법 to부정사가 부사로 쓰여, 동사, 형용사, 부사 또는 문장 전체를 수식한다.

목적	~하기 위해 (= in order to)	Many people came to see him. 많은 사람들이 그를 보기 위해 왔다. = Many people came in order to see him.
감정의 원인	~해서	I'm excited to meet my favorite author. 나는 가장 좋아하는 작가를 만나게 되어 흥분된다.
판단의 근거	~하다니	She must be a genius to solve the problem. 그 문제를 풀다니 그녀는 천재임이 틀림없다.
결과	(~해서) ...하다	He grew up to become a successful musician. 그는 성장하여 성공적인 음악가가 되었다.
형용사 · 부사 수식	~하기에	This book is difficult to understand. 이 책은 이해하기에 어렵다.

A 적절한 위치에 to를 넣어 문장을 다시 쓰시오.

1 Jinsu left early catch the train.

→ ______________________________

2 He is afraid speak in public.

→ ______________________________

3 I have some questions ask you.

→ ______________________________

4 She grew up be a movie director.

→ ______________________________

5 You are foolish miss such a great opportunity.

→ ______________________________

B 우리말과 일치하도록 ( ) 안의 단어를 바르게 배열하시오.

1 나는 너에게 좋은 소식을 전하게 되어 기쁘다. (good, to, I'm, you, news, happy, bring)

→ ______________________________

2 그들은 물을 얻기 위해 많은 시간을 걸어야 한다. (hours, get, many, walk, to, water, they, have, to)

→ ______________________________

3 이 상황을 다룰 여러 방법들이 있다. (different, the situation, ways, handle, there, are, to)

→ ______________________________

4 나는 부모님과 의논해야 할 중요한 무언가가 있다.
(something, discuss, I, to, my parents, have, with, important)

→ ______________________________

5 우리는 오늘밤 머무를 호텔을 찾아야 할 필요가 있다. (need, find, to, in, we, to, a hotel, stay, tonight)

→ ______________________________

C 어법상 틀린 부분을 찾아 바르게 고쳐 문장을 다시 쓰시오.

1 There isn't anything to drink cold in the refrigerator.

→ ______________________________

2 I adopted a puppy to take care as a family.

→ ______________________________

3 Eric got up early in order see the sunrise.

→ ______________________________

4 He brought a folding chair to sit at the beach.

→ ______________________________

5 Chris must be a genius inventing such a useful tool.

→ ______________________________

6 I'm ready help you with your homework.

→ ______________________________

Point 10

목적격보어: to부정사와 원형부정사

My father wants me to study hard. 나의 아버지는 내가 열심히 공부하기를 원하신다.

I made my brother wash the dishes. 나는 남동생에게 설거지를 하게 했다.

1 **「동사 + 목적어 + to부정사」** 아래 동사들은 목적격보어로 to부정사를 쓴다.

want	ask	tell	allow	advise	order	force	cause
enable	encourage	expect	get	require	permit	persuade	would like 등

He advised his son to go to bed early. 그는 그의 아들에게 일찍 잠자리에 들라고 조언했다.

2 **「사역동사 + 목적어 + 원형부정사」** 사역동사 make, have, let은 목적격보어로 원형부정사를 쓴다.

My mother had me clean my room. 엄마는 내가 내 방을 청소하게 했다.

준사역동사 help는 '(목적어)가 ~하도록 돕다'의 의미이며, 목적격보어로 to부정사와 원형부정사를 모두 쓸 수 있다.
She helped me study[to study] English. 그녀는 내가 영어를 공부하는 것을 도와주었다.

3 **「지각동사 + 목적어 + 원형부정사」** 지각동사 see, watch, look at, hear, listen to, feel, notice 등은 목적격보어로 원형부정사를 쓴다.

She heard a baby cry in the distance. 그녀는 먼 곳에서 아기가 우는 것을 들었다.

cf. 진행 중인 동작을 강조하기 위해 지각동사의 목적격보어를 현재분사로 쓸 수 있다.
I saw him running down the street. 나는 그가 길을 뛰어가고 있는 것을 보았다.

목적어와 목적격보어의 관계가 수동일 때, 목적격보어는 과거분사의 형태를 취한다.
Jake had his car repaired. Jake는 그의 차가 수리되도록 했다.
I heard my name called. 나는 내 이름이 불리는 것을 들었다.

바로 적용하기

A **빈칸에 들어갈 알맞은 단어를 〈보기〉에서 골라 알맞은 형태로 쓰시오.**

보기	move	come	prepare	paint	jump	play	cry	enter

1 He helped his mom ______________ dinner.

2 My coach made me ______________ rope every day.

3 I heard someone ______________ loud.

4 He had the furniture ______________ to his new house.

5 The security guard allowed us ______________ the building.

6 My mother had the door ______________ blue.

7 You should not let your child ______________ the piano late at night.

8 She expected a lot of people ______________ to her house on her birthday.

B

우리말과 일치하도록 ( ) 안의 단어를 바르게 배열하시오. (필요시 형태를 바꿀 것)

1 나는 유령이 지나가는 것을 보았다. (saw, I, the, walk by, ghost)

→ ______________________________

2 선생님은 우리가 그 개념을 이해하도록 도와주셨다.
(us, understand, the teacher, helped, the concept)

→ ______________________________

3 Jessica는 그녀의 고장 난 테블릿 PC가 수리되도록 했다.
(her, had, Jessica, fix, broken tablet PC)

→ ______________________________

4 나는 내 여동생이 내 옷을 입는 것을 원하지 않는다. (wear, want, my, my sister, clothes, don't, I)

→ ______________________________

5 그는 나에게 독서 클럽에 가입하도록 격려했다. (encouraged, join, he, me, the, book club)

→ ______________________________

6 나는 그 뉴스가 TV에서 발표되는 것을 들었다. (the news, on, I, TV, heard, announce)

→ ______________________________

7 그 노래는 모든 사람이 춤추게 만들었다. (everyone, the song, dance, made)

→ ______________________________

8 그 사서는 내가 책을 검색하기 위해 컴퓨터를 사용하도록 허락해주었다.
(use, to, the librarian, a book, search, me, let, the computer, for)

→ ______________________________

Point 11

의미상 주어와 부정 / seem to

It was difficult for everyone not to laugh at his joke.
그의 농담에 모든 사람들이 웃지 않기란 어려웠다.

Jake seems to know the answer to every question.
Jake는 모든 질문에 대한 답을 알고 있는 것 같다.

1 to부정사의 의미상 주어 to부정사의 행위 및 상태의 주체로, to부정사 앞에 「for/of + 목적격」으로 나타낸다.

for + 목적격	It is important for you to follow the doctor's instructions. 네가 의사의 지시를 따르는 것은 중요하다.
of + 목적격	It was rude of him to ignore her invitation. 그가 그녀의 초대를 무시한 것은 무례했다.

kind, nice, generous, polite, rude, wise, careful, foolish 등 성격이나 성품을 나타내는 형용사가 있으면 「of + 목적격」으로 쓴다.

2 to부정사의 부정 to부정사 앞에 not[never]을 쓴다.

It was foolish of me not to listen to my teacher.
내가 선생님의 말씀을 듣지 않은 것은 어리석었다.

3 seem to '~인 것 같다,' '~하는 것처럼 보이다'의 의미로, 'It seems that ~'으로 바꿔 쓸 수 있다.

He seems to be sick. 그는 아픈 것 같다.
= It seems that he is sick.
He seemed to be sick. 그는 아픈 것 같았다.
= It seemed that he was sick.

바로 적용하기

우리말과 일치하도록 ( ) 안의 단어를 사용하여 문장을 완성하시오.

1 그가 시끄러운 환경에서 집중하는 것은 어려웠다. (concentrate)

→ It was difficult ________ ________ ________
________ in noisy environments.

2 내가 그 드레스를 사지 않은 것은 좋은 결정이었다. (buy)

→ It was a good decision ________ ________ ________
________ ________ that dress.

3 그들이 내일까지 이 일을 끝내는 것은 불가능하다. (finish)

→ It is impossible ________ ________ ________
________ this work by tomorrow.

4 나는 네가 그런 멋진 시간을 경험하지 못해서 유감이다. (experience)

→ I'm sorry ________ ________ ________
________ ________ such a wonderful time.

5 우리가 그의 결정을 지지한 것은 어리석은 일이었다. (support)

→ It was silly ______ ______ ______

______ his decision.

B 우리말과 일치하도록 ( ) 안의 표현을 사용하여 문장을 완성하시오.

1 십대들이 그들의 목표를 설정하는 것은 중요하다. (their goals, it, teens, set)

→ ______

2 Eric은 그 주제에 대해 많이 아는 것처럼 보였다. (seemed, the topic, it, that, a lot)

→ ______

3 그녀가 그를 그렇게 대우한 것은 현명했다. (it, wise, like that, treat)

→ ______

4 어제 온도가 갑자기 떨어진 것 같았다. (to drop, the temperature, seemed, yesterday)

→ ______

5 Sally는 그 일자리 제안을 받아들이지 않기로 결정했다. (accept, decided, the job offer)

→ ______

C 어법상 틀린 부분을 찾아 바르게 고치고 문장을 다시 쓰시오.

1 It seems to taking a lot of practice to master this skill.

→ ______

2 Danny decided to not spend too much time on social media.

→ ______

3 How foolish for him to make such a mistake!

→ ______

4 It seems to be difficult of many people saving money.

→ ______

5 It took 5 minutes to go through for me the tunnel.

→ ______

시험에 나오는 서술형

난이도 ★★★

[01-04] 주어진 문장과 같은 뜻이 되도록 빈칸에 알맞은 말을 넣어 문장을 완성하시오.

01 To learn a foreign language is useful.

= ________ ________ ________ ________ ________ a foreign language.

02 Dorothy turned off her phone to focus on her studies.

= Dorothy turned off her phone ________ ________ ________ ________ on her studies.

03 She showed me how to make homemade pasta.

= She showed me ________ ________ ________ ________ homemade pasta.

04 Jessica seemed to enjoy the concert last night.

= ________ ________ ________ ________ ________ the concert last night.

[05-06] 그림을 보고, 각 사람이 할 말을 ( ) 안의 단어를 활용하여 완성하시오.

05 I want ________________ for dessert.

(eat, something, sweet)

06 We need ________________.

(sit, two more, chair)

07 우리말과 일치하도록 〈보기〉에서 필요한 단어들만 골라 배열하여 문장을 완성하시오.

이 책들은 그녀가 읽기에는 어렵다.

보기	these books	for	are	of
	to	she	difficult	read	her

____

08 빈칸에 들어갈 알맞은 말을 〈보기〉에서 골라 문장을 완성하시오. (필요시 형태를 바꿀 것)

보기
enter the university
be a famous actress
fly in the sky

(1) He watched the birds ________________.

(2) Steve studied hard ________________.

(3) Yejin grew up ________________.

[09-10] 어법상 틀린 부분을 찾아 바르게 고쳐 쓰시오.

09 She doesn't have any friends to play.

________ → ________

10 The doctor helped the patient recovering quickly.

________ → ________

난이도 ★★★

[11-14] 빈칸에 들어갈 알맞은 말을 〈보기〉에서 고른 후 알맞은 형태로 쓰시오.

보기	run	steal	enjoy	turn off

11 Mom asked me ______________ the light before going out.

12 She had her purse ______________ in the library.

13 The guide let the tourists ______________ some free time at the night market.

14 We witnessed the parade ______________ through the main square.

[15-17] 우리말과 일치하도록 〈조건〉에 맞게 영어로 쓰시오.

15 그가 또 똑같은 실수를 한 것은 부주의했다.

조건
1. It으로 문장을 시작할 것
2. careless, make를 사용할 것
3. 시제에 주의할 것

→ ______________ the same mistake again.

16 Ted는 나에 의해 그의 새 꽃들이 심겨지게 했다.

조건
1. plant, new flowers, have를 사용할 것
2. 필요시 형태를 바꿀 것
3. 총 8단어로 쓸 것

→ ______________

17 의사는 나에게 밤늦게 커피를 마시지 말라고 조언했다.

조건
1. advise, drink를 사용할 것
2. 필요시 형태를 바꿀 것
3. 총 5단어로 쓸 것

→ The doctor ______________ coffee late at night.

신유형

18 우리말과 일치하도록 〈보기〉에서 알맞은 단어를 골라 각 빈칸에 올바른 형태로 쓰시오.

나는 Andy가 그 파티에 우리와 함께할 것을 기대한다. 즐거운 음악과 맛있는 음식이 그를 더 오래 머물게 할 것이다.

↓

I ______________ us for the party. Enjoyable music and delicious food will ______________ longer.

보기	expect	stay	him
	Andy	join	make

19 다음 두 문장을 〈조건〉에 맞게 한 문장으로 바꿔 쓰시오.

- Wendy watched the mechanic.
- The mechanic was fixing her car in the garage.

조건
1. 주어진 문장에 있는 단어만 사용하고, 형태를 바꾸지 말 것
2. 총 10단어의 한 문장으로 쓸 것

____

____

난이도 ★★★

20 대화를 읽고 빈칸 (1), (2)에 들어갈 알맞은 말을 쓰시오.

Tony: Mom, can I go to Bill's house now?
Mom: Sure. But you should come back home by 6.

→ Tony's mom let Tony (1) ________ ________ ________ ________,
but she asked (2) ________ ________ ________ ________ home by 6.

[21-22] 어법상 틀린 문장 세 개를 찾아 기호를 쓰고, 틀린 부분을 바르게 고쳐 쓰시오.

21
ⓐ The movie is boring for children to watch.
ⓑ My father had me washed the car.
ⓒ The teacher gave us a topic to talk.
ⓓ She promised to not tell anyone my secret.
ⓔ They discussed what they should do to improve their grades.

(   ) ________ → ________
(   ) ________ → ________
(   ) ________ → ________

22
ⓐ It is very important to be polite to others.
ⓑ The only way to get a refund is to show your receipt.
ⓒ He helped me hanging this picture on the wall.
ⓓ It is so kind for you to help me with my homework.
ⓔ I saw the dancer to perform on the stage.

(   ) ________ → ________
(   ) ________ → ________
(   ) ________ → ________

[23-24] 글을 읽고 물음에 답하시오.

I really love music, but my parents wanted me to focus more on studying. I promised my parents that I would study harder, and eventually they allowed me pursue my dreams. (A) 나는 기타를 사기 위해 돈 모으기를 시작했다 and, finally, I could buy one that I'd wanted to have. Now, I'm learning how to play it. Practicing chords helps me improve my musical skills. My dream is to join a band and performing live on stage. I plan to continue practicing regularly to achieve my goal of becoming a skilled guitarist.

23 밑줄 친 우리말 (A)를 〈보기〉에 주어진 단어를 모두 활용하여 영어로 쓰시오.

보기	start	save	buy

→ ________________

24 윗글에서 어법상 틀린 부분을 두 군데 찾아 바르게 고치시오.

(1) ________ → ________
(2) ________ → ________

CHAPTER 04

동명사

Point 12 **동사의 목적어로 쓰이는 동명사**

They enjoy watching movies together.
그들은 함께 영화 보는 것을 즐긴다.

I prefer listening to music while studying.
나는 공부하면서 음악 듣는 것을 선호한다.

Point 13 **전치사의 목적어로 쓰이는 동명사**

Jacob is looking forward to going on summer vacation.
Jacob은 여름휴가 가는 것을 기대하고 있다.

Point 14 **동명사 관용 표현**

The writer spent three years writing his novel.
그 작가는 소설을 쓰는 데 3년을 보냈다.

Upon reading Robert's text message, she replied to it.
Robert의 문자 메시지를 읽자마자, 그녀는 그것에 답했다.

Point 12 동사의 목적어로 쓰이는 동명사

They enjoy watching movies together. 그들은 함께 영화 보는 것을 즐긴다.

I prefer listening to music while studying. 나는 공부하면서 음악 듣는 것을 선호한다.

1 동명사만 목적어로 취하는 동사

admit	avoid	consider	delay	deny	enjoy	finish
give up	mind	put off	quit	practice	stop	suggest

Have you finished doing your homework? 너는 숙제하는 것을 다 끝냈니?

2 동명사와 to부정사를 모두 목적어로 취하는 동사

- **의미 차이가 거의 없는 동사:** like, love, prefer, hate, begin, start, continue 등

It suddenly started to rain.
= It suddenly started raining. 갑자기 비가 오기 시작했다.

- **의미 차이가 있는 동사**

remember + to	~할 것을 기억하다	remember + -ing	~했던 것을 기억하다
forget + to	~할 것을 잊다	forget + -ing	~했던 것을 잊다
regret + to	~하게 되어 유감이다	regret + -ing	~했던 것을 후회하다
try + to	~하려고 노력하다	try + -ing	(시험 삼아) ~해보다

I remember to visit Mr. Kim this weekend. 나는 이번 주말에 김 선생님을 방문할 것을 기억하고 있다.
= I remember that I will visit Mr. Kim this weekend.
I remember visiting Mr. Kim last year. 나는 작년에 김 선생님을 방문했던 것을 기억한다.
= I remember that I visited Mr. Kim last year.

주의 1 stop은 목적어로 동명사를 취한다. stop 뒤에 오는 to부정사는 목적어가 아니라 부사적 용법으로 쓰인 to부정사이다.
David stopped looking around. David는 주위를 둘러보는 것을 멈췄다.
David stopped to look around. David는 주위를 둘러보기 위해 멈췄다.
2 allow는 목적격보어로 to부정사를 취하지만 목적어는 동명사만 취한다.
They don't allow smoking in this restaurant. 그들은 이 식당에서 흡연을 허용하지 않는다.

• 바로 적용하기

A 문맥상 빈칸에 들어갈 알맞은 단어를 〈보기〉에서 골라 알맞은 형태로 쓰시오.

보기	help	call	take	stay	talk	answer	win	lend	write	eat

1 Jenny avoids ______________ about her personal life.

2 Mike refused _______________ the question.

3 He stopped _______________ an elderly man cross the street.

4 Susan doesn't mind _______________ her books to friends.

5 He hoped _______________ the gold medal at the Olympics.

6 I tried _______________ calm during the interview.

7 Peter suggested _______________ a different route to avoid the traffic jam.

8 Emily put off _______________ her essay until the weekend.

9 I stopped _______________ junk food to improve my health.

10 Amy tried _______________ David, but his phone was off.

B

두 문장이 같은 의미가 되도록 빈칸에 들어갈 알맞은 말을 쓰시오.

1 Wendy remembers that she will join a yoga class in the evening.

= Wendy remembers _______________ a yoga class in the evening.

2 Juliuss regrets that he said those hurtful words to his friend.

= Juliuss regrets _______________ those hurtful words to his friend.

3 Don't forget that you should call me early in the morning.

= Don't forget _______________ me early in the morning.

4 We regret that we have to inform you that you are fired.

= We regret _______________ you that you are fired.

5 Remember that you should lock the door when you leave.

= Remember _______________ the door when you leave.

6 Jacob will never forget when he traveled to London for the first time.

= Jacob will never forget _______________ to London for the first time.

Point 13

전치사의 목적어로 쓰이는 동명사

Jacob is looking forward to going on summer vacation.
Jacob은 여름휴가 가는 것을 기대하고 있다.

1 **전치사의 목적어로 쓰이는 동명사** 전치사는 목적어로 명사를 취하므로 동명사도 전치사의 목적어가 될 수 있다. 단 to부정사는 올 수 없다.

We are planning on ~~to throw~~ a surprise party for Irene. (x)
→ We are planning on throwing a surprise party for Irene. (O) 우리는 Irene을 위한 깜짝 파티를 열 계획 중에 있다.

2 **「전치사 to + 동명사」** 아래 표현에 포함되어 있는 to는 to부정사가 아닌 전치사 to이므로 뒤에 동명사가 오는 것에 유의한다.

- look forward to + -ing ~하는 것을 기대하다
- be devoted[dedicated] to + -ing ~에 전념[몰두]하다
- devotion[dedication] to + -ing ~에 대한 전념[몰두]
- key to + -ing ~에 대한 비결
- object[be opposed] to + -ing ~에 반대하다
- objection to + -ing ~에 대한 반대
- be[get] used to + -ing ~하는 데 익숙하다
- react[respond] to + -ing ~에 반응[응답]하다
- reaction[response] to + -ing ~에 대한 반응[응답]
- solution to + -ing ~에 대한 해결책
- be committed to + -ing ~에 헌신[전념]하다
- from + -ing to + -ing ~에서부터 ~까지

1 「be about + to부정사」는 '막 ~하려 하다'의 의미로, 뒤에 to부정사가 오는 것에 유의한다.
I was about to ~~leaving~~ the party. (x)
→ I was about to leave the party. (O) 나는 막 파티를 떠나려던 참이었다.

2 「be used to + -ing」: ~에 익숙하다 / 「be used + to부정사」: ~하는 데 사용되다
I'm used to speaking in public. 나는 대중 앞에서 말하는 것에 익숙하다.
The microwave is used to heat up food. 전자레인지는 음식을 데우는 데 사용된다.

바로 적용하기

문맥상 빈칸에 들어갈 알맞은 단어를 〈보기〉에서 골라 알맞은 형태로 쓰시오.

보기	announce	cut	live	reduce	say	save	start	take

1 Jessy is a photographer. She is good at ______________ pictures of landscapes.

2 We were very upset that Kevin left without ______________ a word.

3 Tools such as an ax and a saw are used ______________ down trees.

4 We need a solution to ______________ energy consumption.

5 The key to ______________ money is budgeting carefully.

6 Wendy is about ______________ her new song to the public.

7 Chris is talking about ______________ his new job this month.

8 They are used to ______________ in a noisy neighborhood.

B

우리말과 일치하도록 ( ) 안의 단어를 바르게 배열하시오. (필요시 형태를 바꿀 것)

1 Gary는 TV를 보면서 늦게까지 깨어 있는 것에 익숙하다. (be, late, stay up, to, TV, used, watch)

→ Gary ____.

2 Crystal은 새로운 친구들을 사귀는 것을 기대하고 있다. (be, forward, friends, look, new, make, to)

→ Crystal ____.

3 Juliuss는 그의 문법책을 쓰는 데 전념했다. (be, book, devote, grammar, his, to, write)

→ Juliuss ____.

4 Jenny는 그 소식을 들은 것에 놀라움으로 반응했다. (hear, react, surprise, the news, to, with)

→ Jenny ____.

5 많은 사람들이 주말에 일하는 것에 반대한다. (object, on, to, weekends, work)

→ Many people ____.

6 엄마는 식사를 준비하는 것부터 집을 청소하는 것까지 모든 일에 신경 쓴다.
(clean, from, meals, prepare, the house, to)

→ Mom cares about everything ______________________________.

7 Jacob과 우연히 마주친 Irene의 반응은 환한 미소였다.
(run into, reaction, bright, to, Jacob, smile, be, a)

→ Irene's ____.

8 Kevin은 환경을 보호하는 데 헌신한다. (the, to, environment, be, committed, protect)

→ Kevin ____.

Point 14

동명사 관용 표현

The writer spent three years writing his novel.
그 작가는 소설을 쓰는 데 3년을 보냈다.

Upon reading Robert's text message, she replied to it.
Robert의 문자 메시지를 읽자마자, 그녀는 그것에 답했다.

1 동명사의 여러 가지 관용 표현

- go + -ing ~하러 가다
- be busy + -ing ~하느라 바쁘다
- have difficulty[trouble] + -ing ~하는 데 어려움을 겪다
- spend + 돈·시간 + -ing ~하는 데 돈·시간을 쓰다[보내다]
- feel like + -ing ~하고 싶다 (= would like + to부정사)
- upon[on] + -ing ~하자마자 (= As soon as + 주어 + 동사)
- It is no use + -ing ~하는 것은 소용없다 (= It is useless + to부정사)
- be on the point of + -ing 막 ~하려 하다 (= be about + to부정사)
- be worth + -ing: ~할 가치가 있다 (= It is worthwhile + to부정사)
- cannot help + -ing ~하지 않을 수 없다 (= cannot (help) but + 동사원형)
- prevent[keep/stop] + 목적어 + from + -ing (목적어)가 ~하는 것을 막다[~하지 못하게 하다]

I was tired, so I couldn't help dozing off during the class. 나는 피곤해서 수업 동안 졸지 않을 수 없었다.
= I was tired, so I couldn't (help) but doze off during the class.
This book is worth reading for middle school students. 이 책은 중학생들이 읽을 만한 가치가 있다.
= It is worthwhile for middle school students to read this book.

go나 spend 뒤에는 목적을 나타내는 to부정사가 올 수도 있다.
Jenny goes hiking every Saturday. 〈행동〉 Jenny는 토요일마다 등산하러 간다.
Jenny will go to see a doctor. 〈목적〉 Jenny는 의사를 보러 (병원에) 갈 것이다.

바로 적용하기

A **두 문장이 같은 의미가 되도록 빈칸에 알맞은 동명사 관용 표현을 쓰시오.**

1 We couldn't help but smile at the cute baby.
= We ________ ________ ________ at the cute baby.

2 I would like to go on a trip to refresh myself.
= I ________ ________ ________ on a trip to refresh myself.

3 As soon as the dog saw me, it started to bark.
= ________ ________ me, the dog started to bark.

4 David was on the point of calling Jina.

= David was ______________ ______________ ______________ Jina.

5 It is useless to complain about what has already happened.

= It is ______________ ______________ ______________ about what has already happened.

6 It is worthwhile to watch this movie despite its long running time.

= This movie ______________ ______________ ______________ despite its long running time.

B

우리말과 일치하도록 ( ) 안의 단어를 바르게 배열하시오. (필요시 형태를 바꿀 것)

1 Emily는 그녀의 아기를 돌보느라 바쁘다. (baby, be, busy, care, Emily, her, of, take)

→ ____

2 Jake는 여름휴가 때마다 스쿠버 다이빙을 하러 간다.
(every, go, Jake, scuba-dive, summer vacation)

→ ____

3 나는 만화를 보면서 주말을 보냈다. (comic books, the weekend, I, read, spend)

→ ____

4 폭우로 인해 Robin은 집에 가지 못했다(폭우가 Robin이 집에 가지 못하게 했다).
(go, from, heavy, home, prevent, rain, Robin)

→ ____

5 Kelly는 새 스마트폰을 어떻게 사용하는지 이해하는 데 어려움을 겪었다.
(have, how, Kelly, new, the, smartphone, to, trouble, understand, use)

→ ____

6 그 실수에 대해 자책해봐야 소용없다. (use, for, be, blame, it, the mistake, no, yourself)

→ ____

7 나는 더운 날에는 아이스크림을 먹고 싶다. (a, eat, I, on, feel, ice cream, hot day, like)

→ ____

8 그들로부터 답변을 기다려봐야 소용없다. (useless, wait for, them, it, be, an answer, from)

→ ____

시험에 나오는 서술형

난이도 ★★★

[01-03] 우리말과 일치하도록 ( ) 안의 단어를 바르게 배열하여 문장을 완성하시오. (필요시 형태를 바꿀 것)

01 그는 부상 때문에 축구하는 것을 포기해야 했다.
(give up, he, play, have to, soccer)

→ ______________________________
__________________ due to an injury.

02 저희는 콘서트가 취소되었음을 알려드리게 되어 유감입니다. (inform, that, we, you, regret)

→ ______________________________
__________________ the concert has been canceled.

03 그녀는 집에 가는 길에 장을 보기 위해 멈추었다.
(stop, some, she, buy, groceries)

→ ______________________________
__________________ on her way home.

[04-05] 빈칸에 들어갈 알맞은 단어를 〈보기〉에서 골라 쓰시오. (필요시 형태를 바꿀 것)

04

Robert stopped (1) __________ coffee, because he had difficulty (2) __________ at night. He thought that too much caffeine from coffee prevented him from (3) __________ asleep, and decided (4) __________ his drinking habit. He used to drink four cups of coffee every day, but now he is used to (5) __________ healthy drinks like carrot juice and cabbage juice instead. He also exercises every day for a sound sleep. He usually prefers (6) __________ fast rather than to run.

보기 change drink make sleep walk fall

(1) __________ (2) __________
(3) __________ (4) __________
(5) __________ (6) __________

05

Emma didn't mind (1) __________ late to finish her homework. She was very tired, but she couldn't help (2) __________ her best to finish it on time. Upon (3) __________ her homework, she felt relieved and was able to sleep well that night. Now, she is looking forward to (4) __________ a good grade.

보기 do stay up get finish

(1) __________ (2) __________
(3) __________ (4) __________

[06-08] 어법상 또는 의미상 틀린 부분을 찾아 바르게 고치시오.

06 Teddy decided to quit to play video games.
(Teddy는 비디오 게임을 그만 두기로 결심했다.)

__________ → __________

07 I forgot making a reservation for dinner at the restaurant.
(나는 저녁식사를 위해 식당을 예약해야 하는 것을 잊었다.)

__________ → __________

08 We object to use plastic bags because of their environmental impact.
(우리는 환경적인 영향 때문에 비닐봉지를 사용하는 것에 반대한다.)

__________ → __________

Answer p.09

난이도 ★★★

[09-11] 그림을 보고 〈보기〉에서 필요한 말을 두 개씩 골라 문장을 완성하시오. (필요시 형태를 바꿀 것)

보기	eat	focus	busy
	read	take	enjoy

09 Irene ______________ ______________ sweet desserts.

10 Jimin is ______________ on ______________ a book.

11 Amy is ______________ ______________ orders from the customers.

신유형

[12-13] 두 문장의 의미가 같도록 빈칸에 들어갈 알맞은 단어를 쓰시오.

12 Upon hearing the good news, she called her family.

= ______________ ______________ ______________ she ______________ the good news, she called her family.

13 Tony remembered going fishing with his father during his childhood.

= Tony remembered that he ______________ ______________ ______________ with his father during his childhood.

신유형

[14-15] 대화의 밑줄 친 우리말 (A), (B)와 일치하도록 〈보기〉에 있는 단어를 골라 문장을 완성하시오. (필요시 형태를 바꿀 것)

Sally: Hey, David. Are you ready to start our project??

David: Not yet. (A) <u>나는 우리가 시작하기 전에 짧은 휴식을 취하고 싶어.</u>

Sally: That's fine. (B) <u>나도 막 간식을 먹으려던 참이야.</u> Just let me know when you're ready.

보기	eat	a	I	feel
	about	I'm	short break	
	take	like	just	

14 (A) ______________________________ before we begin.

15 (B) ______________________________ a snack, too.

난이도 ★★★

[16-18] 어법상 틀린 문장 <u>세 개</u>를 찾아 기호를 쓰고, 틀린 부분을 바르게 고쳐 쓰시오.

16
ⓐ William proposed to change the old computer.
ⓑ Jane regretted to tell a lie a few days ago.
ⓒ All of my family members prefer to stay at home on weekends.
ⓓ It is no use to try to persuade Chris.
ⓔ I'm considering to lose some weight.

(　　) ______________ → ______________
(　　) ______________ → ______________
(　　) ______________ → ______________

17

ⓐ Crystal promised joining the school band.
ⓑ The museum allows to take photos without a flash.
ⓒ Lisa spent too much money to buy the diamond necklace.
ⓓ Hajun continued to study after graduating from university.
ⓔ We gave up hiking when it started to rain heavily.

(   ) ________ → ________
(   ) ________ → ________
(   ) ________ → ________

18

ⓐ Today's topic is about to protect endangered animals.
ⓑ The train is about to depart, so please hurry.
ⓒ I'm thinking of going on a vacation next month.
ⓓ A telescope is used to viewing distant stars.
ⓔ Charlie is used to live in a big city.

(   ) ________ → ________
(   ) ________ → ________
(   ) ________ → ________

[19-22] 글을 읽고 물음에 답하시오.

(A) <u>조깅은 건강한 상태를 유지하기 위해 할 가치가 있다.</u> Above all, it strengthens your heart and improves blood flow. Jogging regularly also helps you manage your weight. It keeps you to become overweight. It also makes you feel happier by releasing endorphins that reduce stress and improve your mood. If running is difficult, start by ________ (get, to, walk, use) first. If walking has become comfortable, try slow running. As you gradually increase the time to 5 or 10 minutes, you'll soon discover that jogging can be an enjoyable exercise.

19 윗글의 밑줄 친 우리말 (A)를 〈보기〉의 단어를 모두 사용하여 영어로 쓰시오. (필요시 형태를 바꿀 것)

보기	jogging	be	to	good health
	maintain	do	worth	

____

20 윗글의 ( ) 안에 주어진 단어들을 문맥에 맞게 배열하여 쓰시오. (필요시 형태를 바꿀 것)

____

21 윗글에서 어법상 <u>틀린</u> 부분을 한 군데 찾아 바르게 고치시오.

________ → ________

22 윗글을 아래와 같이 요약할 때 빈칸에 들어갈 알맞은 말을 윗글에서 찾아 쓰시오. (필요시 형태를 바꿀 것)

Jogging keeps us healthy by ________ our heart, ________ blood flow, and ________ our stress.

CHAPTER 05

분사

Point 15 **분사의 종류와 역할**

My garden was filled with the sounds of singing birds.
나의 정원은 노래하는 새들의 소리로 가득 차 있었다.

I saw the photos posted on your blog.
나는 너의 블로그에 게시된 사진들을 보았다.

Point 16 **분사구문**

Dancing on the stage, the boys were happy.
무대에서 춤추면서, 그 소년들은 행복했다.

Point 17 **주의해야 할 분사구문**

Having studied all night, he felt exhausted in the morning.
밤새 공부한 후, 그는 아침에 지친 기분이 들었다.

(Being) Encouraged by his teacher, he could pursue his dreams.
선생님의 격려를 받아, 그는 그의 꿈을 추구할 수 있었다.

Point 15

분사의 종류와 역할

My garden was filled with the sounds of singing birds.
나의 정원은 노래하는 새들의 소리로 가득 차 있었다.

I saw the photos posted on your blog. 나는 너의 블로그에 게시된 사진들을 보았다.

1 현재분사와 과거분사

분사의 종류	의미	의미
현재분사 (동사원형 + -ing)	능동	The name of the sleeping cat is Mio. 자고 있는 그 고양이의 이름은 미오이다.
	진행	They are playing chess. 그들은 체스를 하고 있다.
과거분사 (동사원형 + -ed) (불규칙 과거분사)	수동	He fixed the broken radio. 그는 고장 난 라디오를 고쳤다. The house was damaged by the storm. 〈수동태〉 그 집은 폭우로 인해 손상되었다.
	완료	I picked up a fallen leaf. 나는 떨어진 나뭇잎 하나를 주웠다. She has finished her homework. 〈완료시제〉 그녀는 그녀의 숙제를 끝냈다.

2 분사의 역할

- **형용사 역할:** 명사를 단독으로 수식할 때는 명사의 앞에 위치하고, 다른 어구와 함께 명사를 수식할 때는 뒤에 위치한다.

  Barking dogs seldom bite. 짖는 개는 거의 물지 않는다.

  A girl wearing a blue hat smiled at me. 파란 모자를 쓴 소녀가 나에게 미소 지었다.

- **보어 역할:** 분사는 주격보어와 목적격보어로 쓰일 수 있다.

  She looked very excited. 〈주격보어〉 그녀는 매우 흥분되어 보였다.

  I found the movie interesting. 〈목적격보어〉 나는 그 영화가 재미있다고 생각했다.

감정을 나타내는 타동사는 주로 분사형태로 쓰이는데, 감정을 일으키는 원인이면(능동) 현재분사를 쓰고, 감정을 느끼는 주체이면(수동) 과거분사를 쓴다.

● 바로 적용하기

( ) 안의 단어를 알맞은 형태의 분사로 고쳐 쓰시오.

1 The students ______________ the meeting are discussing future plans for the club. (attend)

2 The novel was ______________ by Kim Dong-in. (write)

3 The teacher made a ______________ announcement. (surprise)

4 There are many students ______________ in volunteering. (interest)

5 Danny found the front door of his house ______________. (unlock)

6 The noise of the airplane ______________ in the sky faded into the distance. (fly)

7 What made you feel ______________? (annoy)

8 I ate some fruit and ______________ eggs for lunch. (boil)

B

우리말과 일치하도록 ( ) 안의 단어를 바르게 배열하시오. (필요시 형태를 바꿀 것)

1 우리는 그 뉴스에 의해 매우 충격을 받았다. (very, the news, we, were, shock, by)

→ ______________________________

2 그녀는 낮은 점수를 받아서 실망했다. (receive, disappoint, a, she, to, grade, was, low)

→ ______________________________

3 버스를 기다리고 있는 사람들이 많이 있다. (people, there, the bus, are, many, wait for)

→ ______________________________

4 내 아버지에 의해 건축된 이 집은 매우 견고하다. (build, sturdy, is, the house, very, my father, by)

→ ______________________________

5 그 오래된 기계는 안전을 위해 수리되어야 한다. (needs, be, the, for safety, to, old machine, repair)

→ ______________________________

6 나는 부상당한 군인이 침상에 누워있는 것을 보았다. (lie, solider, an, on the bed, I, saw, injure)

→ ______________________________

7 그의 도난당한 차가 주차장에서 발견되었다. (was, steal, in, parking lot, his, car, a, find)

→ ______________________________

8 춤추고 있는 커플이 모두의 주목을 이끌었다. (attracted, dance, everyone's, the, couple, attention)

→ ______________________________

Point 16

분사구문

Dancing on the stage, the boys were happy.

무대에서 춤추면서, 그 소년들은 행복했다.

1 **분사구문** 「접속사 + 주어 + 동사」로 이루어진 부사절의 주어가 주절의 주어와 같을 때, 부사절의 접속사, 주어를 생략하고 동사를 분사 형태로 바꾼 것을 분사구문이라고 한다.

❶ 부사절의 접속사를 생략한다. ❷ 부사절의 주어를 생략한다. ❸ 부사절의 동사를 현재분사로 바꾼다.

~~Because~~ ~~Kevin~~ **studied** hard, he passed the exam.
❶ ❷ ❸

→ Studying hard, Kevin passed the exam. 열심히 공부했기 때문에 Kevin은 시험에 통과했다.

Tip

1 분사구문의 부정은 분사 앞에 not, never를 쓴다.
~~Because~~ ~~he~~ **didn't practice** enough, he made frequent mistakes during the game.
→ Not practicing enough, he made frequent mistakes during the game.
충분히 연습하지 않았기 때문에, 그는 경기 중에 자주 실수했다.

2 분사구문의 의미를 명확히 나타내기 위해 접속사를 생략하지 않을 수 있다.
If focusing on the class, you can get a good score. 수업에 집중한다면, 너는 좋은 성적을 얻을 수 있다.

3 부사절과 주절의 주어가 다른 경우, 분사구문에서 주어를 생략하지 않고 써준다.
~~Because~~ it is raining heavily, the boys can't play soccer.
→ It raining heavily, the boys can't play soccer. 비가 많이 내려서, 소년들은 축구를 할 수 없다.

2 **분사구문의 의미** 분사구문은 시간, 조건, 이유, 양보, 동시동작 등의 의미를 나타낸다.

시간	When I arrived at the airport, I checked my email. → Arriving at the airport, I checked my email. 공항에 도착했을 때, 나는 나의 이메일을 확인했다.
조건	If you turn to the right, you will find the post office. → Turning to the right, you will find the post office. 오른쪽으로 돌면, 너는 우체국을 찾게 될 거야.
이유	Because I felt tired, I went to bed early. → Feeling tired, I went to bed early. 피곤했기 때문에, 나는 일찍 잠자리에 들었다.
양보	Though she tried her best, she failed the exam. → Trying her best, she failed the exam. 비록 최선을 다했지만, 그녀는 시험에 떨어졌다.
동시동작	While Ted watched TV, he ate breakfast. → Watching TV, Ted ate breakfast. TV를 보면서, Ted는 아침을 먹었다.

바로 적용하기

주어진 부사절을 분사구문으로 바꿔 쓰시오.

1 As soon as he saw the police, he ran away.

→ ______________________________, he ran away.

2 If she feels better, she will join us for dinner.

→ ______________________________, she will join us for dinner.

3 Because I don't know him well, I couldn't believe what he said.

→ ______________________________, I couldn't believe what he said.

4 Because it was a really hot day, I drank a lot of water.

→ ______________________________, I drank a lot of water.

5 While they were hiking up the mountain, they enjoyed the beautiful views.

→ ______________________________, they enjoyed the beautiful views.

B 우리말과 일치하도록 ( ) 안의 단어를 바르게 배열하시오. (필요시 형태를 바꿀 것 / 쉼표를 사용할 것)

1 내 이름이 불리는 것을 들었을 때, 나는 모른척 했다. (call, I, my, hear, name, pretended)

→ ______________________________ not to notice.

2 규칙적으로 운동하기 때문에, 나는 몸매를 유지할 수 있다. (can, exercise, keep, I, regularly)

→ ______________________________ in shape.

3 산책을 하면서, 그들은 가장 좋아하는 가수에 대해 이야기했다. (they, a walk, talked about, take)

→ ______________________________ their favorite singers.

4 초인종이 울리자, 나의 개는 짖기 시작했다. (the door bell, my dog, ring, started)

→ ______________________________ barking.

5 가족과 함께 살지 않기 때문에, 나는 그들이 매우 그립다. (with, not, I, live, them, my family, miss)

→ ______________________________ a lot.

6 오늘 눈이 온다면, 나는 직장까지 운전하지 않을 것이다. (won't, snow, it, today, drive, I)

→ ______________________________ to work.

7 나의 아버지가 차를 운전하고 계셨기 때문에, 내가 대신 전화를 받았다.
(drive, I, the phone, my father, the car, answered)

→ ______________________________ instead.

8 음악을 들으며, Kate는 잡지를 읽었다. (listen to, read, music, Kate, while)

→ ______________________________ a magazine.

Point 17

주의해야 할 분사구문

Having studied all night, he felt exhausted in the morning.
밤새 공부한 후, 그는 아침에 지친 기분이 들었다.

(Being) Encouraged by his teacher, he could pursue his dreams.
선생님의 격려를 받아, 그는 그의 꿈을 추구할 수 있었다.

1 **완료형 분사구문** 분사구문의 시제가 주절의 시제보다 앞설 때 「Having + p.p.」의 형태로 쓴다. 수동일 경우 「Having been + p.p」 형태가 된다.

~~Because she~~ was born in America, she can speak English fluently.
→ Having been born in America, she can speak English fluently. 미국에서 태어났기 때문에, 그녀는 영어를 유창하게 말할 수 있다.

2 **수동형 분사구문** 부사절이 수동태인 경우, 분사구문의 Being 또는 Having been은 주로 생략되고 과거분사만 남는다.

(Being) Inspired by her father, Jenny likes to study physics. 아버지에 의해 영향 받아서, Jenny는 물리학 공부하는 것을 좋아한다.
(Having been) Repaired, my car worked as well as a new one. 수리된 후에, 나의 자동차는 새 차처럼 잘 작동했다.

3 **「with + 목적어 + 분사」** 주로 동시 상황을 나타내며, 주로 「with + 명사 + 현재분사[과거분사/전치사(구)/형용사]」 형태를 취한다. 명사와 분사가 능동의 관계이면 현재분사를 쓰고, 수동의 관계이면 과거분사를 쓴다.

I was taking a walk with my dogs running after me. 〈현재분사〉 나는 산책을 하고 있었고, 나의 개들이 내 뒤를 쫓아오고 있었다.
Kate was standing with her eyes closed. 〈과거분사〉 Kate는 그녀의 눈을 감은 채 서 있었다.
She was sitting on a chair with her baby on her lap. 〈전치사구〉 그녀는 그녀의 아이를 무릎 위에 올려놓은 채 의자에 앉아 있었다.

바로 적용하기

어법상 틀린 부분을 찾아 바르게 고치시오.

1 Seeing that movie before, I don't want to watch it again.
______ → ______

2 Surrounding by friends, she felt safe and happy.
______ → ______

3 Playing soccer all day long yesterday, the boys feel very tired now.
______ → ______

4 Brian read a book with his legs crossing.
______ → ______

5 Training hard until the day of competition, the team was well-prepared.
______ → ______

6 He came in the classroom with his boots covering with dust.

______________ → ______________

7 Having waiting for hours, they finally got a table at the restaurant.

______________ → ______________

8 Being choosing as a team member, he was very proud.

______________ → ______________

B

우리말과 일치하도록 ( ) 안의 단어를 사용하여 영어로 쓰시오.
(분사구문을 사용할 것 / 필요시 형태를 바꿀 것 / 완성된 문장에 생략 가능한 표현은 괄호로 표시할 것)

1 그 파티에 초대된 후, 그녀는 매우 설레었다. (feel, invite to, be, excite)

→ ______________________________

2 오래전에 지어졌지만, 그 피라미드들은 거의 완벽하게 남아있다.
(be, remain, have, the pyramids, a long time ago, nearly, build)

→ ______________________________

3 Harry는 방문을 잠근 채 컴퓨터 게임을 하고 있었다. (the door, lock, play, with)

→ ______________________________

4 고열로 아팠기 때문에, Sarah는 하루 종일 집에 있었다.
(all day, with a high fever, home, be, sick, stay)

→ ______________________________

5 아름다운 해변으로 유명해서, 그 섬은 많은 관광객들을 끌어들인다.
(attract, for, be, beaches, many, know, the island)

→ ______________________________

6 나는 설명서를 이해한 상태로 가구 조립을 시작했다.
(with, begin, the instructions, assembling, understand)

→ ______________________________

7 여러 가지 꽃들로 장식되어, 그 결혼식장은 아름다워 보였다. (the wedding hall, decorate, various, be)

→ ______________________________

8 세탁기가 돌아가는 동안, Lisa는 설거지를 했다. (run, with, the dishes, the washing machine, do)

→ ______________________________

시험에 나오는 서술형

난이도 ★★★

[01-03] ( ) 안의 단어를 알맞은 형태로 바꿔 빈칸에 쓰시오.

01 The key ____________ under the mat was the only way to get inside. (hide)

02 The ____________ sun warmed the chilly morning air. (shine)

03 We saw an ____________ show at the theater last night. (amaze)

04 ( ) 안의 단어를 활용하여 대화를 완성하시오.

> A: How was the movie last night?
> B: Well, I was ______________ with the storyline and the acting. (disappoint)

[05-07] 우리말과 일치하도록 ( ) 안의 단어들을 바르게 배열하시오. (필요시 형태를 바꿀 것)

05 눈으로 덮인 산은 멋져 보였다.
(snow, cover, the mountain, looked, with)

→ ________________________________

________________ wonderful.

06 정원에서 자라고 있는 식물들은 더 많은 햇빛이 필요하다.
(the garden, the plants, grow, in, need)

→ ________________________________

________________ more sunlight.

07 나의 농장 주위에는 나무로 만든 울타리가 있다.
(a fence, wood, is, of, there, make)

→ ________________________________

________________ around my farm.

08 글을 읽고, (1)~(4)에 주어진 단어를 문맥과 어법에 맞게 알맞은 형태로 바꿔 쓰시오.

> Last weekend, I went to the bookstore near my house. There was a book launch event for an author taking place there. It was very (1) crowd with people (2) wait in line to get autographs from the author. Luckily, I realized that the author was someone I was very (3) interest in. I stood in line and was finally able to chat with him for a few minutes. It was an (4) excite experience to meet my favorite author unexpectedly.

(1) __________　　(2) __________

(3) __________　　(4) __________

난이도 ★★★

[09-12] 어법상 틀린 부분을 찾아 바르게 고치시오.

09 Having not eaten all day, he felt very hungry.

____________ → ____________

10 Shocking about the news, he couldn't say a word.

____________ → ____________

11 I want to replace the computer broken rather than repair it.

____________ → ____________

12 Standing on the mountaintop, she enjoyed the view with snow fallen softly around her.

____________ → ____________

[13-15] 다음 문장의 부사절을 분사구문으로 바꿔 쓰시오.

13 Because Jane didn't know how to make kimchi, she called her Korean friend.

→ ______________________________,
Jane called her Korean friend.

14 When Tom made a noise in the library, I asked him to be quiet.

→ ______________________________,
I asked him to be quiet.

15 After he had been told the news, he couldn't focus on his work anymore.

→ ______________________________,
he couldn't focus on his work anymore.

16 〈보기〉에서 알맞은 접속사를 골라 밑줄 친 부분을 부사절로 바꿔 쓰시오. (〈보기〉의 접속사는 한 번씩만 사용할 것)

보기	though	if	because

(1) Not having a car, he commuted by bicycle.
→ ______________________________,
he commuted by bicycle.

(2) Practicing regularly, he'll pass the driving test.
→ ______________________________,
he'll pass the driving test.

(3) Being tired, she didn't want to miss the concert.
→ ______________________________,
she didn't want to miss the concert.

17 그림을 보고 〈조건〉에 맞게 문장을 완성하시오.

조건	1. 동시 상황을 나타내는 분사구문의 형태로 쓸 것 2. on, close를 사용하되, 필요시 형태를 바꿀 것

The boy is listening to music ______________ headphones ______________ and his eyes ______________.

18 우리말과 일치하도록 〈보기〉에서 필요한 말만 골라 배열하여 문장을 완성하시오.

드레스를 고르고 있는 여자는 비싼 가격 때문에 매우 당황한 듯 보였다.

보기	choosing	chosen	looked	a dress
	embarrassed	very	embarrassing	

→ The woman ______________________________ ______________________________ because of the expensive prices.

난이도 ★★★

신유형

19 밑줄 친 ⓐ~ⓔ 중 어법상 틀린 것 두 개를 골라 기호를 쓰고 바르게 고치시오.

I have ⓐ learning how to bake for 3 months. Last week, ⓑ baking my first cake, I was ⓒ surprised by how delicious it turned out. ⓓ Decorating it with fresh cream and berries, I shared slices with my family and friends. They all enjoyed the cake so much that I was very ⓔ satisfying.

(　　) ______________ → ______________
(　　) ______________ → ______________

신유형

20 (A)의 문장을 분사구문으로 바꿔 쓴 후, 그 뒤에 이어질 문장을 (B)에서 골라 쓰시오.

(A) (1) He looked out the window.
(2) He turned on his computer.
(3) He had been disappointed at her lie.

(B) • He didn't say a word to her.
• He sent an e-mail to his customers.
• He saw a rainbow.

(1) ______________________
____

(2) ______________________
____

(3) ______________________
____

21 어법상 틀린 문장 세 개를 찾아 기호를 쓰고, 틀린 부분을 바르게 고쳐 쓰시오.

ⓐ Seeing the sun rising, I made a wish.
ⓑ As soon as seen dark clouds, I ran to my house.
ⓒ Not having enough money, I couldn't buy the bag.
ⓓ My father was sleeping on the sofa with the fan run quietly.
ⓔ Having been praising for her work, she felt proud.

(   ) __________ → __________
(   ) __________ → __________
(   ) __________ → __________

[22-23] 글을 읽고 물음에 답하시오.

(1) __________ through the quiet forest, Sarah felt a sense of peace she hadn't experienced in a long time. She took a deep breath of the fresh air. Having spent most of her days in the busy city, she felt that this moment was precious. She sat down with her back (2) __________ against a large oak tree. (3) __________ the sunlight filter through the leaves, she felt her worries melt away. (4) __________ by nature, she decided to visit the forest more often.

22 (1)~(4)에 들어갈 알맞은 말을 〈보기〉에서 골라 알맞은 형태로 바꿔 쓰시오.

보기	lean	refresh	watch	walk

(1) __________ (2) __________

(3) __________ (4) __________

23 밑줄 친 문장을 부사절로 바꿔 전체 문장을 다시 쓰시오.

____
____

CHAPTER 06

비교

Point 18 주요 비교급 표현

The healthier you eat, the better you feel.
더 건강하게 먹을수록 더 기분이 좋아진다.

His cooking is superior to others in this hotel.
그의 요리는 이 호텔에서 다른 사람들보다 뛰어나다.

Point 19 비교급 · 최상급 관용 표현

No sooner had I woken up than I turned on a radio.
나는 깨자마자 라디오를 켰다.

Irene has the brightest smile that I have ever seen.
Irene은 내가 지금까지 본 것 중에서 가장 밝은 미소를 갖고 있다.

Point 20 원급 · 비교급을 사용한 최상급 표현

No (other) alphabet is as scientific as Hangeul.
어떤 (다른) 문자도 한글만큼 과학적이지 않다.

Hangeul is more scientific than any other alphabet.
한글은 어느 다른 문자보다도 더 과학적이다.

Point 18

주요 비교급 표현

The healthier you eat, the better you feel. 더 건강하게 먹을수록 더 기분이 좋아진다.

His cooking is superior to others in this hotel.
그의 요리는 이 호텔에서 다른 사람들보다 뛰어나다.

1 **「the + 비교급 ~, the + 비교급 ...」** 비교급을 강조하기 위해 원래 문장에서 비교급을 문장 맨 앞으로 이동시킨 표현이다. '더 ~할수록 더 ...하다'로 해석한다.

As you wake up earlier, your day will be longer.
→ The earlier you wake up, the longer your day will be. 더 일찍 일어날수록 하루가 더 길어질 것이다.

◎ **비교급이 명사를 수식하는 경우** 비교급과 명사를 함께 문장의 맨 앞으로 이동시킨다.
As you make fewer mistakes, you get better results.
The fewer mistakes you make, the better results you get. 실수를 덜 할수록 더 좋은 결과를 얻는다.

1 비교급에 형용사를 쓸지 부사를 쓸지는 문장 구조를 파악한 후 결정한다.
The harder you study, the ~~more easily~~ you will find the test.
→ The harder you study, the easier you will find the test. 더 열심히 공부할수록, 시험이 더 쉽다는 것을 알게 될 것이다.
부사(동사 수식) 형용사(목적격보어)

2 be동사나 「일반주어 + 동사」는 생략될 수 있다.
The more (we have), the better (we are). 더 많을수록, 더 좋다. (다다익선)

2 **「라틴어계 비교급 형용사 + to」** 형용사 자체에 비교의 의미가 포함되어 있으므로 -er이나 more를 붙이지 않으며, 접속사 than 대신에 전치사 to를 사용한다.

superior to ~보다 우수한	inferior to ~보다 열등한[낮은]	prior to ~보다 우선[이전]의
senior to ~보다 손위의, 상위의	junior to ~보다 손아래의, 후배의	prefer A to B B보다 A를 선호하다

She is junior to me in the company. 그녀는 회사에서 나보다 후배이다.

● 바로 적용하기

두 문장이 같은 뜻이 되도록 빈칸에 들어갈 알맞은 말을 쓰시오.

1 As it gets colder, we need to wear more clothes.
→ ____________ it gets, ____________ we need to wear.

2 As her illness gets better, she will feel less pain.
→ ____________ her illness gets, ____________ she will feel.

3 As we face more challenges, we become stronger.
→ ____________ we face, ____________ we become.

4 As you walk faster, you will arrive home sooner.

→ ____________ you walk, ____________ you will arrive home.

5 Amy is a sophomore in high school, and Roy is a freshman in high school.

→ Amy is ____________ Roy.

6 I am 17 years old, and Gary is 14 years old.

→ Gary is ____________ me.

7 Emily likes reading, but she likes watching movies even more.

→ Emily prefers ____________________ reading.

B

우리말과 일치하도록 ( ) 안의 단어를 바르게 배열하시오. (필요시 형태를 바꿀 것)

1 네가 더 높이 올라갈수록, 너는 더 멀리 볼 수 있다. (can, far, go up, high, see, the, the, you, you)

→ ____

2 드론이 더 가벼울수록, 그것은 더 적은 에너지를 사용한다.
(a drone, is, energy, it, light, little, the, the, uses)

→ ____

3 그녀의 글쓰기 능력은 반의 다른 학생들보다 뛰어나다.
(others, to, her, in, writing skills, are, her class, superior)

→ ____

4 네가 더 열심히 일할수록, 결과는 더 좋아질 것이다.
(be, hard, the results, the, the, will, work, you, better)

→ ____

5 우리가 더 적은 제품들을 구매할수록, 우리는 더 많은 자원을 아낀다.
(buy, few, more, products, resources, save, the, the, we, we)

→ ____

6 그 환자는 수술 전에 8시간 동안 금식해야 한다.
(to, must, for, prior, the patient, fast, eight hours, the surgery)

→ ____

7 건물이 더 높을수록 꼭대기에서의 경치가 더 좋다.
(better, the building, the top, the, the, from, tall, the view)

→ ____

Point 19

비교급 · 최상급 관용 표현

No sooner had I woken up than I turned on a radio.
나는 깨자마자 라디오를 켰다.

Irene has the brightest smile that I have ever seen.
Irene은 내가 지금까지 본 것 중에서 가장 밝은 미소를 갖고 있다.

1 비교급 관용 표현

No sooner + had + 주어 + p.p. ~ than + 주어 + 과거시제... (~하자마자 ...했다)	No sooner had the concert begun than the power went out. 콘서트가 시작하자마자 전기가 나갔다. = The concert had no sooner begun than the power went out.

2 최상급 관용 표현

the + 최상급(+ that) + 주어 + have ever + p.p. (지금까지 ~한 것 중 가장 ...한)	That is the funniest joke that I have ever heard. 그것은 내가 지금까지 들어본 것 중 가장 재미있는 농담이다.
one of the + 최상급 + 복수명사 (가장 ~한 ... 중 하나)	She is one of the smartest students in the class. 그녀는 학급에서 가장 똑똑한 학생들 중 한 명이다.

● 바로 적용하기

우리말과 일치하도록 ( ) 안의 단어를 바르게 배열하시오. (필요시 형태를 바꿀 것)

1 그녀가 소파에 앉자마자 초인종이 울렸다.
(than, ring, soon, sit on, have, she, the sofa, the doorbell)
→ No ______________________________.

2 Crystal이 해변에 도착하자마자 비가 내리기 시작했다.
(arrive at, Crystal, have, it, to rain, soon, start, than, the beach)
→ No ______________________________.

3 그것은 내가 지금까지 방문한 곳 중 가장 높은 건물이다. (building, ever, have, I, tall, that, the, visit)
→ It is ______________________________.

4 이 공원은 이 도시에서 가장 아름다운 장소 중 하나이다.
(one, the most, this park, place, is, of, beautiful)
→ ______________________________ in this city.

Answer p.13

5 이것은 Emily가 지금까지 운전한 것 중 가장 빠른 차이다.
(is, drive, Emily, ever, fast, have, that, the, car)
→ It ______________________________.

6 Danny가 문을 열자마자 그의 개가 밖으로 뛰쳐나갔다.
(than, Danny, run, soon, open, his dog, have, outside, the door)
→ No ______________________________.

7 그는 이 병원에서 가장 유명한 의사 중 한 명이다. (doctor, one, the, famous, he, of, is, most)
→ ______________________________ in this hospital.

8 나는 침대에 들어가자마자 바로 잠들었다. (I, than, soon, I, get into, have, fall asleep, bed)
→ No ______________________________.

B

어법상 틀린 부분을 찾아 바르게 고치시오.

1 She is one of the stronger candidates for the position.
______________ → ______________

2 No sooner I had finished washing the car than it started raining.
______________ → ______________

3 It's one of the largest park in the state.
______________ → ______________

4 It is the longest novel that I had ever read.
______________ → ______________

5 No sooner had I finished cooking dinner than my guests arrive.
______________ → ______________

6 It is the more exciting game that I have ever watched.
______________ → ______________

7 No sooner have we arrived at the station than the train left.
______________ → ______________

8 It is the coldest winter that he has ever experience.
______________ → ______________

원급·비교급을 사용한 최상급 표현

No (other) alphabet is as scientific as Hangeul.
어떤 (다른) 문자도 한글만큼 과학적이지 않다.

Hangeul is more scientific than any other alphabet.
한글은 어느 다른 문자보다도 더 과학적이다.

1 최상급의 의미를 갖는 원급과 비교급

주어에 부정의 의미가 포함되어 있으므로 동사 뒤에 not을 쓰지 않는다.

the + 최상급		Lisa is the oldest member of the team. Lisa는 그 팀의 가장 나이 많은 멤버이다.
긍정 비교급	비교급 + than + ┌any other + 단수명사 └all the other + 복수명사	Lisa is older than any other member of the team. Lisa는 그 팀의 다른 어떤 멤버보다 나이가 많다. Lisa is older than all the other members of the team. Lisa는 그 팀의 모든 다른 멤버들보다 나이가 많다.
부정 원급	No (other) 명사 ~ + as + 원급 + as	No other member of the team is as old as Lisa. ★ 그 팀의 다른 어떤 멤버도 Lisa만큼 나이 많지 않다.
부정 비교급	No (other) 명사 ~ + 비교급 + than	No other member of the team is older than Lisa. 그 팀의 다른 어떤 멤버도 Lisa보다 나이 많지 않다.

1 최상급 문장에서 명사 뒤에 나오는 「in/of + 명사」는 부정 원급이나 부정 비교급 문장으로 전환 시, 명사와 함께 문장 앞으로 이동한다.
Mt. Baekdu is the highest mountain in Korea. 백두산은 한국에서 가장 높은 산이다.
→ No mountain is higher than Mt. Baekdu ~~in Korea~~. (x)
→ No mountain in Korea is higher than Mt. Baekdu. (O) 한국의 어떤 산도 백두산보다 높지 않다.

2 최상급 뒤에 명사가 없을 경우 사물이면 thing, 사람이면 one을 넣거나, 문맥상 적절한 단어를 넣어 비교급으로 쓴다.
Yeri is the prettiest in my class.
= Yeri is prettier than anyone else[any other student] in my class.
예리는 우리 학급에서 다른 누구[어느 다른 학생]보다 더 예쁘다.

● 바로 적용하기

주어진 문장을 (1) ~ (3)에 제시된 문장으로 전환하여 쓰시오.

1 History is the most interesting subject.

(1) 긍정 비교급 ______________________

(2) 부정 원급 ______________________

(3) 부정 비교급 ______________________

Answer p.13

2 Asia is the largest continent in the world.

(1) 긍정 비교급 ______________________

(2) 부정 원급 ______________________

(3) 부정 비교급 ______________________

3 Friendship is the most important.

(1) 긍정 비교급 ______________________

(2) 부정 원급 ______________________

(3) 부정 비교급 ______________________

4 Venus is the brightest planet in the night sky.

(1) 긍정 비교급 ______________________

(2) 부정 원급 ______________________

(3) 부정 비교급 ______________________

5 Elephants are the strongest of all animals.

(1) 긍정 비교급 ______________________

(2) 부정 원급 ______________________

(3) 부정 비교급 ______________________

B 우리말과 일치하도록 ( ) 안의 단어를 바르게 배열하시오. (필요시 형태를 바꿀 것)

1 바이칼 호수보다 더 깊은 호수는 없다. (lake, than, no, is, other, deep, Lake Baikal)

→ ______________________

2 이 요리는 메뉴의 다른 어떤 음식보다 더 맵다.
(any, spicy, food, this dish, than, other, on, is, the menu)

→ ______________________

3 어떤 다른 영화도 *Love Letter*보다 슬프지 않다. (*Love Letter*, is, than, movie, no, sad, other)

→ ______________________

4 오늘 날씨는 이번 주의 모든 다른 날보다 따뜻하다.
(all, weather today, warm, the other, this week, the, is, than, day)

→ ______________________

5 어떤 다른 곤충도 나비만큼 화려하지 않다. (is, no, as, other, a butterfly, as, insect, colorful)

→ ______________________

시험에 나오는 서술형

난이도 ★★★

[01-05] 빈칸에 들어갈 알맞은 단어를 〈보기〉에서 골라 쓰시오. (필요시 형태를 바꿀 것)

보기	big junior lazy prefer senior
	tall than the to rich the

01 The more you save, ____________ ____________ your life becomes.

02 Mike is ____________ to Joy. Mike is 15 years old, and Joy is 17 years old.

03 The sun is ____________ ____________ any other star we can see with the naked eye.

04 Roy is ____________ ____________ man that I have ever known. He is always late and never works hard.

05 I ____________ coffee ____________ juice in the morning, because the caffeine in coffee helps me wake up.

[06-10] 주어진 두 문장이 같은 뜻이 되도록 빈칸에 들어갈 알맞은 말을 쓰시오.

06 The less we waste, the better the environment will be.

= ____________ ____________ ____________ ____________, the environment will be better.

07 I have never heard of a man as smart as Einstein.

= Einstein is ____________ ____________ man that I have ever heard of.

08 Sumi's grades are superior to Mike's.

= Mike's grades are ____________ ____________ Sumi's.

09 As soon as Amy woke up, she looked at the clock.

= ____________ ____________ ____________ Amy woken up ____________ she looked at the clock.

10 This cake is the sweetest dessert at the party.

= This cake is ____________ ____________ all the other ____________ at the party.

[11-13] 우리말과 일치하도록 빈칸에 들어갈 알맞은 말을 쓰시오.

11 Crystal의 요리 솜씨는 Jacob의 요리 솜씨보다 우수하다.

→ Crystal's cooking skills ____________ ____________ ____________ ____________.

12 Joy는 독서하는 것보다 야외에서 조깅하는 것을 더 선호한다.

→ Joy ____________ ____________ outdoors ____________ ____________ books.

13 너의 시력이 더 좋을수록, 너는 더 멀리 볼 수 있다.

→ ____________ ____________ your eyesight is, ____________ ____________ you can see.

난이도 ★★★

[14-15] 우리말과 일치하도록 빈칸에 들어갈 알맞은 말을 〈보기〉에서 골라 쓰시오. (중복 사용 가능 / 필요시 형태를 바꿀 것)

보기	city	the	beautiful	of
	one	most	that	visit

14 파리는 세계에서 가장 아름다운 도시 중 하나이다.

→ Paris is ______ ______ ______ ______ ______ ______ in the world.

15 파리는 내가 지금껏 방문해 본 가장 아름다운 도시이다.

→ Paris is ______ ______ ______ ______ ______ I've ever ______.

[16-17] 그림을 보고 빈칸에 들어갈 알맞은 단어를 쓰시오.

16 Taking pictures is ______ exciting to Jenny ______ ______ ______ hobby.

17 To Jenny, ______ ______ is as ______ ______ taking pictures.

[18-20] 주어진 문장을 ( )에 제시한 문장으로 다시 쓰시오.

18 Among all the traveling books, this one is the most useful. (부정 원급)

→ Among all the traveling books, ______ ______ this one.

19 Daegu is the hottest city in Korea. (부정 비교급)

→ ______

20 David was the bravest king in history. (긍정 비교급 / all을 반드시 사용할 것)

→ ______

난이도 ★★★

함정유형

[21-22] 어법상 틀린 문장 세 개를 찾아 기호를 쓰고, 틀린 부분을 바르게 고치시오.

21

ⓐ We prefer using public transport than driving our own car.
ⓑ No season of the year is colder than winter.
ⓒ The brighter the sun shines, the warmer we feel.
ⓓ No sooner had Mary opened her eyes than she had checked text messages.
ⓔ Crystal plays the piano better than all her other classmates.

( ) ______ → ______
( ) ______ → ______
( ) ______ → ______

22

ⓐ No one is so passionately as Tim.
ⓑ Emily is senior to James. She is two years older than he is.
ⓒ No sooner had Kevin met Jane than he smiled.
ⓓ This solution is more effective than any other method.
ⓔ The more nutritious you eat food, the healthier you can become.

(   ) ____________ → ____________
(   ) ____________ → ____________
(   ) ____________ → ____________

[23-24] 대화를 읽고 물음에 답하시오.

Tom: Wow! It's really hot, isn't it?
Irene: I couldn't agree with you more!
(A) <u>내가 지금껏 경험해 본 것 중 가장 더운 여름이야.</u>
Tom: That's right. (B) Yesterday, ____________ ____________, my dog ____________ in front of it all day.
Irene: I hope autumn comes early!

23 ( ) 안의 단어를 활용하여 밑줄 친 우리말 (A)를 영어로 쓰시오.

→ It ________________________ ____________. (hot, experience)

24 빈칸 (B)에 들어갈 말을 〈보기〉의 단어를 바르게 배열하여 쓰시오. (필요시 형태를 바꿀 것)

보기	have	than	the air conditioner
	I	stay	soon	turn on

→ Yesterday, no ________________________ ____________ my dog ____________ in front of it all day.

[25-27] 글을 읽고 물음에 답하시오.

Today, I want to talk about the power of laughter. Laughter is one of the most effective ways to relieve stress and improve mood. When someone starts laughing, it's hard not to join in. Laughter spreads most quickly, making everyone around feel happy. In other words, nothing is most contagious than laughter. So, next time you feel down, remember to share a laugh with someone. (A) <u>더 많이 웃을수록, 여러분은 더 행복하게 느낄 것입니다.</u> It might just change your whole day.

*contagious 전염성이 있는

25 밑줄 친 우리말 (A)를 〈조건〉에 맞게 영어로 쓰시오.

조건
1. 〈보기〉에 주어진 단어를 모두 한 번씩 사용할 것
2. 필요시 〈보기〉의 단어를 변형하여 쓸 것
3. 반드시 문장의 가운데에 쉼표를 쓸 것

보기 happy feel laugh more the the will you you

____

____

26 윗글에서 어법상 틀린 표현이 있는 문장을 하나 찾아 바르게 고친 후 문장을 다시 쓰시오.

____

____

27 윗글의 내용과 일치하도록 빈칸에 들어갈 알맞은 단어를 본문에서 찾아 쓰시오. (필요시 단어를 변형할 것)

The writer says that nothing spreads ________ ________ ________ laughter, because it is the ________ ________ of all. Laughter really brings happiness to your whole day.

CHAPTER 07

접속사

Point 21 **등위 · 상관접속사**

Exercising or reading can be a good way to spend the weekend.
운동하거나 독서하는 것은 주말을 보내는 좋은 방법일 수 있다.

Either Irene or I am responsible for the mistake.
Irene이나 나 둘 중 한 명이 그 실수에 책임이 있다.

Point 22 **명사절을 이끄는 접속사 / 간접의문문**

Jacob doesn't know if the store is open today.
Jacob은 오늘 가게가 열려 있는지 알지 못한다.

What do you think he will feel after hearing the news?
너는 그가 그 소식을 듣고 나서 어떤 기분이 들거라고 생각하니?

Point 23 **부사절을 이끄는 접속사 (시간 · 이유 · 양보)**

While I was cooking dinner, my friend called me.
내가 저녁을 요리하는 동안, 내 친구가 나에게 전화했다.

Point 24 **부사절을 이끄는 접속사 (목적 · 결과)**

Jacob got up early so that he could get on the first bus.
Jacob은 첫 번째 버스를 타기 위해 일찍 일어났다.

Taeyeon sings so well that almost everyone likes her.
태연은 노래를 너무 잘해서 거의 모든 사람들이 그녀를 좋아한다.

Point 21

등위 · 상관접속사

Exercising or reading can be a good way to spend the weekend.
운동하거나 독서하는 것은 주말을 보내는 좋은 방법일 수 있다.

Either Irene or I am responsible for the mistake.
Irene이나 나 둘 중 한 명이 그 실수에 책임이 있다.

1 등위·상관접속사와 병렬구조 등위접속사와 상관접속사는 단어, 구, 절을 대등하게 연결하는데, 이를 병렬구조라고 한다.

Both reading books and watching documentaries are great ways to gain knowledge. 〈동명사구 연결〉
책을 읽는 것과 다큐멘터리를 보는 것 모두 지식을 얻는 훌륭한 방법이다.

Either I can call you right now or you can call me at night. 〈절 연결〉
내가 지금 너에게 전화할 수도 있고, 아니면 네가 밤에 나에게 전화해도 된다.

Irene likes me not because I'm smart but because I'm kind. 〈부사절 연결〉
Irene은 내가 똑똑해서가 아니라 내가 친절해서 나를 좋아한다.

to부정사가 접속사로 연결될 때 첫 번째 to부정사에만 to를 쓰고, 나머지는 생략하는 것이 일반적이다.
They decided to stay home and watch a movie. 그들은 집에 머물며 영화를 보기로 결정했다.

2 상관접속사와 '주어-동사' 수의 일치 「both A and B」는 항상 복수 취급한다. 「A as well as B」는 'B뿐만 아니라 A도'의 의미이므로 A에 동사의 수를 일치시켜야 한다. 나머지 표현들은 B에 오는 표현에 동사의 수를 일치시킨다.

Both Jake and I are going to the party. Jake와 나는 둘 다 파티에 갈 것이다.

The teacher as well as the students is excited about the upcoming trip.
학생들뿐만 아니라 선생님도 다가오는 여행에 대해 기대하고 있다.

Either Tom or you have to drive her to the station. Tom이나 너 둘 중 한 명이 그녀를 역까지 태워줘야 한다.

nor와 neither에는 그 자체에 부정의 의미가 있으므로 이 표현 앞뒤에 not이나 never 등을 써서는 안 된다.
I didn't understand what he said, nor ~~didn't~~ my classmates. (x)
→ I didn't understand what he said, nor did my classmates. (O)
나는 그가 말하는 것을 이해하지 못했고, 나의 반 친구들도 마찬가지였다.
cf. 등위접속사 nor은 'and ~ not ...'의 의미로, 뒤에 「동사 + 주어」 어순이 이어져야 한다. (Chapter 10. 부정어 도치 구문)

바로 적용하기

우리말과 일치하도록 ( ) 안의 단어를 바르게 배열하시오.

1 Brian은 역사 공부와 박물관 방문을 둘 다 즐긴다.
(studying, both, and, Brian, visiting, enjoys, history, museums)
→ ______________________

2 너는 돈을 저축하고 현명하게 소비해야 한다. (save, and, should, wisely, you, money, spend)
→ ______________________

Answer p.15

3 나는 여동생에게 약국에 가서 약을 좀 사다줄 것을 부탁했다.

(and, asked, buy, go to, I, my sister, to, the pharmacy, some medicine)

→ ______________________________

4 Wendy는 경주에서 우승했을 뿐만 아니라 세계 기록을 깨뜨렸다.

(the, but also, world, not only, record, the race, broke, Wendy, won)

→ ______________________________

5 그 행사는 일요일이 아니라 월요일에 열릴 것이다.

(will, on, Sunday, held, on, the event, be, Monday, not, but)

→ ______________________________

B

어법상 틀린 부분을 찾아 바르게 고치시오. (틀린 부분이 없으면 ○를 쓸 것)

1 Neither cookies nor milk are on the table.

__________ → __________

2 Either the manager or you has to attend the meeting.

__________ → __________

3 It is important for you to get enough sleep and drinking enough water.

__________ → __________

4 Amy can't swim, nor she can't ride a bike.

__________ → __________

5 Both my sister and my brother goes to church.

__________ → __________

6 Kelly didn't bring neither pencils nor notebooks.

__________ → __________

7 The flower vase as well as the flowers looks beautiful.

__________ → __________

8 Crystal likes Jacob not because he is handsome but he is honest.

__________ → __________

9 I look forward to meeting Danny and discuss our plan.

__________ → __________

Point 22

명사절을 이끄는 접속사 / 간접의문문

Jacob doesn't know if the store is open today.
Jacob은 오늘 가게가 열려 있는지 알지 못한다.

What do you think he will feel after hearing the news?
너는 그가 그 소식을 듣고 나서 어떤 기분이 들거라고 생각하니?

1 **명사절을 이끄는 that과 if[whether]** that은 명확한 사실이나 진술, 믿음 등을 나타내며, if[whether]는 불확실한 사실이나 두 가지 이상의 가능성을 나타낸다.

I believe that Irene doesn't lie to me. 나는 Irene이 나에게 거짓말하지 않는다고 믿는다.

Irene wonders if[whether] I believe her or not. Irene은 내가 그녀를 믿는지 아닌지 궁금해 한다.

○ 명사절 접속사로 쓰이는 if와 whether의 구분

주어 자리 whether만 가능	Whether the weather will be fine is not certain. 날씨가 좋을지는 확실하지 않다.
진주어, 동사의 목적어 자리 if, whether 모두 가능	It is not certain if[whether] the weather will be fine. 날씨가 좋을지는 확실하지 않다.
전치사의 목적어 whether만 가능	I have a question about whether the weather will be fine. 나는 날씨가 좋을지에 대한 질문이 있다.

2 **간접의문문** 의문문이 다른 문장의 일부가 되어 명사 역할을 하며, 평서문 어순으로 쓰는 것에 유의한다.

의문사가 있는 경우 「의문사 + 주어 + 동사」	I don't know. + Where does she live? → I don't know where she lives. 나는 그녀가 어디 사는지 모른다.
의문사가 없는 경우 「if[whether] + 주어 + 동사」	We're not sure. + Will they accept the offer? → We're not sure if[whether] they will accept the offer. 우리는 그들이 그 제안을 받아들일지 확신하지 못한다.
의문사가 주어인 경우 어순 변화 없음	What caused the delay? 무엇이 지연을 일으켰니? → Tell me what caused the delay. 지연을 일으킨 게 뭔지 알려줘.

Tip 「Do(es) + 주어」 뒤에 동사가 think, guess, believe, suppose 등일 때는 간접의문문의 의문사가 가장 앞으로 나온다.
Do you think? + What should James wear to the party?
→ What do you think James should wear to the party? 너는 James가 파티에 무엇을 입고 와야 한다고 생각하니?

• 바로 적용하기

빈칸에 that 또는 if 중 알맞은 것을 쓰시오.

1 Please let me know ______________ you need any help.

2 It's clear ________________ this solution is not working.

3 Juliuss denied ________________ he made a big mistake.

4 We are not sure ________________ Bill would join us for dinner.

5 The doctor advised ________________ the patient should avoid certain foods.

6 Students asked ________________ they could delay submitting their reports until tomorrow.

B

두 문장을 한 문장으로 연결하여 간접의문문을 만드시오. (필요시 형태를 바꿀 것)

1 Do you know? + Where did Siyun go after school?

→ ____

2 Joy didn't explain. + Why did she cry suddenly?

→ ____

3 Do you guess? + What will happen next?

→ ____

4 Can you tell me? + Did he finish his homework?

→ ____

5 I don't know. + Who left this box at the door.

→ ____

6 Do you guess? + Whom will Chris invite to the party?

→ ____

7 Do you suppose? + Where did he find the information?

→ ____

8 I wonder. + Is this book worth reading?

→ ____

9 Do you think? + What encouraged him to join the volunteer program?

→ ____

10 Could you tell me? + What time does the train leave?

→ ____

부사절을 이끄는 접속사 (시간·이유·양보)

While I was cooking dinner, my friend called me.
내가 저녁을 요리하는 동안, 내 친구가 나에게 전화했다.

1 시간·이유·양보의 의미를 나타내는 접속사 접속사 뒤에는 「주어 + 동사」 구조의 절이 오며, 전치사 뒤에는 명사(구)가 온다.

의미	부사절 접속사	유사한 의미의 전치사
시간	when, as, while, since, before, after, until, as soon as 등	for, during, before, after, until, on[upon] 등
이유	because, since, as 등	because of, due to 등
양보	although, though, even if, even though 등	despite, in spite of 등

Although it rained heavily, the soccer game was not canceled. 〈절〉 비가 많이 왔음에도 불구하고, 축구 경기는 취소되지 않았다.
Despite heavy rain, the soccer game was not canceled. 〈명사구〉 폭우에도 불구하고, 축구 경기는 취소되지 않았다.

 Tip
부사절을 이끄는 접속사 as는 시간, 이유의 의미 외에도, 비례(~할수록), 방식(~대로) 등 다양한 의미를 지니므로 문맥에 맞게 해석해야 한다.
As time goes by, his interests shifted from sports to music. 〈비례〉
시간이 지날수록 그의 관심은 운동에서 음악으로 바뀌었다.
You can dress as you like for the party. 〈방식〉 너는 파티에서 네가 원하는 대로 옷을 입을 수 있다.

 주의
1 when, while 뒤에서 「주어 + be동사」가 생략되고 뒤에 현재분사만 남는 경우가 있다. 이때 접속사 대신 전치사를 쓰지 않아야 함에 유의한다.
~~During~~ walking on the street, I ran into Amy. (x)
→ While walking on the street, I ran into Amy. (O) 길을 걷는 동안 나는 Amy와 마주쳤다.
2 시간·조건을 나타내는 부사절에서는 미래 시제 대신 현재 시제를 쓴다.
Until the rain ~~will stop~~, we should stay indoors. (x)
→ Until the rain stops, we should stay indoors. (O) 〈시간〉 비가 그칠 때까지 우리는 실내에 있어야 한다.

● 바로 적용하기

빈칸에 들어갈 알맞은 표현을 〈보기〉에서 골라 쓰시오.

보기 although as soon as because despite due to during while

1 ______________ the traffic jam, we arrived at the airport on time.

2 Our picnic was canceled ______________ the bad weather.

3 ______________ cooking dinner, I talked with Jacob on the phone.

4 She stayed at home ______________ she was feeling sick.

5 ______________ it was raining, we went for a hike.

6 I will visit Vietnam ______________ this summer vacation.

B

우리말과 일치하도록 ( ) 안의 단어를 바르게 배열하시오.
(부사구[절]을 먼저 쓴 뒤에 쉼표를 붙일 것 / 필요시 형태를 바꿀 것)

1 저녁을 먹으면서 그는 그가 가장 좋아하는 TV쇼를 보았다.
(watched, TV show, dinner, his, while, he, eat, favorite)
→ ______________________________

2 그 뉴스를 듣자마자, 그녀는 눈물을 터뜨렸다. (the news, tears, upon, she, hear, burst into)
→ ______________________________

3 시계가 12시를 치자마자, 우리는 새해를 축하할 것이다.
(strike, we, as soon as, the New Year, celebrate, twelve, will, the clock)
→ ______________________________

C

각 문장에 쓰인 as의 의미를 〈보기〉에서 골라 기호를 쓰고 해석하시오.

보기	ⓐ 시간	ⓑ 이유	ⓒ 동시동작	ⓓ 비례	ⓔ 방법

1 Organize your desk neatly as I showed you. ______________
→ ______________________________

2 As I was walking to the store, it started to rain. ______________
→ ______________________________

3 We decided to stay indoors as it was very cold. ______________
→ ______________________________

4 As I listened to music, I studied math. ______________
→ ______________________________

5 As the population grows, food production becomes a bigger issue. ______________
→ ______________________________

Point 24 부사절을 이끄는 접속사 (목적 · 결과)

Jacob got up early so that he could get on the first bus.
Jacob은 첫 번째 버스를 타기 위해 일찍 일어났다.

Taeyeon sings so well that almost everyone likes her.
태연은 노래를 너무 잘해서 거의 모든 사람들이 그녀를 좋아한다.

1 **목적의 의미를 나타내는 접속사** 「so that + 주어 + can/may/will + 동사원형 ~」은 '주어가 ~하기 위해서/~하도록'의 의미를 갖는 부사절 표현이다. so that 대신 in order that을 쓸 수 있으며, 「in order + to부정사」로 바꿔 쓸 수 있다.

She saved money so that she could buy a new computer. 그녀는 새 컴퓨터를 사기 위해 돈을 모았다.
= She saved money in order that she could buy a new computer.
= She saved money in order to buy a new computer.

2 **결과의 의미를 나타내는 접속사**

「,(쉼표) so that ~」 ~해서 …하다	Gary got up late, so that he was late for school. Gary는 늦게 일어나서, 그는 학교에 지각했다.
「so + 형용사/부사 + that ~」 매우 ~해서 …하다	Cathy is so kind that she helps everyone around her. Cathy는 매우 친절해서 그녀 주변의 모든 사람들을 돕는다. = Cathy is kind enough to help everyone around her. Cathy는 그녀 주변의 모든 사람들을 도울 만큼 친절하다. Peter felt so nervous that he couldn't focus on the test. = Peter felt too nervous to focus on the test. Peter는 매우 긴장해서 시험에 집중할 수 없었다.

주의 부사절을 to부정사로 전환할 때, 주절과 부사절의 주어가 서로 다르면 부사절의 주어를 to부정사 앞에 의미상의 주어로 표시해야 한다. 또한 주절의 주어와 부사절의 목적어가 같으면 to부정사의 목적어를 생략해야 한다.

The movie was so interesting that she watched it twice. 그 영화는 매우 흥미로워서 그녀는 그것을 두 번 보았다.
(The movie: 주절의 주어 / she: 부사절의 주어 / it: 부사절의 목적어)

→ The movie was interesting enough for her to watch twice.

• 바로 적용하기

우리말과 일치하도록 ( ) 안의 단어를 바르게 배열하시오. (필요시 적절한 위치에 쉼표를 넣을 것)

1 그는 경주에서 이길 수 있도록 매일 훈련했다.
(win, he, every day, might, that, the race, he, trained, so)
→ ______________________________

2 Joy는 너무 피곤해서 바로 잠들었다. (so, Joy, was, tired, she, immediately fell, that, asleep)
→ ______________________________

3 Emily는 열쇠를 잃어버려서 집으로 들어갈 수 없었다.
(couldn't, Emily, enter, her house, her key, lost, she, so that)
→ ______________________________

4 그 상자는 너무 무거워서 나는 그것을 옮기기 위해 도움이 필요했다.
(so, I, it, the box, that, help, was, heavy, needed, to carry)
→ ______________________________

5 나는 선명하게 보기 위해 안경을 썼다. (see, so, could, glasses, I, that, clearly, wore, I)
→ ______________________________

6 그들은 밤새도록 일해서 녹초가 되었다. (were, worked, they, so that, exhausted, they, all night)
→ ______________________________

B 두 문장이 같은 의미가 되도록 빈칸에 들어갈 알맞은 말을 쓰시오

1 I bought tickets in advance so that I could get good seats.
= I bought tickets in advance ________ ________ ________ ________ good seats.

2 David was so busy that he couldn't answer the phone.
= David was ________ ________ ________ ________ the phone.

3 Wendy practiced singing so hard that she could pass the audition.
= Wendy practiced singing ________ ________ ________ ________ the audition.

4 The noise from the outside was so loud that we couldn't sleep.
= The noise from the outside was ________ ________ ________ ________ ________ ________.

5 Mary helped Minsu study so that he could improve his grades.
= Mary helepd Minsu study ________ ________ ________ ________ ________ ________ his grades.

6 Juliuss was so smart that everyone asked him for help to solve difficult problems.
= Juliuss was ________ ________ ________ ________ ________ ________ him for help to solve difficult problems.

난이도 ★★★

[01-02] 우리말과 일치하도록 ( ) 안의 단어를 바르게 배열하시오. (접속사 한 개를 추가할 것)

01 선생님께서는 시험이 어려울 거라고 말씀하셨다.
(the test, be, the teacher, difficult, would, said)

→ ______________________________

____

02 그는 티켓이 아직 남아 있는지 궁금해하고 있다.
(the tickets, still, he's, wondering, available, are)

→ ______________________________

____

03 빈칸에 공통으로 들어갈 접속사를 쓰시오.

ⓐ ____________ I missed the bus, I was late for school.
ⓑ ____________ we expected, the restaurant was crowded with people.

____

[04-06] 빈칸에 들어갈 알맞은 말을 〈보기〉에서 골라 문장을 완성하시오.

보기		
because	despite	during
although	because of	while

04 ____________ the warnings, he continued to drive fast.

05 The flight was delayed ____________ the strong wind.

06 Jenny took notes ____________ watching the internet lecture.

[07-08] 그림을 보고, ( ) 안의 단어를 사용하여 빈칸에 들어갈 알맞은 말을 쓰시오.

(big, sit on)

(elegant, wear)

07 The sofa was ____________ ____________ ____________ four people ____________ ____________ ____________ it.

08 The dress is ____________ ____________ ____________ her ____________ ____________ to a formal event.

[09-12] 어법상 틀린 곳을 찾아 바르게 고치시오.

09 His parents as well as Chris likes music.

____________ → ____________

10 The teacher suggested not only studying hard but also to take regular breaks.

____________ → ____________

11 I'm worried about if the flight will be delayed.

____________ → ____________

12 They enjoyed the sunset during walking along the beach.

____________ → ____________

난이도 ★★★

[13-14] 빈칸에 들어갈 알맞은 단어를 〈보기〉에서 골라 쓰시오.

13 Emily loves painting so much (1) __________ she often spends hours in her studio. She finds it not challenging (2) __________ relaxing. She enjoys painting with oil paints (3) __________ she enjoys the rich textures they create. Emily plans to give one of her paintings to her friend as a birthday gift. She wonders (4) __________ her friend will like it.

*texture 감촉, 질감

보기 but during if since that

(1) __________ (2) __________

(3) __________ (4) __________

14 Bill is always interested in (1) __________ new technologies make his life better. (2) __________ he has learned more, he has become particularly interested in AI. (3) __________ his free time, he likes to watch videos on tech trends. (4) __________ his busy schedule, he enjoys discussing AI technology with friends who share the same interests.

보기 if despite during as whether while

(1) __________ (2) __________

(3) __________ (4) __________

[15-16] 주어진 두 문장을 한 문장으로 연결하여 간접의문문으로 쓰시오.

15 I wonder. + Why did she decide to quit her job?

→ ______________________________

16 Do you suppose? + What should we do next?

→ ______________________________

신유형

[17-18] 대화를 읽고, 대화를 요약한 글의 빈칸에 들어갈 알맞은 말을 대화문에서 찾아 쓰시오. (필요시 표현 중 일부를 변형하여 쓰고 시제에 유의할 것)

Alice: Hi, Bob. Do you have any special plans for this weekend?

Bob: Hi, Alice. No, I don't have any special plans yet.

Alice: Then why don't you come over to my place? I have something I want to show you.

Bob: What is it that you want to show me?

Alice: Don't be surprised. I got a new pet dog. It's a tiny, cute poodle.

Bob: Oh, really? I can't wait to see it. Now I understand why you're so excited.

Alice asked Bob (A) __________. Since Bob said he didn't have any special plans, Alice suggested that he come over to her house. Alice had gotten a new pet dog, and Bob understood (B) __________.

17 (A) ______________________________

____

18 (B) ______________________________

난이도 ★★★

함정유형

[19-20] 어법상 틀린 문장을 모두 찾아 기호를 쓰고 바르게 고쳐 문장을 다시 쓰시오.

19

ⓐ Either you or I were wrong.
ⓑ No one knows what made Jin really sad.
ⓒ I'm not sure if Maria will agree to our plan.
ⓓ Because his late arrive, we started our meeting later than planned.
ⓔ He allowed his children to join the party and returned home late.

( ) ____________________
( ) ____________________
( ) ____________________
( ) ____________________
( ) ____________________

20

ⓐ Yumi asked me that I could help her with her homework.
ⓑ While sitting on a sofa, Jisu read a novel.
ⓒ He didn't call me, nor didn't he send a message.
ⓓ Juliuss will forgive you if he will understand your situation.
ⓔ Where do you suppose might the lost key be?

( ) ____________________
( ) ____________________
( ) ____________________
( ) ____________________
( ) ____________________

[21-23] 글을 읽고 물음에 답하시오.

It was thought that only humans use tools, but now scientists are discovering that many animals can also use tools. For example, you can see the short-tailed monkeys use a tool. During you visit a Buddhist temple in Thailand, you should be careful of short-tailed monkeys. They may come up to you (A) <u>in order to pull out your hair</u>. That's right. The short-tailed monkeys use human hair for flossing. The mother monkey showes her babies how to floss so that they can watch and imitate her. As the babies grow up, they floss as well as their mothers do.

*floss 치실질을 하다

21 윗글의 밑줄 친 (A)를 부사절로 전환하여 쓰시오.

____
____

22 윗글에서 어법상 틀린 부분을 한 군데 찾아 바르게 고치시오.

__________ → __________

23 윗글의 주제문의 빈칸에 들어갈 알맞은 말을 쓰시오.

Scientists now know that many animals ________ ________ ________ humans can use tools.

CHAPTER 08

관계사

Point 25 **관계대명사**

The man who lives next door is very kind.
옆집에 사는 그 남자는 매우 친절하다.

The book which I read was interesting.
내가 읽은 그 책은 흥미로웠다.

I live in a house whose roof is red.
나는 지붕이 빨간색인 집에 산다.

Point 26 **관계대명사 that과 what**

All that glitters is not gold. 반짝이는 모든 것이 금은 아니다.

This is what you should do today.
이것이 오늘 네가 해야 할 일이다.

Point 27 **「전치사 + 관계대명사」**

Catherine needs a person on whom she can depend. Catherine은 그녀가 의지할 수 있는 사람이 필요하다.

Point 28 **관계부사**

He wants to return to the countryside where he was born. 그는 그가 태어난 시골로 돌아가기를 원한다.

There are times when we need to take a break.
우리는 휴식을 취해야 하는 때가 있다.

Point 29 **관계대명사의 생략 / 관계사의 용법**

The book (which is) on the desk belongs to Sarah. 책상 위에 있는 그 책은 Sarah의 것이다.

I like this sweater, which my mom bought for me. 나는 이 스웨터를 좋아하는데, 이것은 엄마가 나에게 사주셨던 것이다.

Point 25

관계대명사

The man who lives next door is very kind. 옆집에 사는 그 남자는 매우 친절하다.

The book which I read was interesting. 내가 읽은 그 책은 흥미로웠다.

I live in a house whose roof is red. 나는 지붕이 빨간색인 집에 산다.

1 **관계대명사의 역할** 접속사와 대명사의 역할을 하며, 관계대명사가 이끄는 절은 형용사절로 선행사를 수식한다.

I know **a doctor**. + **The doctor** works at the hospital.

→ I know a doctor who[that] works at the hospital. 나는 그 병원에서 일하는 의사 한 명을 알고 있다.

2 **관계대명사의 종류** 관계대명사는 선행사의 종류와 문장에서의 역할에 따라 구분된다.

선행사	주격	목적격	소유격
사람	who, that	who(m), that	whose
사물, 동물	which, that	which, that	whose
사람 + 사물 / 사람 + 동물	that	that	whose

- **주격 관계대명사**: 주격 관계대명사절의 동사는 선행사에 일치시킨다.
  I have an old friend who[that] *loves* hiking. 나는 등산을 좋아하는 옛 친구가 있다.
- **목적격 관계대명사**: 목적격 관계대명사는 생략할 수 있다.
  The car (which[that]) he bought is very expensive. 그가 구입한 그 차는 매우 비싸다.
- **소유격 관계대명사**: 소유격 관계대명사 whose는 뒷문장에 생략된 문장성분이 없다.
  Look at that monkey whose tail is long. 꼬리가 긴 저 원숭이 좀 봐.

바로 적용하기

다음 두 문장을 관계대명사를 사용하여 한 문장으로 만드시오.

1 I met a boy. + He likes to learn foreign languages.

→ ______________________________

2 The gift is very special. + I received it from Tom.

→ ______________________________

3 I want to watch the movie. + Its plot is based on a true story.

→ ______________________________

4 He is the only witness. + He saw the thief break into the building.

→ ____________________

5 The boy and his dog looked very happy. + They were swimming in the sea.

→ ____________________

6 I can't find the parcel. + My sister sent it to me yesterday.

→ ____________________

7 I can't forget the girl. + Her name was very unique.

→ ____________________

8 I want to visit the hotel. + Its swimming pool is clean and nice.

→ ____________________

B

우리말과 일치하도록 ( ) 안에 주어진 단어를 바르게 배열하시오.

1 우리의 마당에서 자라는 그 나무는 매우 크다. (grows, very, the tree, in, tall, yard, which, our, is)

→ ____________________

2 그 코치가 선발한 선수들은 모두 탁월했다.
(all outstanding, whom, were, the players, the coach, selected)

→ ____________________

3 줄이 끊어진 그 기타는 내 삼촌 것이다.
(belongs, my, string, whose, to, the guitar, is, uncle, broken)

→ ____________________

4 James는 많은 선생님들이 좋아하는 똑똑한 학생이다.
(student, like, whom, James, smart, many, is, a, teachers)

→ ____________________

5 별을 관찰하는 사람은 천문학자라 불린다.
(who, called, observes, an astronomer, is, a person, stars)

→ ____________________

6 아들이 예술가인 아버지는 그를 자랑스럽게 느낀다.
(proud, son, whose, the father, feels, of, is, him, an artist)

→ ____________________

Point 26

관계대명사 that과 what

All that glitters is not gold.
반짝이는 모든 것이 금은 아니다.

This is what you should do today.
이것이 오늘 네가 해야 할 일이다.

1 관계대명사 that만 쓰는 경우

- 선행사가 「사람 + 사물」, 「사람 + 동물」인 경우
- 선행사에 최상급, 서수, all, no 등이 포함된 경우
- 선행사가 의문사인 경우

I saw *a man and his cat* that were lying on the grass. 나는 잔디에 누워 있는 한 남자와 그의 고양이를 보았다.
This is *the best book* that covers this topic in detail. 이것은 이 주제를 자세히 다룬 최고의 책이다.
Who that knows her can doubt her honesty? 그녀를 아는 누가 그녀의 정직함을 의심할 수 있을까?

2 관계대명사 what 선행사를 포함하는 관계대명사로, the thing(s) that[which]의 의미이다. 명사절을 이끌어 문장에서 주어, 보어, 목적어로 쓰인다.

I can't understand what you are saying. 나는 네가 말하는 것을 이해할 수 없다.

주의 that과 what의 구분

- 앞에 선행사가 있고 뒤에 완전한 문장이 오면 → that (접속사)
- 앞에 선행사가 있고 뒤에 불완전한 문장이 오면 → that (관계대명사)
- 앞에 선행사가 없고 뒤에 불완전한 문장이 오면 → what (관계대명사 또는 의문대명사)

She couldn't believe the fact [what / that] it snowed in May. 그녀는 5월에 눈이 내렸다는 사실을 믿을 수 없었다.
Is this the wallet [what / that] you lost? 이것이 네가 잃어버렸던 지갑이니?
This is [what / that] I need. 이것은 내가 필요한 것이다.

• 바로 적용하기

어법상 틀린 부분을 바르게 고쳐 문장을 다시 쓰시오.

1 It is important what you arrive on time.

→ ______________________________

2 That you have to do first is to finish your homework.

→ ______________________________

3 They announced what the concert was canceled.

→ ______________________________

Answer p.18

4 I will buy you all which you want for your birthday present.

→ ______

5 Wendy bought the same dress what her friend wore to the party.

→ ______

6 That happened yesterday was a complete surprise to everyone.

→ ______

7 She is the third child who was born in the family.

→ ______

8 That he wrote in his letter was very touching.

→ ______

B 우리말과 일치하도록 ( ) 안의 단어를 바르게 배열하시오. (필요한 단어를 추가할 것)

1 나는 그녀가 흥미로워할 수도 있는 것을 그녀에게 보여주었다.
(in, her, be, I, showed, interested, she, might)

→ ______

2 그녀는 결승선을 통과한 첫 번째 여성이었다. (first, she, the, woman, was, the finish line, crossed)

→ ______

3 나를 괴롭혔던 것은 계속되는 소음이었다. (was, bothering, noise, the, me, constant, was)

→ ______

4 그녀가 그녀의 직업에 대해 거짓말했다는 사실이 모두를 놀라게 했다.
(job, she, her, surprised, the fact, lied about, everyone)

→ ______

5 그들이 동굴에서 발견한 것은 고고학 팀을 흥분하게 했다.
(the cave, found, the, team, excited, they, in, archaeological)

→ ______

6 중요한 것은 우리에게 아직 기회가 있다는 것이다. (we, the, have, important thing, is, still, a chance)

→ ______

Point 27

「전치사 + 관계대명사」

Catherine needs a person on whom she can depend.
Catherine은 그녀가 의지할 수 있는 사람이 필요하다.

1 **「전치사 + 관계대명사」** 관계대명사가 전치사의 목적어일 경우에 쓰인다.

- 전치사는 관계대명사 앞이나 관계대명사절 끝에 위치한다.
- 전치사가 관계대명사 앞에 위치할 때는 목적격인 whom과 which만 쓸 수 있으며, 이때는 관계대명사를 생략할 수 없다.
- 관계대명사를 생략하려면 전치사를 관계대명사절 끝에 위치시켜야 한다.

The project should be completed today. + Kate is working on the project.
→ The project on which Kate is working should be completed today.
→ The project which Kate is working on should be completed today.
→ The project ( ) Kate is working on should be completed today.
Kate가 작업 중인 프로젝트는 오늘 마무리되어야 한다.

「전치사 + that」으로는 쓸 수 없고, 전치사를 관계대명사절 뒤로 보낼 때는 사용 가능하다.
The chair ~~on that~~ she is sitting looks very comfortable. (x)
→ The chair that she is sitting on looks very comfortable. (○)
→ The chair on which she is sitting looks very comfortable. (○)
→ The chair she is sitting on looks very comfortable. (○) 그녀가 앉아 있는 의자는 매우 편안해 보인다.

바로 적용하기

두 문장이 같은 의미가 되도록 「전치사 + 관계대명사」 형태로 바꿔 쓰시오.

1 I want to meet the boy who my father told me about.
→ ____________________

2 That is the bag that my brother was looking for.
→ ____________________

3 Jason is my friend who I play soccer with every day.
→ ____________________

4 I can focus more on the subjects that I'm interested in.
→ ____________________

5 The team that we are competing with is very strong.
→ ____________________

6 The area that we moved to is famous for its beautiful parks.

→ ____

B 우리말과 일치하도록 〈조건〉에 따라 ( ) 안의 단어를 바르게 배열하시오.

조건	ⓐ 「전치사 + 관계대명사」 형태로 쓰기 ⓑ 전치사를 관계대명사 절 끝에 쓰기

1 Tom은 내가 의지할 수 있는 친구이다. (a, on, I, can, friend, rely, whom)

→ ⓐ: Tom is ______________________________________.

2 네가 관심을 갖고 있는 사람이 여기에 있니? (interested, the person, here, are, whom, in, you)

→ ⓑ: Is ______________________________________ here?

3 물이 끓는 온도는 섭씨 100도이다. (which, at, the temperature, is, boils, water)

→ ⓑ: ______________________________________ 100 degrees Celsius.

4 그녀가 갔던 식당은 지역 음식으로 유명하다. (which, to, went, she, the restaurant, is)

→ ⓐ: ______________________________________ famous for its local food.

5 내가 함께 일하는 여자는 종종 나를 화나게 만든다. (with, the woman, whom, I, work)

→ ⓐ: ______________________________________ often makes me mad.

6 그의 주장에는 내가 동의할 수 있는 것이 아무것도 없다. (that, I, with, there, can, nothing, agree, is)

→ ⓑ: ______________________________________ in his argument.

7 Amy는 내가 자랑스러워하는 메달리스트이다. (of, proud, I'm, whom, the medalist)

→ ⓐ: Amy is ______________________________________.

8 Simon이 그렇게 많은 돈을 썼던 그 차는 고장 났다. (so, Simon, on, spent, money, which, much)

→ ⓑ: The car ______________________________________ broke down.

Point 28

관계부사

He wants to return to the countryside where he was born.
그는 그가 태어난 시골로 돌아가기를 원한다.

There are times when we need to take a break.
우리는 휴식을 취해야 하는 때가 있다.

1 관계부사의 역할 접속사와 부사 역할을 하며, 관계부사가 이끄는 절은 형용사절로 선행사를 수식한다.

I remember **the place.** + We met first **at the place.**

→ I remember the place where we met first. 나는 우리가 처음 만났던 그 장소를 기억한다.

2 관계부사의 종류 관계부사는 선행사의 종류에 따라 when, where, why, how로 쓰며, 관계부사는 「전치사 + 관계대명사」로 바꿔 쓸 수 있다.

의미	선행사	관계부사	예문
시간	the time the day the year 등	when (= at/in/on which)	I remember **the day**. + My brother was born **on the day**. → I remember the day when[on which] my brother was born. 나는 내 남동생이 태어난 날을 기억한다.
장소	the place the house the city 등	where (= at/in/on which)	This is **the house**. + He lives **in the house**. → This is the house where[in which] he lives. 이곳이 그가 사는 집이다.
이유	the reason	why (= for which)	Tell me **the reason**. + You are angry **for the reason**. → Tell me the reason why[for which] you are angry. 네가 화가 난 이유를 내게 말해줘.
방법	the way	how (= in which)	This is **the way**. + He studies English **in this way**. → This is how[in which] he studies English. → This is the way he studies English. 이것이 그가 영어를 공부하는 방식이다.

관계부사 how는 선행사 the way와 함께 쓸 수 없고, how나 the way 둘 중 하나만 써야 한다.

Tip 시간, 장소, 이유를 나타내는 선행사가 문맥상 명확한 경우, 선행사나 관계부사 둘 중 하나를 생략할 수 있다.
Seoul is the city where I live. 서울은 내가 사는 도시이다.
→ Seoul is the city I live in.
→ Seoul is where I live.

바로 적용하기

두 문장을 관계부사를 사용하여 한 문장으로 만드시오.

1 I will never forget the day. + I won first prize in the piano contest on that day.

→ ______________________________

2 Kevin ran to the restaurant. + Amy was waiting for him in the restaurant.

→ ______________________________

3 I don't know the reason. + Tom was absent for the reason.

→ ______________________________

4 Nobody knows the way. + She finished her project in the way.

→ ______________________________

5 I will tell you the reason. + I chose the book for the reason.

→ ______________________________

6 This book changed the way. + I look at the world in the way.

→ ______________________________

B

우리말과 일치하도록 〈조건〉에 따라 ( ) 안의 단어를 활용하여 문장을 완성하시오.

조건	ⓐ 관계부사를 사용하여 쓰기 ⓑ 「전치사 + 관계대명사」 형태로 쓰기

1 경찰은 사건이 일어난 시간을 짐작할 수 없었다. (incident, take place)

→ ⓐ: The police couldn't guess ______________________________.

2 우리가 여행을 계획했던 날이 빠르게 다가오고 있다. (our trip, plan)

→ ⓑ: ______________________________ is fast approaching.

3 나는 그녀가 내 메시지에 답하지 않은 이유를 알고 싶다. (reply to, message)

→ ⓐ: I want to know ______________________________.

4 내가 어떻게 고소공포증을 극복했는지 너에게 말해줄게. (my fear of heights, overcome)

→ ⓐ: Let me tell you ______________________________.

5 이곳이 내 삼촌과 내가 오랫동안 살았던 마을이다. (for a long time)

→ ⓑ: This is the village ______________________________.

6 나는 내 일에 집중할 수 있는 조용한 공간이 필요하다. (place, concentrate on)

→ ⓐ: I need a ______________________________.

7 겨울은 날씨가 대개 추운 계절이다. (usually, season, weather)

→ ⓑ: Winter is ______________________________.

Point 29

관계대명사의 생략 / 관계사의 용법

The book (which is) on the desk belongs to Sarah.
책상 위에 있는 그 책은 Sarah의 것이다.

I like this sweater, which my mom bought for me.
나는 이 스웨터를 좋아하는데, 이것은 엄마가 나에게 사주셨던 것이다.

1 관계대명사의 생략

- **목적격 관계대명사는 생략할 수 있다. 단 앞에 전치사가 있는 경우에는 생략할 수 없다.**
  This is the ring (that) I've been looking for. 이것은 내가 찾고 있던 반지이다.
- **「주격 관계대명사 + be동사」는 생략할 수 있다.**
  The man (who is) surrounded by many people is a famous actor.
  많은 사람들에게 둘러싸여 있는 그 남자는 유명한 배우이다.

2 제한적 / 계속적 용법 관계사 앞에 콤마(,) 여부에 따라 제한적 용법과 계속적 용법으로 구분된다.

	제한적 용법	계속적 용법
형태	선행사 + 관계사	선행사 + 콤마 + 관계사
역할	선행사를 수식함	선행사를 보충 설명함
해석	관계사절을 먼저 해석해서 선행사를 수식	콤마 앞에서부터 차례대로 해석하며, 다양한 접속사 (and, but, for, although)의 해석이 가능

I bought the book, which is easy to understand. 나는 그 책을 샀는데, 그것이 이해하기 쉽기 때문이다.
선행사 (because it)

I arrived at the hotel, where I stayed for three days. 나는 그 호텔에 도착했는데, 그곳에서 3일을 머물렀다.
선행사 (and there)

Tip
1 계속적 용법으로 쓰인 which는 앞 문장의 일부 또는 전체를 선행사로 취할 수 있다.
I said nothing, which made him angry. 나는 아무 말도 하지 않았는데, 그것이 그를 화나게 했다.
2 that은 계속적 용법으로 쓸 수 없다.
I chose this bag, ~~that~~ is small and light. (x)
→ I chose this bag, which is small and light. (O) 나는 이 가방을 선택했는데, 그것이 작고 가볍기 때문이다.

바로 적용하기

다음 문장에서 생략 가능한 부분을 생략하여 문장을 다시 쓰시오.

1 The movie that they watched last night was a thriller.
→ ______________________

Answer p.19

2 The book which we talked about is on the bestseller list.

→ ____________________

3 The coach who is leading our team is very experienced.

→ ____________________

4 The park that I jog in is very peaceful.

→ ____________________

5 The place which is most popular in this city is the central park.

→ ____________________

6 The restaurant which we visited last week was excellent.

→ ____________________

B

계속적 용법을 사용하여 두 문장을 한 문장으로 만드시오.

1 He failed the test. + It surprised everyone.

→ ____________________

2 Wendy is a student. + She enjoys participating in science fairs.

→ ____________________

3 I went to the beach. + I met my favorite pianist there.

→ ____________________

4 I bought a new car. + It will help me get to work faster.

→ ____________________

5 She won first prize in the contest. + It pleased her parents.

→ ____________________

6 I arrived at noon. + Everyone was having lunch then.

→ ____________________

7 She spends most of her time helping others. + It inspires us.

→ ____________________

8 Eric called his parents. + He hadn't seen them in years.

→ ____________________

시험에 나오는 서술형

난이도 ★★★

[01-04] 빈칸에 들어갈 알맞은 단어를 〈보기〉에서 골라 쓰시오. (복수 정답 가능)

보기	who	which	whose	that	what

01 I couldn't understand ____________ the teacher explained during the lesson.

02 The suggestion ____________ we should leave early was a proper one.

03 He chose the room ____________ window was very big.

04 Have you attended the festival ____________ was held in New York?

[05-07] 어법상 틀린 부분을 찾아 바르게 고치시오.

05 The car which are parked outside is mine.

____________ → ____________

06 A man and his dog which are sitting on the bench look like they are enjoying the sunshine.

____________ → ____________

07 The idea what dogs are loyal animals is very common.

____________ → ____________

08 그림을 보고 관계대명사를 사용하여 문장을 완성하시오.

(1) I met a man ________________________
________________________.

(2) My parents bought me a new bike ________
________________________.

[09-11] 우리말과 일치하도록 ( ) 안의 단어를 바르게 배열하시오. (알맞은 관계대명사를 하나 추가할 것)

09 이것은 내가 Chris에게 보내는 세 번째 편지이다.
(I've, the third, sent, to Chris, this, is, letter)

→ ________________________

10 너는 선생님께서 너에게 설명해 주셨던 것을 이해하니? (do, explained, you, to you, the teacher, understand)

→ ________________________

11 자전거를 도둑맞은 소년은 매우 화가 났다.
(upset, was, very, the boy, stolen, bike, is)

→ ________________________

난이도 ★★★

[12-13] 두 문장이 같은 뜻이 되도록 계속적 용법으로 이어서 쓰시오.

12 They stayed in a hotel. + It had an amazing view of the ocean.

→ ______________________________

____

13 I finally visited Paris. + I had always dreamed of going there.

→ ______________________________

____

[17-18] 다음 문장에서 생략된 말을 찾아 완전한 문장으로 다시 쓰시오.

17 The boy practicing the guitar is a member of the rock band.

→ ______________________________

____

18 This is the most wonderful place I have ever visited.

→ ______________________________

____

[14-16] 우리말과 일치하도록 〈조건〉에 맞게 영어로 쓰시오.

조건 1. 「전치사 + 관계대명사」를 사용할 것
2. 아래 주어진 문장을 한 번씩 사용하되, 문법에 맞게 바꿔 쓸 것
- We met at the park for the first time.
- We were worried about them.
- I take care of him.

14 우리가 처음 만났던 그 공원은 매우 아름다웠다.

→ The park ______________________________
______________________________ was very beautiful.

15 내가 돌보는 아기가 감기에 걸렸다.

→ The baby ______________________________
______________________________ caught a cold.

16 우리가 걱정하던 문제들이 하루 사이에 해결되었다.

→ The problems ______________________________
______________ were resolved in a single day.

난이도 ★★★

[19-21] 우리말과 일치하도록 〈조건〉에 맞게 영어로 쓰시오.

19 누군가 내가 잠들어 있었던 그 시간에 나에게 전화했다.

조건 at the time, asleep과 관계부사를 사용할 것

→ Someone called me ______________________________
______________________________.

20 네가 그 문제를 해결했던 방식을 나에게 보여줘.

조건 the way와 「전치사 + 관계대명사」를 사용할 것

→ Show me ______________________________
______________________________.

21 이곳은 네가 수제 비누를 살 수 있는 가게이다.

조건 the shop과 관계부사를 사용할 것

→ ______________________________
______________________________ handmade soap.

[22-23] 어법상 틀린 문장 세 개를 찾아 기호를 쓰고, 틀린 부분을 바르게 고쳐 문장을 다시 쓰시오.

22

ⓐ I don't know the reason why he is sad.
ⓑ This is how I make my favorite dessert.
ⓒ This is an island where many people visit.
ⓓ That I like about this city is the variety of shopping malls.
ⓔ I need a chair on that I can sit.

(　　) ______________________
(　　) ______________________
(　　) ______________________

23

ⓐ The movie is about a spy, that has many exciting scenes.
ⓑ What is important in life is health.
ⓒ The car which engine is broken needs to be towed.
ⓓ All the advice which she gave me was helpful.
ⓔ I visited the house which Mozart was born in.

(　　) ______________________
(　　) ______________________
(　　) ______________________

[24-25] 글을 읽고 물음에 답하시오.

Every Saturday morning, our family does chores together. My mom is the one (1) ________ plans out all the tasks. (A) 엄마는 우선되어야 할 필요가 있는 것을 정하신다. My dad usually takes care of the yard work, (2) ________ includes watering the trees and mowing the lawn. I'm responsible for organizing the toys (3) ________ my little brother played with. I put them back to the place (4) ________ they belong. After all the work is done, we sit around the table, have snacks, and chat.

24 빈칸에 들어갈 알맞은 관계사를 쓰시오.

(1) ________　(2) ________
(3) ________　(4) ________

25 밑줄 친 (A)의 우리말과 일치하도록 ( ) 안의 단어를 활용하여 영어로 쓰시오.

She decides ______________________ first. (need, do / 5단어로 쓸 것)

CHAPTER

09

조동사 / 가정법

Point 30 **used to / would**

Michael used to live in Chicago.
Michael은 시카고에 살았었다.

Jean would play tennis as a hobby.
Jean은 취미로 테니스를 치곤 했다.

Point 31 **「조동사 + have + p.p.」**

Bill must have been there. Bill은 그곳에 있었음에 틀림없다.
Bill should have been there. Bill은 그곳에 있었어야 했는데.

Point 32 **가정법 과거**

If you came home early, we could have dinner together.
만약 네가 집에 일찍 온다면, 우리는 함께 저녁을 먹을 수 있을 텐데.

Point 33 **가정법 과거완료 / 혼합가정법**

If I had had enough money, I would have bought it. 만약 내게 충분한 돈이 있었다면, 나는 그것을 샀을 텐데.
If I had saved more money, I could buy the sneakers now.
만약 내가 돈을 더 모았더라면, 나는 지금 그 운동화를 살 수 있을 텐데.

Point 34 **I wish 가정법 / as if 가정법**

I wish today were Sunday. 오늘이 일요일이면 좋을 텐데.
Jason acted as if he were a king.
Jason은 마치 자신이 왕인 것처럼 행동했다.

Point 30

used to / would

Michael used to live in Chicago. Michael은 시카고에 살았었다.

Jean would play tennis as a hobby. Jean은 취미로 테니스를 치곤 했다.

1 used to / would '~하곤 했다' '~이었다'의 의미로, 과거의 습관 및 상태를 나타낸다.

used to + 동사원형 (~하곤 했다, ~이었다)	I used to skip breakfast. 〈습관〉 나는 아침식사를 건너뛰곤 했다. I used to be very thin. 〈상태〉 나는 매우 말랐었다.
would + 동사원형 (~하곤 했다)	I would skip breakfast. 〈습관〉 나는 아침식사를 건너뛰곤 했다. I ~~would~~ be very thin. (x)

used to는 상태를 나타내는 be동사와 함께 쓰일 수 있으나, would는 be동사와 함께 쓸 수 없다. (상태 표현 불가)

Tip used to의 부정문은 didn't use to 또는 used not to로 쓴다. used not to는 주로 문어체에서 사용되고 일상 회화에서는 didn't use to가 더 자주 쓰인다.
He didn't use to enjoy reading, but now he reads a book every week.
그는 예전에는 독서를 즐기지 않았지만, 지금은 매주 책을 읽는다.

주의 「used to + 동사원형」 / 「be used to + 동명사」 / 「be used to + 동사원형」의 비교

I used to cook every weekend. 〈used to + 동사원형: ~하곤 했다〉
나는 주말마다 요리를 하곤 했다.

I'm used to cooking every weekend. 〈be used to + 동명사: ~하는 것에 익숙하다〉
나는 주말마다 요리하는 것에 익숙하다.

The grill is used to cook meats and vegetables outdoors. 〈be used to + 동사원형: ~하기 위해 사용되다〉
이 그릴은 야외에서 고기와 채소를 요리하기 위해 사용된다.

• 바로 적용하기

A 다음 문장을 ( ) 안에 주어진 조동사를 사용하여 다시 쓰시오.

1 My grandfather watered the plants in the garden every morning. (used to)

→ ______________________________

2 He listened to music while he drove his car. (would)

→ ______________________________

3 Jenny spoke French very well. (used to)

→ ______________________________

4 My brother was shy when he was young. (used to)

→ ______________________________

5 He didn't eat vegetables, but now he enjoys salads. (used to)

→ ______________________________

6 Bill and I played tennis when we met. (would)

→ ______________________________

7 There was a playground in front of my house. (used to)

→ ______________________________

8 I didn't drink coffee, but now I drink it every morning. (used to)

→ ______________________________

B

우리말과 일치하도록 ( ) 안에 주어진 단어를 사용하여 영어로 쓰시오. (필요시 형태를 바꿀 것)

1 소나무 한그루가 그 연못 근처에 있었다. (there, the pond, a pine tree, near)

→ ______________________________

2 나는 내 친구들과 미술관을 방문하곤 했다. (the art gallery, use)

→ ______________________________

3 우리는 빗속을 걷는 것에 익숙했다. (use, in the rain, walk)

→ ______________________________

4 그 칼은 고기를 자르기 위해 사용된다. (cut, knife, meat)

→ ______________________________

5 나는 매운 음식을 좋아하지 않았었다. (use, didn't, spicy food)

→ ______________________________

6 Audrey와 그녀의 여동생은 그들의 조부모님을 방문하곤 했다. (grandparents, would)

→ ______________________________

7 Tim은 지하철에서 책을 읽는 것에 익숙하다. (a book, the subway, use)

→ ______________________________

8 그녀는 고양이를 좋아하지 않았지만, 지금은 두 마리를 키운다. (has, didn't, two of them, use)

→ ______________________________

「조동사 + have + p.p.」

Bill must have been there.
Bill은 그곳에 있었음에 틀림없다.

Bill should have been there.
Bill은 그곳에 있었어야 했는데.

1 주요 「조동사 + have + p.p.」 표현

must have p.p. (~이었음에 틀림없다)	과거 사실에 대한 강한 추측	She must have been embarrassed when she was asked a lot of questions. 그녀는 많은 질문을 받았을 때 당황했음에 틀림없다.
should have p.p. (~했어야 했는데 [안 했다])	과거에 하지 않은 일에 대한 유감	I should have done my homework yesterday. 나는 어제 숙제를 했었어야 했는데 (하지 않았다).
cannot have p.p. (~했을 리가 없다)	과거 사실에 대한 강한 부정	He cannot have stolen the bag. 그가 그 가방을 훔쳤을 리 없다.
may[might] have p.p. (~했을지도 모른다)	과거 사실에 대한 약한 추측	She might have forgotten to lock the door. 그녀는 문을 잠그는 것을 잊었을지도 모른다.
need not have p.p. (~할 필요가 없었는데 [했다])	과거에 했던 일에 대한 유감	I need not have watered the flowers. It is raining now. 나는 꽃에 물을 줄 필요가 없었다. 지금 비가 오고 있다.

바로 적용하기

빈칸에 들어갈 알맞은 조동사를 〈보기〉에서 고른 후, ( ) 안의 단어를 사용하여 문장을 완성하시오. (중복 사용 가능)

보기	might	cannot	should	need not	must

1 When they got to the restaurant, there were no empty tables. They ________________ ________________ a table. (reserve)

2 She ____________________________ a taxi; the bus was much faster. (take)

3 Jenny ____________________________ a lie. She is honest. (tell)

4 I wasn't sure, but I thought the food ____________________________ bad. (go)

5 Kevin ____________________________ the math problems, for he is not good at math. (solve)

Answer p.21

6 Jessica ______________ born in America. She speaks English like a native. (be)

7 You're late again. You ______________ home earlier than usual. (leave)

8 I couldn't find my destination. I ______________ the map. (misread)

B

우리말과 일치하도록 ( ) 안의 단어를 사용하여 문장을 완성하시오. (필요시 형태를 바꿀 것)

1 그들은 공항으로 서둘러 갈 필요가 없었다; 비행기는 지연되었다. (the airport, rush to)

→ ______________________; the flight was delayed.

2 Bill은 아직 도착하지 않았다. 그는 잘못된 길을 선택했음에 틀림없다. (wrong road, take)

→ Bill has not come yet. ______________________.

3 너는 그것이 뜨거웠을 때 그것을 맛보았어야 했다. (taste)

→ ______________________ while it was hot.

4 나는 내 가방을 식당에 두고 왔을지도 모른다. (leave)

→ ______________________ in the restaurant.

5 나는 네가 너의 카메라를 잃어버렸다는 것을 들었다. 너는 주의했어야만 했다. (careful, be)

→ I heard you lost your camera. ______________________.

6 Kate가 오늘 아침 일찍 일어났을 리 없다. (get up)

→ ______________________ this morning.

7 너는 혼자서 저녁식사를 요리할 필요가 없었다. (cook)

→ ______________________ by yourself.

8 그는 그 시험에 통과했어야 했지만, 그렇게 하지 못했다. (pass, the test)

→ ______________________ but he didn't.

9 Jennifer는 연습을 많이 했음에 틀림없다. 그녀의 공연은 완벽했다. (practice, a lot)

→ ______________________; her performance was perfect.

10 내가 실수로 잘못된 파일을 보냈을 수도 있다. (the wrong file, send)

→ ______________________ by mistake.

Point 32

가정법 과거

If you came home early, we could have dinner together.
만약 네가 집에 일찍 온다면, 우리는 함께 저녁을 먹을 수 있을 텐데.

1 가정법 과거 현재 사실과 반대되거나 현재에 실현 가능성이 희박한 일을 가정할 때 쓴다.

형태	If + 주어 + 동사의 과거형 ~, 주어 + 조동사의 과거형(would, could, might) + 동사원형
의미	만약 ~한다면[~라면], ...할 텐데[...일 텐데]

If I had more time, I could finish the work. 만약 나에게 시간이 더 있다면, 나는 그 일을 끝낼 수 있을 텐데.

주의 가정법 과거에서 if절의 be동사는 주어의 인칭과 수에 관계없이 were를 사용한다.
If I were you, I wouldn't make that choice. 내가 너라면, 나는 그런 선택을 하지 않을 텐데.

Tip 가정법은 접속사 because, as 등을 사용하여 직설법으로 바꿔 쓸 수 있다. 직설법으로 전환 시 가정법의 과거시제를 현재시제로 바꾸고, 긍정은 부정으로, 부정은 긍정으로 쓴다.
If I were tall, I could play basketball well. 만약 내가 키가 크다면, 나는 농구를 잘 할 수 있을 텐데.
Because I am not tall, I can't play basketball well. 나는 키가 크지 않기 때문에, 농구를 잘 할 수 없다.

● 바로 적용하기

우리말과 일치하도록 ( ) 안의 단어를 활용하여 문장을 완성하시오.

1 오늘 날씨가 좋다면, 나는 공원에서 책을 읽을 텐데. (be, read)
→ If it __________ fine today, I __________ __________ a book in the park.

2 나에게 자전거가 있다면, 나는 강가에서 자전거를 탈 텐데. (have, ride)
→ If I __________ a bicycle, I __________ __________ the bicycle on the riverside.

3 네가 오늘 피곤하지 않다면, 우리는 오늘 밖에서 즐겁게 놀 텐데. (be, play)
→ If you __________ tired today, we __________ __________ outside and have fun.

4 Jason이 우리 팀에 합류하지 않는다면, 우리는 Devils와의 경기를 이길 수 없을 거야. (join, win)
→ If Jason __________ __________ our team, we __________ __________ the game against the Devils.

Answer p.21

5 내가 시험을 잘 못 본다면, 나는 오늘 기분이 몹시 언짢을 거야. (do, feel)

→ If I ________ ________ well on the test, I ________ ________ terrible today.

B

우리말과 일치하도록 if 가정법과 주어진 단어를 활용해서 영어로 쓰시오.

1 우리가 시간이 더 있다면, 우리는 영화 한 편을 더 볼 텐데. (another movie, watch, have)

→ ________________________________

2 그녀가 더 열심히 공부하면, 더 좋은 성적을 받을 수 있을 텐데. (get, harder, better grades)

→ ________________________________

3 우리가 더 많은 돈을 모은다면, 휴가를 갈 수 있을지도 모를 텐데. (save, go on a vacation)

→ ________________________________

4 만약 네가 규칙적으로 운동한다면, 너는 체중을 조금 줄일 수도 있을 텐데. (lose some weight, regularly)

→ ________________________________

5 만약 그가 초과 근무를 한다면, 추가 수입을 얻을 텐데. (work overtime, earn, extra income)

→ ________________________________

C

두 문장이 같은 의미가 되도록 직설법은 가정법으로, 가정법은 직설법으로 바꿔 쓰시오.

1 As I'm busy today, I can't take a nap.

→ ________________________________

2 As it isn't warm, we can't go for a walk.

→ ________________________________

3 If we lived closer, we would see each other more often.

→ ________________________________

4 If I didn't have so much homework to do, I could visit my uncle.

→ ________________________________

5 As my father doesn't like Italian food, my family can't order pizza for dinner.

→ ________________________________

Point 33

가정법 과거완료 / 혼합가정법

If I had had enough money, I would have bought it.
만약 내게 충분한 돈이 있었다면, 나는 그것을 샀을 텐데.

If I had saved more money, I could buy the sneakers now.
만약 내가 돈을 더 모았더라면, 나는 지금 그 운동화를 살 수 있을 텐데.

1 **가정법 과거완료** 과거 사실과 반대되거나 과거에 실현 가능성이 희박했던 일을 가정할 때 쓴다.

형태	If + 주어 + had p.p. ~, 주어 + 조동사의 과거형(would, could, might) + have p.p.
의미	만약 ~했다면[~였다면], ...했을 텐데[...였을 텐데]

If they had practiced more, they would have won the game. 만약 그들이 더 연습했더라면, 그들은 경기에서 이겼을 텐데.
→ As[Because] they didn't practice more, they didn't win the game.
그들이 더 연습하지 않았기 때문에, 그들은 경기에서 이기지 못했다.

2 **혼합가정법** 과거와 반대되는 가정이 현재에 미치게 될 영향에 대해 말할 때 쓴다.

형태	If + 주어 + had p.p. ~, 주어 + 조동사의 과거형 + 동사원형
의미	만약 (과거에) ~했다면[~였다면], (지금) ...할 텐데[일 텐데]

If she had applied for the audition, she might be a model now.
만약 그녀가 오디션에 지원했다면, 그녀는 지금 모델일지 몰라.
→ As[Because] she didn't apply for the audition, she is not a model now.
그녀가 오디션에 지원하지 않았기 때문에, 그녀는 지금 모델이 아니다.

• 바로 적용하기

우리말과 일치하도록 ( ) 안의 말을 사용하여 문장을 완성하시오.

1 내가 더 열심히 공부했다면, 나는 그 시험에 합격했을 것이다. (study, pass)
→ If I ________ ________ harder, I ________ ________ ________ the exam.

2 네가 너의 일정을 확인했다면, 너는 우리의 약속을 잊지 않았을 텐데. (check, forget)
→ If you ________ ________ your schedule, you ________ ________ ________ our appointment.

3 우리가 비행기를 놓치지 않았더라면, 우리는 지금 파리에 있을 텐데. (miss, be)
→ If we ________ ________ our plane, we ________ ________ in Paris now.

Answer p.22

4 그가 조금만 더 조심했더라면, 그는 꽃병을 깨뜨리지 않았을 텐데. (be, break)

→ If he ______ ______ more careful, he ______ ______ ______ the vase.

5 Amy가 그녀의 일을 일찍 끝냈더라면, 그녀는 지금 나를 도와줄 수 있을 텐데. (help, finish)

→ If Amy ______ ______ her work earlier, she ______ ______ me now.

B

우리말과 일치하도록 if 가정법과 주어진 단어를 활용해서 영작하시오.

1 어제가 그녀의 생일이었다는 것을 알았더라면, 나는 그녀에게 케이크를 보냈을 텐데. (send, a cake, to)

→ ______

2 네가 다른 과목을 전공했더라면, 너는 지금 다른 직업을 가지고 있을지도 모를 텐데. (major in, career)

→ ______

3 그가 더 열심히 일했다면, 그는 지금 승진하게 될 텐데. (harder, promote)

→ ______

4 우리가 다른 경로를 택했다면, 우리는 좀더 일찍 도착했을지도 모른다. (different route, take)

→ ______

C

두 문장이 같은 의미가 되도록 직설법은 가정법으로, 가정법은 직설법으로 바꿔 쓰시오.

1 If I had read the instructions, I wouldn't have made a few mistakes while assembling it.

→ ______

2 If you had listened to my advice, you wouldn't have this problem now.

→ ______

3 As he didn't take the medicine, he didn't recover faster.

→ ______

4 As I skipped lunch, I'm so hungry now.

→ ______

5 If I had obtained the information, I would have made a better decision.

→ ______

Point 34 I wish 가정법 / as if 가정법

I wish today were Sunday.
오늘이 일요일이면 좋을 텐데.

Jason acted as if he were a king.
Jason은 마치 자신이 왕인 것처럼 행동했다.

1 I wish 가정법

I wish + 가정법 과거 (~라면 좋을 텐데)	현재나 미래에 이룰 수 없는 일에 대한 아쉬움	I wish I had another piece of cake. 케이크 한 조각을 더 먹을 수 있으면 좋을 텐데. → I'm sorry that I can't have another piece of cake. 케이크 한 조각을 더 먹을 수 없는 것이 유감이다.
I wish + 가정법 과거완료 (~했더라면 좋을 텐데)	과거에 이루지 못한 일에 대한 아쉬움	I wish I had listened to my father. 내가 아버지 말을 들었더라면 좋을 텐데. → I'm sorry that I didn't listen to my father. 내가 아버지 말을 듣지 않았던 것이 유감이다.

2 as if 가정법

as if + 가정법 과거 (마치 ~인 것처럼)	현재 사실에 반대되는 일을 가정	Danny acts as if he knew everything. Danny는 모든 것을 알고 있는 것처럼 행동한다. → In fact, Danny doesn't know anything. 사실, Danny는 아무것도 알지 못한다.
as if + 가정법 과거완료 (마치 ~였던 것처럼)	과거 사실에 반대되는 일을 가정	Jenny looks as if she had cried for hours. Jenny는 몇 시간 동안 울었던 것처럼 보인다. → In fact, Jenny didn't cry for hours. 사실, Jenny는 몇 시간 동안 울지 않았다.

as if 가정법은 주절의 시제와 관계없이, 주절과 같은 시점이면 과거형을 쓰고, 주절보다 앞선 시점이면 과거완료를 쓴다.
She looked as if she were ill. 그녀는 아픈 것처럼 보였다.
She looked as if she had been ill. 그녀는 아팠었던 것처럼 보였다.

● 바로 적용하기

우리말과 일치하도록 〈보기〉의 단어를 골라 알맞은 형태로 빈칸에 쓰시오.

보기	be	take	win	study	have	speak	stop	know

1 내가 지난여름에 더 열심히 공부했더라면 좋을 텐데.
→ I wish I ______________ harder last summer.

2 비가 그쳐서 우리가 밖에 나갈 수 있으면 좋을 텐데.
→ I wish it ______________ raining so that we could go outside.

3 내가 프랑스어를 유창하게 하면 좋을 텐데.

→ I wish I ______________ French fluently.

4 우리가 지난여름에 휴가를 갔으면 좋을 텐데.

→ I wish we ______________ a vacation last summer.

5 그녀는 마치 복권에 당첨된 것처럼 돈을 소비한다.

→ She spends money as if she ______________ the lottery.

6 그는 마치 그 주제에 관한 모든 것을 아는 것처럼 말했다.

→ He spoke as if he ______________ everything about the topic.

7 Roy는 예전에 이곳에 와 본 적이 있었던 것처럼 이 도시를 잘 안다.

→ Roy knows the city as if he ______________ here before.

8 그는 세상에 걱정이 없는 것처럼 미소 짓는다.

→ He smiles as if he ______________ a care in the world.

B 두 문장이 같은 뜻이 되도록 빈칸을 채워 문장을 완성하시오.

1 I wish I had studied abroad when I was young.

→ I'm sorry that ______________________________ when I was young.

2 I wish I lived in a bigger house.

→ I'm sorry that ______________________________ a bigger house.

3 I wish I had brought an umbrella.

→ I'm sorry that ______________________________ an umbrella.

4 I wish I could travel more often.

→ I'm sorry that ______________________________ more often.

5 Kate cooks as if she were a professional chef.

→ In fact, ______________________________ a professional chef.

6 Tony behaves as if he had invented the whole idea.

→ In fact, ______________________________ the whole idea.

7 She completed the puzzle as if it were an easy task.

→ In fact, ______________________________ an easy task.

8 The dog ran as if it were being chased.

→ In fact, ______________________________________.

시험에 나오는 서술형

난이도 ★★★

[01-03] 우리말과 일치하도록 빈칸에 들어갈 말을 〈보기〉에서 골라 쓰시오. (중복 사용 가능 / 필요시 형태를 바꿀 것)

보기				
	use to	should	join	go
	need	have	not	apologize

01 Jenny는 일요일마다 수영하러 가곤 했다

→ Jenny ______________________ swimming every Sunday.

02 Harry는 어제 그녀에게 사과했어야만 했다.

→ Harry ______________________ to her yesterday.

03 Chris는 오늘 그 회의에 참석할 필요가 없었는데.

→ Chris ______________________ the meeting today.

[04-05] 빈칸에 공통으로 들어갈 알맞은 말을 쓰시오.

04

ⓐ It ____________ have rained all night long. The road is still wet.

ⓑ She got good grades in all subjects. She ____________ have studied hard.

____

05

ⓐ You ____________ have met him before; he has never visited this city.

ⓑ She ____________ have seen the email; it was sent to the wrong address.

____

[06-08] 우리말과 일치하도록 ( ) 안의 말을 사용하여 문장을 완성하시오.

06 내가 기부를 해서 가난한 사람을 도울 수 있으면 좋을 텐데. (help)

→ I wish I ____________ the poor with my donation.

07 그가 그 대회에서 실수하지 않았더라면 좋을 텐데. (make)

→ I wish he ____________ ____________ a mistake in the competition.

08 그는 마치 모든 것을 미리 계획했던 것처럼 말한다. (as if, plan)

→ He speaks ____________ ____________ he ____________ ____________ everything out in advance.

[09-11] 다음 가정법 문장을 직설법 문장으로 바꿔 쓰시오.

09 If the dog weren't aggressive, I could take it for a walk.

→ Because the dog ____________ ____________, I ____________ ____________ ____________ for a walk.

10 If she had practiced hard, she could have performed better in the concert.

→ Because she ____________ ____________ hard, she ____________ ____________ better in the concert.

11 If she understood Spanish, she could enjoy the movie.

→ Because she ____________ ____________ Spanish, she ____________ ____________ the movie.

난이도 ★★★

함정유형

[12-14] 우리말과 일치하도록 각 상자에서 필요한 말을 모두 골라 문장을 완성하시오. (중복 사용 가능 / 필요시 형태를 바꿀 것)

be to used	go measure wait

12 이 저울은 생선의 무게를 재는 데 사용된다.

→ This scale ______________________ the weight of fish.

13 우리는 어렸을 때 매년 여름에 캠핑을 가곤 했다.

→ We ______________________ camping every summer when we were kids.

14 Tom은 그의 여자 친구를 기다리는 데 익숙하다.

→ Tom ______________________ for his girlfriend.

[15-16] 다음 직설법 문장을 가정법 문장으로 바꿔 쓰시오.

15 As Mr. Kim didn't quit smoking, he isn't healthy now.

→ If Mr. Kim ______________________ smoking, he ______________________ now.

16 As Kate didn't get enough sleep, she feels sleepy now.

→ If Kate ______________________ enough sleep, she ______________________ sleepy now.

[17-19] 우리말과 일치하도록 〈조건〉에 맞게 영어로 쓰시오.

17 우리는 Jake가 우리에게 말했던 것을 들었어야 했다.

조건
1. tell, what, listen to를 포함하는 9단어의 문장으로 쓸 것
2. 필요시 단어의 형태를 바꿀 것

____

18 그들은 버스를 놓쳤음에 틀림없다.

조건
1. miss the bus를 포함하는 6단어의 문장으로 쓸 것
2. 필요시 단어의 형태를 바꿀 것

____

19 그는 예전에 외계인을 봤었던 것처럼 말한다.

조건
1. as if 가정법을 사용하고 10단어의 문장으로 쓸 것
2. talk, see, alien을 사용하되 필요시 단어의 형태를 바꿀 것

____

20 다음을 읽고 ( ) 안의 단어를 사용하여 빈칸을 완성하시오. (반드시 조동사를 사용할 것)

Sam was going to his friend's house yesterday afternoon. He had to hurry because he didn't want to be late for the appointment. He crossed the road when the traffic light was red, and suddenly a car appeared and hit him. Now he is in the hospital. He ______________ (stop) at the red light.

____

난이도 ★★★

[21-22] 밑줄 친 부분이 어법상 틀린 문장 세 개를 찾아 기호를 쓰고, 틀린 부분을 바르게 고치시오.

21

ⓐ I wish I had more friends.
ⓑ If you had gone to the party, you would have had good time with us.
ⓒ Jake talks as if he were rich, but in reality, he wasn't.
ⓓ If I didn't spend the last weekend playing, I wouldn't be so busy now.
ⓔ If I was a chef, I would cook delicious meals for my friends and family.

(   ) ________ → ________
(   ) ________ → ________
(   ) ________ → ________

22

ⓐ This hammer is used to breaking ice.
ⓑ There would be a big statue beside the school.
ⓒ The package must have arrived while we were out.
ⓓ If Eric had driven more safely, he would not have been in the hospital now.
ⓔ If she were in my place, she would not speak like that.

(   ) ________ → ________
(   ) ________ → ________
(   ) ________ → ________

[23-25] 우리말을 영어로 바꿔 쓴 문장을 보고, 틀린 부분을 바르게 고쳐서 문장 전체를 다시 쓰시오.

23

Jason은 마치 예전에 유명했던 것처럼 행동한다.
→ Jason acts as if he were famous before.

____

24

나는 그가 나의 의견에 동의하면 좋을 텐데.
→ I wish he had agreed with my opinion.

____

25

네가 나에게 거짓말을 하지 않았다면 우리는 지금 더 가까울 텐데.
→ If you hadn't lied to me, we would have been closer now.

____

CHAPTER 10

특수 구문

Point 35 **강조 / 부정**

It was **John** that **broke the window.**

창문을 깬 사람은 바로 John이었다.

Not everyone **likes cats.**

모든 사람들이 고양이를 좋아하는 것은 아니다.

Point 36 **도치**

On the table were three silver plates.

테이블 위에 세 개의 은접시들이 있었다.

Point 35

강조 / 부정

It was John that broke the window.
창문을 깬 사람은 바로 John이었다.

Not everyone likes cats.
모든 사람들이 고양이를 좋아하는 것은 아니다.

1 강조

- **동사 강조**: 인칭과 시제에 맞춰 「do[does/did] + 동사원형」을 써서 행위를 강조할 수 있다. '정말 ~하다/했다'로 해석한다.
  I hope you understand my point. 저의 요점을 이해해주시기를 바랍니다.
  → I do hope you understand my point. 저의 요점을 이해해주시기를 정말로 바랍니다.

- **「It be동사 ~ that ...」 강조 구문**: It be동사와 that 사이에 강조할 대상(주어, 목적어, 수식어 등)이 오고, 뒤에 that이 이끄는 절이 따라온다. '~한 것은 바로 ...이다'로 해석한다.
  Jason had pizza at the Italian restaurant. Jason은 이탈리안 식당에서 피자를 먹었다.
  → It was *Jason* that[who] had pizza at the Italian restaurant. 이탈리안 식당에서 피자를 먹은 사람은 Jason이었다.
  → It was *pizza* that[which] Jason had at the Italian restaurant. Jason이 이탈리안 식당에서 먹은 것은 피자였다.
  → It was *at the Italian restaurant* that[where] Jason had pizza. Jason이 피자를 먹은 곳은 이탈리안 식당에서였다.
  cf. 강조하는 대상에 따라 that 대신 who, which, where 등을 쓸 수도 있다.

2 부정

부분 부정	not + all[every/always 등] 모두[항상] ~한 것은 아니다	Not everybody will agree with the new plan. 모든 사람이 새로운 계획에 동의하지는 않을 것이다.
전체 부정	no, none, neither, never, not ~ any, not ~ at all 등 아무도[어느 것도/절대] ~ 하지 않다	None of the answers are correct. 답변 중 맞는 것이 하나도 없다.

None은 주로 「none of + 명사」 형태로 쓰이며, 이때 뒤에 오는 명사에 동사의 수를 일치시킨다.

• 바로 적용하기

각 문장의 밑줄 친 동사를 강조하는 강조문을 완성하시오.

1 They tried their best to win the game.
→ They ______________ their best to win the game.

2 He knows how to fix the machine.
→ He ______________ how to fix the machine.

3 I appreciate your help with the project.
→ I ______________ your help with the project.

Answer p.23

4 We needed to talk about this issue.

→ We ________________ to talk about this issue.

B

우리말과 일치하도록 ( ) 안의 단어를 바르게 배열하시오.

1 잔디를 푸르게 만드는 것은 바로 비다. (that, grass, is, makes, it, rain, green, the)

→ ________________

2 내가 잃어버렸던 모자를 찾아준 사람은 바로 Chris였다.
(lost, I, it, who, had, the hat, was, found, Chris)

→ ________________

3 그는 자정 이전에는 절대 잠자리에 들지 않는다. (never, to, midnight, he, goes, before, bed)

→ ________________

4 새로운 수학 개념을 이해한 학생이 아무도 없었다.
(math concept, understood, new, no, the, student)

→ ________________

5 그녀의 조언이 항상 유용한 것은 아니다. (useful, is, always, her, advice, not)

→ ________________

6 우리가 새로운 도시로 이사한 것은 바로 2020년에였다.
(was, moved to, it, new city, in, when, a, 2020, we)

→ ________________

7 그들이 다툰 것은 바로 어젯밤에였다. (last night, they, it, that, the argument, was, had)

→ ________________

8 책장에 있는 모든 책들이 흥미로운 것은 아니다. (the shelf, book, is, on, not, interesting, every)

→ ________________

9 나는 어디에서도 내 우산을 찾을 수 없다. (my, I, anywhere, cannot, umbrella, find)

→ ________________

10 파티 후에 음식이 하나도 남지 않았다. (the party, the food, none, was, of, left after)

→ ________________

Point 36

도치

On the table were three silver plates.
테이블 위에 세 개의 은접시들이 있었다.

1 **도치** 특정 어구가 강조되어 문장 앞으로 오면서 어순이 바뀌는 것을 도치라고 한다.

강조되는 어구	어순	예문
장소·방향을 나타내는 부사구	+ 동사 + 주어 (1형식)	*Between the buildings* stood a tree. 건물 사이에 나무 한 그루가 서 있었다. *On the other side of the street* is the new bookstore. 길 건너편에 새로 생긴 서점이 있다. *cf.* 주어가 대명사인 경우에는 도치되지 않는다. *Here* we are. (O) *Here* are we. (X)
• 긍정 동의 so • 부정 동의 neither	+ 동사 + 주어	Jenny wants to join the club, and *so* do I. Jenny는 그 동호회에 가입하고 싶어 하는데, 나도 그렇다. They weren't late today, and *neither* was Roy. 그들은 오늘 지각하지 않았고, Roy도 지각하지 않았다.
부정어구 • not, never, no, no sooner • hardly, scarcely, seldom • little, only	+ do[does/did] + 주어 + 동사원형	He *hardly* wears gloves. 그는 거의 장갑을 끼지 않는다. → *Hardly* does he wear gloves.
	• + be동사 + 주어 • + 조동사 + 주어 + 동사원형	Jason is *never* satisfied with his grades. → *Never* is Jason satisfied with his grades. Jason은 절대 그의 성적에 만족하지 않는다. Dennis can *hardly* see without glasses. → *Hardly* can Dennis see without glasses. Dennis는 안경 없이는 거의 볼 수 없다.

목적어가 강조되어 문장 앞으로 오는 경우에는 「주어+동사」의 어순이 유지된다.
Such bravery, history will never forget. 그러한 용기를 역사는 절대 잊지 않을 것이다.

바로 적용하기

다음 문장의 밑줄 친 부분을 강조하여 도치 문장으로 다시 쓰시오.

1 I will never forget the kindness he showed me.

→ ____________________

2 A cute cat was hiding behind the curtain.

→ ____________________

3 He seldom listens to my advice.

→ ____________________

4 A wide river flows next to the castle.

→ ______________________________

5 You can achieve your goals only by working hard.

→ ______________________________

6 He little expected that the test would be so difficult.

→ ______________________________

7 We can no longer ignore the environmental issues.

→ ______________________________

8 She rarely goes to the department store.

→ ______________________________

B

우리말과 일치하도록 빈칸에 들어갈 알맞은 말을 쓰시오.

1 Wendy는 그 문제를 해결할 수 없었는데, 그들도 마찬가지였다.

→ Wendy wasn't able to solve the problem, and ________ ________ ________.

2 Desmond는 어제 늦게 일어났는데, 그의 친구도 마찬가지였다.

→ Desmond got up late yesterday, and ________ ________ ________ ________.

3 Betty는 내년에 파리를 방문할 계획인데, 나도 그렇다.

→ Betty is planning to visit Paris next year, and ________ ________ ________.

4 Jessie는 커피보다 차를 선호하는데, 그녀의 어머니도 마찬가지이다.

→ Jessie prefers tea over coffee, and ________ ________ ________ ________.

5 그는 컴퓨터 게임을 하고 싶지 않았고, 나도 그랬다.

→ He didn't want to play the computer game, and ________ ________ ________.

6 그는 회의 중에 거의 웃음을 참을 수 없었고, 나도 그랬다.

→ He could hardly keep from laughing during the meeting, and ________ ________ ________.

시험에 나오는 서술형

난이도 ★★★

[01-03] 다음 밑줄 친 부분을 강조하는 강조문을 완성하시오.

01 He feels confident about the upcoming presentation.

→ He __________ __________ confident about the upcoming presentation.

02 We considered moving to a bigger house.

→ We __________ __________ moving to a bigger house.

03 They know the answer to the question.

→ They __________ __________ the answer to the question.

04 주어진 문장을 「It be동사 ~ that ...」 강조 구문을 사용하여 지시에 맞게 바꿔 쓰시오.

The noise woke me up last night.

(1) the noise를 강조

→ ______________________________

____

(2) me를 강조

→ ______________________________

____

(3) last night를 강조

→ ______________________________

____

[05-06] 우리말과 일치하도록 〈보기〉에서 필요한 말만 골라 문장을 완성하시오.

보기	none	not	always	of
	everyone	us	only	

05 모든 사람이 스포츠 관람에 관심이 있는 것은 아니다.

→ ______________________ is interested in watching sports.

06 우리 중 누구도 비가 오는 날 소풍가기를 원하지 않는다.

→ ______________________ want to go on a picnic on a rainy day.

[07-09] 어법상 틀린 부분을 찾아 바르게 고치시오.

07 It is at the party that we heard the exciting news yesterday.

__________ → __________

08 It was in the library who we found the old book.

__________ → __________

09 This was that summer that we took our memorable vacation.

__________ → __________

난이도 ★★★

[10-13] 밑줄 친 부분을 강조하여 도치 문장으로 바꿔 쓰시오.

10 The hunter hardly noticed the bear approaching.

→ ______________________________

____

11 A famous gallery is down this street.

→ ______________________________

____

12 Sujin never gets up late even on Sundays.

→ ______________________________

____

13 David stayed only five minutes at the meeting.

→ ______________________________

____

[14-16] 대화를 읽고, ( ) 안에 주어진 단어를 사용하여 밑줄 친 우리말을 영작하시오.

14
A: I can't believe that Juan lied to me!
B: 나도 믿을 수 없어. (neither)

→ ______________________________

15
A: I'm saving money to buy a new car.
B: 새 차가 항상 더 좋은 건 아니야.
(better, a new car, always)

→ ______________________________

16
A: I'm really excited about the concert this weekend.
B: 나도 마찬가지야. (so)

→ ______________________________

[17-18] 〈조건〉에 맞춰 〈보기〉에 주어진 단어를 바르게 배열하시오.

17

조건 장소를 나타내는 부사구를 문장 맨 앞에 쓸 것

보기 rushed out of firefighters the burning house

→ ______________________________

____

18

조건
1. seldom을 문장 맨 앞에 쓸 것
2. 필요시 형태를 바꿀 것
3. 현재 시제로 쓸 것

보기 she seldom TV do watch on weekends

→ ______________________________

____

신유형

19 그림을 보고 〈보기〉에 주어진 단어를 바르게 배열하시오. (필요시 형태를 바꿀 것 / 도치 문장으로 쓸 것)

보기 the hotel no do offer free breakfast longer

→ ______________________________

____

20 글을 읽고, 밑줄 친 문장을 주어진 단어로 시작하여 바꿔 쓰시오.

> Amy was looking around a tiny bookstore when she saw David. <u>She never imagined meeting him there.</u> It had been years since they last talked. They were both surprised but pleased to catch up in such an unexpected place.

→ Never ______________________________
______________________________.

난이도 ★★★

[21-23] 다음은 우리말을 영어로 바꿔 쓴 문장이다. 틀린 부분을 찾아 바르게 고쳐서 문장 전체를 다시 쓰시오.
(단, 도치구문을 유지할 것)

21
> 나는 유럽에 갈 것이라고는 조금도 꿈도 꾸지 않았었다.
> → Little I dreamed that I would go to Europe.

→ ______________________________
____

22
> 나의 어머니는 요즘 거의 그림을 그리지 않으신다.
> → Seldom do my mother draws pictures these days.

→ ______________________________
____

23
> 지난여름 이후로 나는 그녀를 결코 본 적이 없다.
> → Never I have seen her since last summer.

→ ______________________________
____

함정유형

[24-25] 어법상 <u>틀린</u> 문장 세 개를 찾아 기호를 쓰고, 틀린 부분을 바르게 고쳐 쓰시오.

24
> ⓐ Tom did wanted to talk to her, but she left.
> ⓑ In the center of the park stand a fountain.
> ⓒ They did not understand the problem at all.
> ⓓ Catherine never shows up on time for appointments.
> ⓔ This is the unique design of the building that attracts many tourists.

(　　) __________ → __________
(　　) __________ → __________
(　　) __________ → __________

25
> ⓐ It was the music that made the party fun.
> ⓑ None of the information are useful.
> ⓒ The team was happy with the victory, and so their fans were.
> ⓓ Not all the clothes in the store were on sale.
> ⓔ Little was I expect to see my old friend at the airport.

(　　) __________ → __________
(　　) __________ → __________
(　　) __________ → __________

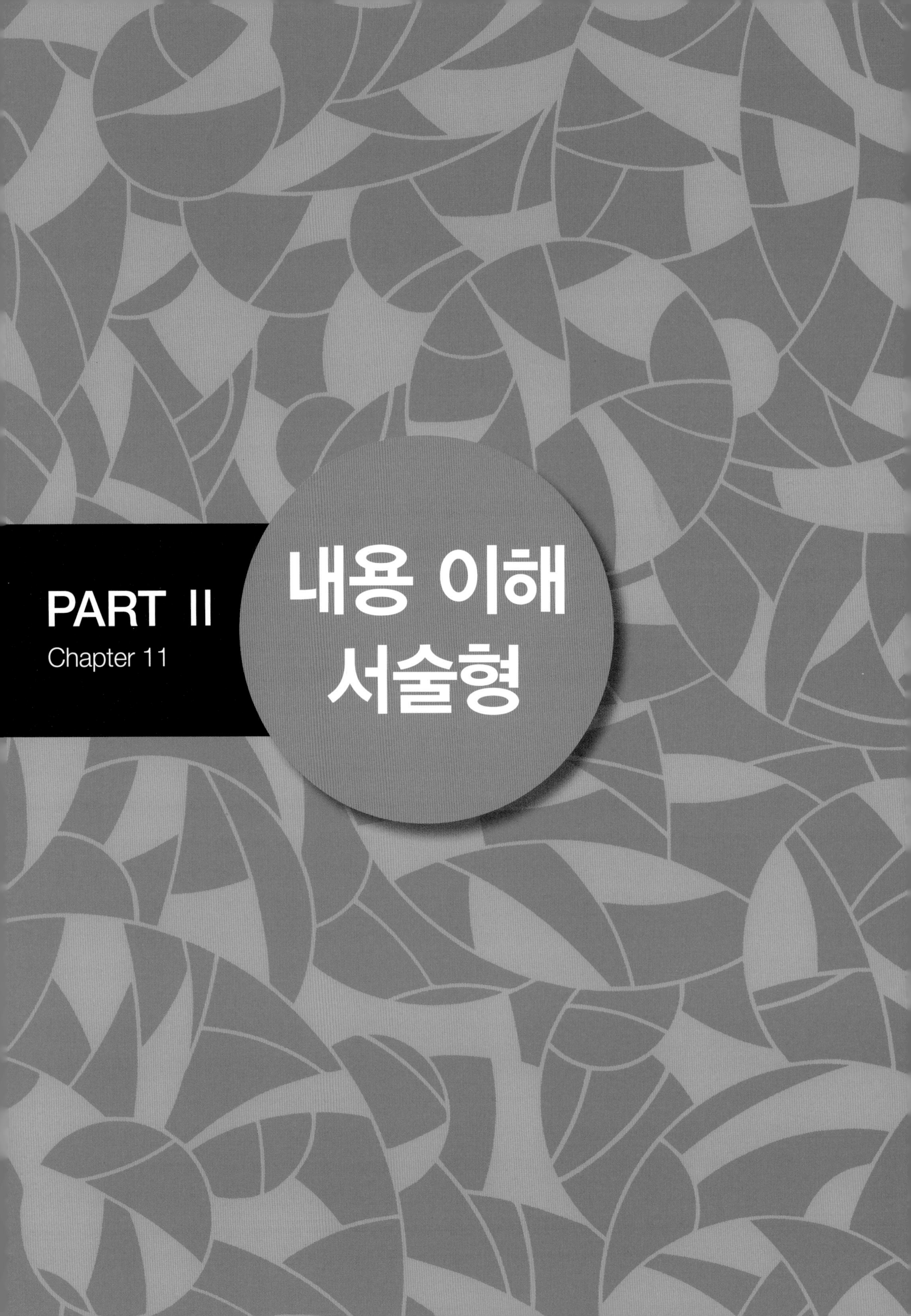

PART II

Chapter 11

내용 이해 서술형

CHAPTER

11

글의 세부 내용·주제 파악하기

Point 01 내용 일치

Point 02 요약문 완성

Point 01

내용 일치

주어진 대화문 및 글의 내용과 일치하도록 도표나 짧은 글, 대화문의 빈칸에 알맞은 말을 쓰는 유형이다. 글의 전체 내용과 관련된 핵심어나 주제문을 찾아야 하는 요약문 완성 유형과는 달리, 특정 세부 내용을 이해하고, 그와 관련된 단어나 표현을 찾아서 정답을 쓸 것을 요구한다.

(1) 주어진 대화문이나 글에서 빈칸과 관련된 세부 내용을 찾는다.
(2) 주어진 대화문이나 글에 있는 단어의 형태를 변형하여 써야 하는지 확인한다.

예시 유형

짧은 글을 읽고 빈칸에 알맞은 말 쓰기

글의 내용과 일치하도록 빈칸에 들어갈 알맞은 단어를 쓰시오.

Baseball is a sport where two teams play by pitching and catching a ball during a game. Each team has nine players, including a pitcher and a catcher. The game is divided into several innings, and the team with the most points at the end of the game wins.

→ Baseball players on two teams ________________ and ________________ a ball to get points, and the team with the most points after the last inning becomes the ________________.

문제 풀이

- 야구는 두 팀의 선수들이 공을 던지고 잡음으로써 점수를 내는 운동이라는 내용을 통해, 빈칸에 pitch와 catch가 들어감을 알 수 있다. 빈칸의 위치가 문장의 동사 자리이므로 동명사 pitching과 catching을 pitch와 catch로 써야 함에 유의한다.
- 가장 많은 점수를 얻은 팀이 이긴다는 내용을 통해 빈칸에 winner가 들어감을 알 수 있다. 글에서 쓰인 동사 wins를 becomes의 주격보어로 쓰이는 명사 winner로 써야 함에 유의한다.

Answer p.26

● 바로 적용하기

대화의 내용과 일치하도록 빈칸에 들어갈 알맞은 단어를 쓰시오. (필요시 형태를 바꿀 것)

1

A: May I help you?
B: Yes. I'm looking for my dog. His name is Prince.
A: What does he look like?
B: He is very small and has white hair.
A: Can you tell me more?
B: Well, he has a really long tail.
A: I see. And one more thing. Where did you lose him?
B: I lost him near the lake by the park.
A: OK. I'll go and make an announcement. Can you please wait here?
B: Sure. Thanks a lot.

조건 1. 빈칸 (1)에는 공통으로 들어갈 단어를 대화문에서 찾아 쓸 것
2. 빈칸 (2), (3)에는 대화문에 없는 단어를 주어진 철자로 시작하여 쓸 것

(1) ________________ Pet Report	
Type of Animal	dog
Name	Prince
(2) S________________	very small
(3) C________________	white hair
(1) ________________ Place	near the lake by the park
Anything Special	long tail

어휘 announcement 공고, 발표

2

Mike: Have you heard of houses called trulli?

Crystal: No, what are they?

Mike: Trulli are residential buildings built in southern Italy several centuries ago. They were made by piling up stones in a cone shape, which made them easy to build and easy to take down.

Crystal: Easy to take down? I don't understand.

Mike: Back then, people paid taxes based on the number of houses they had. When tax collectors came to the village, people would quickly take down their houses to avoid paying high taxes. After the tax collectors left, they would rebuild the houses by stacking the stones again.

Crystal: Ah, I see! Now I understand what you mean!

main materials of trulli	(1) ________
the shape of trulli	(2) ________ ________
the purpose of building trulli	(3) for ________ ________ ________ ________

어휘 residential 주거의 pile up 쌓다 cone shape 원뿔 모양 take down 분해하다 tax 세금 based on ~에 근거하여 tax collector 세금 징수원 avoid 피하다 stack 쌓다

Answer p.26

3

(1)

David: Emily, how about joining the school band together?
Emily: Of course! I want to play guitar in the band.
David: I want to play the keyboard.
Emily: I heard that they practice after school three days a week.
David: I know. Their first concert is coming up soon. The concert will be held on October 22nd.
Emily: That's fantastic. I hope to perform in the concert.
David: Same here. But first, we need to pass the audition.

(2)

Yeri: Roy, have you heard about our school's vegetable growing club?
Roy: Yeah, I've heard of it. Actually, I'm planning to join the club. I'm interested in growing and harvesting vegetables myself.
Yeri: Wow, what a coincidence! I was just about to join too.
Roy: If we join the club, we can have monthly parties with fresh vegetables. The first party is scheduled for September 17th.
Yeri: I can't wait for it!

(1) David and Emily are interested in ________________ the school band. Emily wants to play the guitar, and David wants to play the keyboard. The band will ________________ a concert on October 22nd.

(2) Yeri and Roy want to join the vegetable growing club. In this club, the members enjoy ________________ with fresh vegetables every ________________.

어휘 audition 오디션, 테스트 harvest 수확하다 coincidence (우연의) 일치 monthly 매달의, 월 1회의

B 글의 내용과 일치하도록 빈칸에 들어갈 알맞은 단어를 본문에서 찾아 쓰시오. (필요시 형태를 바꿀 것)

1 Water is important for all living things on Earth. Plants need water to move nutrients from the soil through their roots to grow. Animals and humans need water to digest food, maintain a constant body temperature, and help their cells work. Water is a unique substance that can exist in liquid, solid, and gas forms. This is why we see water in rivers, glaciers, and clouds. Water also helps shape the weather and supports life in ecosystems. Without water, life on Earth could not exist.

Water and Life on Earth	
How do plants grow?	(1) Plants absorb moisture from the soil through their roots to obtain ______________.
Why do animals and humans need water?	(2) Both animals and humans require water to ______________ food, maintain a ______________ body temperature, and ensure that their cells ______________ effectively.
How does water affect the Earth?	(3) Water plays an important role in influencing weather patterns and ______________ life within ecosystems.

어휘 nutrients 영양분 root 뿌리 digest 소화하다 cell 세포 unique 독특한 substance 물질 exist 존재하다 liquid 액체 glacier 빙하 ecosystem 생태계

Answer p.26

2 The ocean is home to many different types of sea life, like fish and sea plants. But pollution and overfishing are big problems for these ecosystems. Especially, plastic waste harms sea animals and plants and can cause injury or death. Cleaning up the ocean and using less plastic are very important to keep sea life safe. Many groups and volunteers all over the world are working hard to solve this problem by cleaning beaches, changing rules, and teaching people about the issue.

The ocean is facing big problems because of ______________ and ______________. Plastic waste causes sea animals and plants to be ______________ and even die. For the ______________ of sea life, we should clean up the ocean and use less plastic.

어휘 overfish 물고기를 남획하다 injury 부상 volunteer 자원봉사자 issue 문제

3 Solar panels are an amazing way to create clean, renewable energy. They capture sunlight and turn it into electricity using special cells called photovoltaic cells. These panels are not only good for the environment but also help save money in the long term. Many households and businesses are choosing to install solar panels to reduce their dependence on fossil fuels and cut down on their electricity costs. As technology has advanced, solar panels have become more efficient, making them a popular choice for sustainable energy solutions around the world.

*photovoltaic: 광전지의

Jacob: Hey, have you heard about solar panels? They're such an amazing way to produce clean, renewable energy.

Irene: Yeah, I've read a bit about them. They collect sunlight and turn it into electricity. They are good methods both ______________ and economically in the long term.

Jacob: Exactly! That's why many households and businesses are starting ______________ solar panels. It's a great way to make us less ______________ on fossil fuels and reduce electricity costs.

Irene: Absolutely. As technology has advanced, we have been able to use solar panels more ______________.

어휘 renewable 재생가능한 capture 포획하다 in the long term 장기적으로 install 설치하다 dependence 의존 fossil fuel 화석연료 cut down 삭감하다 advance 발전하다 efficient 효율적인 sustainable 지속가능한

Answer p.27

4 Being organized can really help you feel more relaxed and get things done faster. To start, clean up your space by removing items you don't need. This will make it easier to find the things you use often. Keeping only the important items will help you focus better. Next, use labels on your folders and boxes so you can quickly find what you're looking for. It's also a good idea to create a daily or weekly schedule. By setting specific times for homework, chores, and relaxation, you can stay on track and manage your time better. By following these simple tips, you can reduce stress, be more productive, and enjoy a more organized life!

Simple Tips for Staying Organized
(1) Begin by ________________ items you no longer need.
(2) After that, ________________ your folders and boxes to make it easier to quickly find what you need.
(3) ________________ a daily or weekly schedule is another useful approach.

어휘 organized 정돈된 remove 제거하다, 없애다 label 라벨, 라벨을 붙이다 specific 특정한 chore 집안일 relaxation 휴식 stay on track 계획대로 나아가다 productive 생산적인

Point 02 요약문 완성

대화문이나 글을 읽고 전체 내용을 요약하는 요약문을 완성하는 문제로, 글의 핵심어와 주제를 파악해야 풀 수 있다. 요약문의 빈칸에 들어갈 알맞은 단어를 쓰는 빈칸 완성형과, 요약문의 일부를 영작하는 부분 영작형으로 나눌 수 있다.

(1) 빈칸 완성형의 경우 빈칸에 들어갈 알맞은 단어를 본문의 글에서 찾아 써야 하며, 단어를 변형하여 써야 하는 경우 단어의 품사에 유의해야 한다. 본문에 없는 단어를 쓰는 경우 내용 요약에 필요한 핵심어를 잘 생각하여 써야 한다.

(2) 부분 영작형의 경우 영작해야 하는 표현이 구인지 절인지 확인하고, 전체 요약문이 완전한 문장을 이룰 수 있게 정답을 써야 한다. 대개 본문에 나온 구나 절을 변형해서 쓰는 문제들이 출제된다.

빈칸 완성형 유형

대화문을 읽고 물음에 답하시오.

Jacob: What do you do in your free time?
Irene: I love to take pictures.
Jacob: What kind of pictures do you take?
Irene: I usually take pictures of the beautiful sky. Those pictures reduce my stress.

위 대화문을 아래와 같이 요약할 때, 빈칸에 들어갈 알맞은 표현을 조건에 맞게 쓰시오.

조건	1. 첫 번째 빈칸에는 7단어의 표현을 본문에서 찾아 쓰되 필요시 형태를 바꿀 것 2. 두 번째 빈칸에는 4단어의 표현을 본문에서 찾아 쓰되 필요시 단어를 추가하거나 형태를 바꿀 것

Jacob asks Irene (1) ________________________________, and Irene answers that she usually takes pictures of the beautiful sky in order (2) ____________________________.

★ 문제 풀이

- 첫 번째 빈칸에는 Jacob의 질문을 간접의문문으로 써야 한다. 대명사와 동사의 형태가 바뀜에 유의해야 한다.
- in order 뒤에 빈칸이 있으므로 to부정사나 that절을 써야 한다. 4단어의 표현을 써야 하므로 to부정사가 적절하다. 대명사의 형태가 바뀜에 유의해야 한다.

Answer p.27

● 바로 적용하기

다음 대화를 요약할 때 빈칸에 들어갈 알맞은 단어를 대화에서 찾아 쓰시오. (필요시 단어의 형태를 바꿀 것)

1

Yeri: Jinwoo, have you heard the latest news?
Jinwoo: What news?
Yeri: Starting next week, our English teacher will allow us to use smartphones in class.
Jinwoo: Yes, I heard about that.
Yeri: How do you feel about it?
Jinwoo: I think it will be very useful. I can look up unfamiliar words.
Yeri: Well, I disagree. I think smartphones can distract us from focusing in class.
Jinwoo: You might have a point there.

Yeri and Jinwoo are talking about the news of being ______________ to use smartphones in English class next week. Jinwoo mentions the ______________ of smartphones for finding unfamiliar words, while Yeri points out that they might keep the students from ______________.

어휘 latest 최신의 look up (정보를) 찾다 unfamiliar 익숙하지 않은, 생소한 distract (주의를) 딴 데로 돌리다

2

Jake: Wendy, did you watch the TV program, *The Sick Planet*?

Wendy: Of course. I'm concerned about the Earth.

Jake: Me, too. We need to take action to save the Earth.

Wendy: You're right. How about joining Earth Hour?

Jake: Earth Hour? What's that?

Wendy: It's a global movement for the environment.

Jake: Sounds great! Do you know how to participate in it?

Wendy: Yes, it's very simple. All we have to do is turn off our lights for an hour to raise awareness about the environment.

Jake: That's so easy! Let's put it into practice right away!

Jake and Wendy discuss their ______________ for the planet and decide to ______________ in Earth Hour, a global movement where people turn off their lights for an hour to raise ______________ awareness.

어휘 be concerned about ~대해 걱정하다 take action 조치를 취하다, 행동에 옮기다 global 세계적인 movement (정치적·사회적) 운동 participate in ~에 참가하다 awareness 인식 put ~ into practice ~을 실천하다

Answer p.27

3

Luna:	Do you have a pet?
Hamin:	Yes, I have a dog named Max. I take care of him every day—feeding him, walking him, and playing with him.
Luna:	Wow, that sounds like a lot of work. Isn't it difficult to do all that?
Hamin:	It's not too difficult. Max is really well-behaved. Do you think taking care of pets is difficult?
Luna:	Yeah, it seems like a big responsibility. That's why I love dogs too, but I hesitate to keep one.

조건 1. 빈칸 (1)에는 동사로 시작하는 6단어의 표현으로 쓸 것
2. 빈칸 (2)에는 한 단어로 쓸 것
3. 본문에 없는 단어를 쓰지 말 것

Unlike Hamin, Luna thinks that it (1) ______________________ dogs because it comes with a lot of (2) ______________________.

어휘 take care of ~을 돌보다 feed 먹이를 주다 well-behaved 행동을 잘 하는 responsibility 책임 hesitate 망설이다

B

다음 글을 요약할 때, 빈칸에 들어갈 알맞은 단어를 글에서 찾아 쓰시오.
(필요시 단어의 형태를 바꿀 것)

1 Jacob always has a passion for reading. He spends most of his free time reading various genres of books, from science fiction to historical novels. Recently, he started a book club with his close friends at the local library. They meet every Saturday for discussion and sharing their thoughts about the books they recently selected. Jacob finds reading not only entertaining but also educational, as it broadens his knowledge and understanding of different cultures and time periods.

Jacob started a book club with his close friends. He meets them every Saturday not only to ______________ books which he read but also to ______________ his thoughts about them. For Jacob, reading is a fun and educational activity that ______________ his knowledge and understanding about the world.

어휘 passion 열정 various 다양한 genre 장르 discussion 토론 entertaining 재미있는 broaden 넓히다 period 시대

Answer p.27

2 Habits are the small things we do every day, and they can have a big impact on our lives. Good habits, like studying regularly, exercising, and eating healthy, help us succeed and feel better. On the other hand, bad habits, such as staying up until late at night, can lead to negative effects. They can make it hard for us to achieve our goals and may even harm our health. Building good habits requires patience. It's important to set small, achievable goals. For example, instead of trying to study for three hours straight, we can start with just 30 minutes a day. Over time, we can gradually increase this time.

Our habits have an important ______________ on our daily lives and overall success. To build good habits, it's essential to be ______________. Instead of making a big plan all at once, break it down into ______________, ______________ units that you can accomplish each day.

어휘 impact 영향 regularly 규칙적으로 on the other hand 반면에 lead to ~로 이끌다 effect 영향 achieve 성취하다 require 요구하다 patience 인내심 instead of ~대신 gradually 점차적으로 essential 중요한, 필수적인 break down into ~로 분해하다, 쪼개다

3 Anger is a natural emotion that everyone feels at times. However, it is important to express anger in a healthy and wise way. First, you need to understand why you are feeling angry. Did someone hurt your feelings? Or is it due to stress? It is also good to share your feelings with someone you trust. Additionally, you should find healthy ways to release your anger. Instead of yelling or acting out, you can go for a walk, listen to music, or write in a journal. Physical activities like sports can also help improve your mood.

Anger is a natural emotion that can be managed by ______________ its cause and ______________ it in a healthy way. To ______________ anger and ______________ your mood, it is helpful to engage in physical activities such as walking or exercising, or to have quiet time like listening to music or writing in a journal.

어휘 natural 자연스러운 emotion 감정 express 표현하다 due to ~ 때문에 additionally 게다가, 또한 release 방출하다 yell 고함치다 physical 신체의 mood 기분 manage 관리하다 engage in ~에 관여하다

Answer p.28

4 Helping others is one of the most rewarding things a person can do. It doesn't matter how small or big the help is; even simple acts of kindness can have a huge impact. Whether it's helping a friend with their homework or volunteering at a local charity, giving back to others strengthens communities and brings people closer together. Personally, I visit elderly people who live alone to talk with them and look for ways to help them get the support they need. Helping others reminds us that we are all connected, and by working together, we can make the world a better place.

Even small acts of kindness are ________________. They ________________ communities and make people feel ________________. By ________________ those in need, we can make the world a better place.

어휘 rewarding 보람 있는 matter 중요하다 huge 거대한 volunteer 봉사활동하다 charity 자선단체 strengthen 강하게 하다 remind 상기시키다 connect 잇다, 연결하다

실전 예상 문제

[01-02] 다음 대화를 읽고 물음에 답하시오.

Tony: Emily, is something bothering you? You don't look well.

Emily: I'm not sure what to do, Tony. My sister asked for help with her homework this Thursday, but I refused to do it.

Tony: Why? Do you have a lot to do on Thursday?

Emily: Yes, I need to return some books to the library in the morning. Then, I'm meeting you to prepare for our presentation in the afternoon. After that, I have to study for the exam in the evening.

Tony: You really have a busy day.

Emily: Yes, but my sister was disappointed, so I feel guilty.

Tony: How about meeting on Friday for our presentation? I will have the necessary materials ready by Thursday.

Emily: Really? That would be really helpful! Thanks for being understanding, Tony!

01 대화의 내용과 일치하도록 아래 주어진 표의 빈칸에 들어갈 알맞은 표현을 본문에서 찾아 쓰시오. (필요시 형태를 바꿀 것)

Schedule Change on Thursday

Original	Changed
(1) ______________________ ______________________	(2) ______________________ ______________________

02 대화의 내용과 일치하도록 아래 주어진 Emily의 일기의 빈칸에 들어갈 알맞은 표현을 본문에서 찾아 쓰시오. (필요시 형태를 바꿀 것)

Thursday, October 22nd

Today was extremely ____________. I had to return some books that I borrowed from the library. After that, I was supposed to meet Tony for the ____________ of our presentation, but we decided to reschedule it to tomorrow. This allowed me to have time to help my sister with her homework, which made me feel better about my earlier ____________. After helping her, I spent the evening studying for my final exam.

Answer p.28

[03-04] 다음 대화를 읽고 물음에 답하시오.

Amy: Tom, why do you look so serious? What are you reading?
Tom: I'm reading an article about the environment. It says that the water shortage is becoming serious these days.
Amy: I've heard about that. Is it really that bad?
Tom: Yeah. Clean water is becoming scarce worldwide.
Amy: So, does our country have a water shortage problem too?
Tom: Our country doesn't have a big problem yet, but if there's a drought in the summer, it could affect farming. Crops will die, which will lead to food shortages.
Amy: I see. But why is there a water shortage?
Tom: The main reasons are climate change and population growth. There's less rain due to climate change, but people are using more water. And on top of that, water pollution is also becoming a problem.
Amy: I've heard that wastewater from factories or farms is causing water pollution.
Tom: That's right. Polluted water can negatively affect people's health.
Amy: Is there anything we can do?
Tom: Of course! It's important to save water. Plus, we can join environmental organizations to support them or volunteer directly.
Amy: Small actions are important. I'll make sure to save water too!

03 대화의 내용과 일치하도록 아래 주어진 표의 빈칸에 들어갈 알맞은 표현을 본문에서 찾아 쓰시오. (필요시 형태를 바꿀 것)

Why does Tom look serious?	He is worried after (1) ______________ about the environment.
What happens if it doesn't (2) ________ in the summer?	Crops will die and people will suffer from lack of (3) ________.
What is the biggest problem with polluted water?	It can have (4) ________ effects on people's health.

04 대화의 내용을 아래와 같이 요약할 때 빈칸에 들어갈 알맞은 단어를 위 대화문에서 찾아 쓰시오. (필요시 형태를 바꿀 것)

Tom explains that clean water is becoming scarce worldwide due to ______________ and ______________. He also emphasizes that water pollution can have harmful effects on health. Amy agrees that it's important to find ways help, such as ________ water and ________ environmental organizations, realizing the ________ of small actions.

[05-06] 다음 글을 읽고 물음에 답하시오.

Would you like to turn off your bedroom light without getting out of bed? If so, Highend is perfect for you. Highend is the first smart speaker made by the Mepsilon Co. It uses AI technology to make your life more comfortable. This device can recognize your voice and carry out your instructions. It can be your personal voice assistant!

Highend can assist you in various ways. First, you can ask Highend any question. It will search the internet and provide you with the answer. Additionally, Highend can help wake you up in the morning. Just tell Highend the time you want to set your alarm for, and it will wake you up by playing your favorite music at the set time. Highend can even inform you about the day's weather information! Lastly, the bright LEDs on the top of the device can act as a desk lamp. If you're considering purchasing a smart speaker, Highend from Mepsilon Co. is an excellent choice.

05 다음은 Highend speaker의 제품 박스에 있는 표이다. 빈칸에 들어갈 알맞은 말을 윗글에서 찾아 쓰시오.

Features of Highend

Features	Description
Manufacturer	(1) ______________________
Main Technology	AI Technology
Main Functions	Voice (2) __________: It identifies your voice and carries out your commands.
	Internet Search: It provides appropriate answers to your questions.
	Alarm: It (3) ______________________ at the set time to wake you up.
	LED Lamp: It can be used as (4) ______________________.

Answer p.29

06 윗글을 다음과 같이 요약할 때 빈칸에 들어갈 알맞은 단어를 〈보기〉에서 골라 쓰시오. (필요시 형태를 바꿀 것)

보기	offer	equip	forecast	function	serve	order

Highend is a smart speaker ______________ with AI technology to enhance users' daily lives. It can follow your ______________ and ______________ as a personal voice assistant, capable of ______________ answers to questions, setting alarms, and providing weather ______________. The device's LEDs also allow it to ______________ as a desk lamp.

[07-08] 다음 글을 읽고 물음에 답하시오.

Singapore stays hot all year round. Most buildings there rely heavily on air conditioning, which uses a lot of energy and contributes to emissions of greenhouse gases. That's why architects in Singapore are now designing eco-friendly buildings. These buildings use less air conditioning but still keep the inside cool. For instance, many buildings have open structures allowing natural airflow inside. This natural ventilation helps keep the buildings cool without relying too much on artificial cooling. Architects also include large gardens to provide the buildings with shade and protect the buildings from direct sunlight. These eco-friendly buildings not only help the environment but also improve people's quality of life. That's the aim of this new architectural style.

*ventilation: 환기

07 윗글의 내용과 일치하도록 아래 주어진 대화문의 빈칸에 들어갈 알맞은 표현을 윗글에서 찾아 쓰시오. (필요시 형태를 바꿀 것)

Wendy: I heard that Singapore is hot all year round, so people use a lot of energy for air conditioning.

Chris: That's right. It leads to more greenhouse gas ______________ in the atmosphere.

Wendy: Yeah, that's why architects in Singapore are making eco-friendly buildings now. They use less air conditioning but still keep the inside cool.

Chris: How do they do that?

Wendy: Well, they design the buildings with open structures so that air can ______________ through naturally. It keeps the buildings cool without using too much air conditioning.

Chris: Oh, smart! What else do they do?

Wendy: They also add large gardens. The gardens provide the buildings with not only ______________ but also ______________ from the sun, which helps keep them cool inside.

Chris: Great! So, these buildings help the environment and make life better for people, right?

Wendy: Exactly! That's the goal of this new kind of architecture. I hope architects keep coming up with more ______________ ideas.

Answer p.29

08 윗글의 요약문을 주어진 [조건]에 맞게 영어로 쓰시오.

조건
1. 〈보기〉에 주어진 표현을 모두 한 번씩만 그대로 사용할 것
2. 〈보기〉에 주어진 표현 이외의 다른 단어를 추가하지 말고, 주어와 동사를 갖춘 완전한 문장을 쓸 것

보기			
a better quality	and large gardens	contribute to	for people in Singapore
of the buildings	of life	open structures	such as

Eco-friendly features ____

____.

[09-10] 다음 글을 읽고 물음에 답하시오.

1) BLUE LEADERS
- Approach problems from new points of view
- Generate fresh ideas and concepts
- Use different ways to deal with tasks

2) GREEN LEADERS
- Ensure that the team feels valued
- Create a positive atmosphere
- Maintain open communication

3) NAVY LEADERS
- Define everyone's role exactly
- Emphasize timely task completion
- Make sure every step is done properly

4) PURPLE LEADERS
- Promote independent work practices
- Avoid controlling people
- Don't give advice unless it is needed

5) RED LEADERS
- Are good at reasonable decision-making
- Analyze problems and situations
- Try to reach the team's success in the most effective ways

6) YELLOW LEADERS
- Lead their members by example
- Make the team members take the spotlight
- Satisfy the team members' needs

09 윗 글의 내용과 일치하도록 빈칸에 들어갈 알맞은 표현을 본문에서 찾아 쓰시오.

Joy:	I think of efficiency as most important to achieve the team's goals. I'm a ______________ leader.
Yeri:	I like to deal with tasks in new ways and create something that didn't exist before. I'm a ______________ leader.
Irene:	I like to divide the project into several tasks. I want my team members to finish tasks on time. I'm a ______________ leader.

Answer p.29

10 내용을 아래와 같이 요약할 때 빈칸에 들어갈 알맞은 단어를 보기에서 찾아 쓰시오.

보기			
creative	hands-off	logical	strict
supportive	colors	relationships	

Types of leaders can be expressed by using ______________. For example, ______________ leaders who approach problems from new perspectives can be called 'Blue Leaders.' Friendly leaders who regard ______________ as most important can be called 'Green Leaders,' while ______________ directors who make every member's role clear and ensure timely task completion can be called 'Navy Leaders.' Additionally, ______________ managers who allow team members to work on their own can be called 'Purple Leaders,' and ______________ leaders who have good reasoning skills can be called 'Red Leaders.' Lastly, ______________ mentors who let team members shine instead of themselves can be called 'Yellow Leaders.'

MEMO

MEMO

MEMO

MEMO

시험에 나오는 서술형 유형 집중 공략

내신공략 중학영어

3

정답 및 해설

PART I 문법 서술형

Chapter 01~10

CHAPTER 01 시제

Point 01 과거완료 시제

A

1 felt, ate[had eaten]
2 left[had left], rained
3 caught[had caught], arrived
4 realized, had made
5 had fallen, came

B

1 had finished writing the book before the deadline
2 Emma called, William had already left the office
3 the power went out, Joy had already saved her file
4 became a middle school student, she had visited five different countries
5 was relieved because she had found her lost wallet
6 heard that Roy had been in a car accident

Point 02 완료진행 시제

A

1 I have been studying English for three hours.
2 They had been waiting to board before the plane took off.
3 Sarah is writing an email right now.
4 How long have you been waiting for the bus so far?
5 We had been preparing the camp before it started to rain.
6 Have you been reading the book I recommended?
7 Jerry has been living in the city since 2010.
8 Had you been taking a nap until your parents came home?

해석

1 나는 세 시간 동안 영어공부를 하고 있는 중이다.
2 그들은 비행기가 이륙하기 전까지 탑승을 기다리고 있었다.
3 Sarah는 지금 이메일을 쓰고 있다.
4 당신은 지금까지 얼마나 오래 버스를 기다리고 있는 건가요?
5 비가 내리기 시작하기 전까지 우리는 캠핑 준비를 하고 있었다.
6 너는 내가 추천한 책을 읽고 있었니?
7 Jerry는 2010년부터 그 도시에서 살고 있다.
8 너는 너의 부모님이 집에 오실 때까지 낮잠을 자고 있었니?

B

1 It has been snowing since last week.
2 Crystal has been developing a new recipe for weeks.
3 When you called me, I had been working for three hours.
4 We had been waiting for Irene for hours.
5 The number of tigers has been decreasing up to now.
6 Alex has been writing the novel until now.

Point 03 시제 일치와 예외

A

1 went, borrowed
2 learned, is
3 snows, will stay
4 heard, moved
5 told, had received

B

1 O
2 moved → moves
3 had invaded → invaded
4 will be → is
5 caught → catches
6 O
7 were → are
8 got → gets

해석

1 Harry는 새로운 회사에서 일한다고 말했다.
2 중세 시대에, 사람들은 지구가 태양 주위를 돈다는 것을 믿지 않았다.
3 내 역사 선생님은 일본이 1592년에 조선왕조를 침입했다고 말씀하셨다.
4 날씨가 좋을 때, 우리는 소풍을 갈 것이다.
5 내가 늦잠을 자면, 아버지는 일찍 일어나는 새가 벌레를 잡는다고 말씀하셨다.
6 Sally는 그녀의 핸드폰을 집에 두고 온 것을 기억했다.
7 슬기는 올림픽 경기가 4년마다 열린다는 것을 몰랐다.
8 Alan은 여전히 매일 아침 6시에 일어난다고 말했다.

시험에 나오는 서술형

01 had seen that movie before

과거 시제인 knew보다 더 이전의 일을 나타내므로 과거완료 시제인 「had p.p.」로 나타낸다.

02 have been learning how to swim

과거 어느 시점부터 현재까지 이어져오고 있는 행동이므로 현재완료진행 시제인 「have been + -ing」로 나타낸다.

03 had been reading for an hour

과거의 어느 한 시점보다 더 앞서서 진행되고 있었던 일을 나타내므로 과거완료진행 시제인 「had been + -ing」로 쓴다.

04 had been trapped under the snow

부사절의 과거 시제보다 더 이전의 일을 나타내므로 과거완료 시제인 「had p.p.」로 쓴다.

05 (1) She had not[hadn't] studied French before she moved to Paris.
(2) Had she studied French before she moved to Paris?

(1) 과거완료 시제의 부정문은 「had not + p.p.」로 쓴다.

(2) 과거완료 시제의 의문문은 「Had + 주어 + p.p. ~?」로 쓴다.

해석 그녀는 파리로 이사 가기 전에 프랑스어를 공부했었다.
(1) 그녀는 파리로 이사 가기 전에 프랑스어를 공부하지 않았었다.
(2) 그녀는 파리로 이사 가기 전에 프랑스어를 공부했었나요?

06 joined

주절이 과거완료진행 시제이므로 종속절은 그보다 한 시제 앞선 과거 시제여야 한다.

해석 그는 밴드에 합류하기 전까지 몇 년 동안 기타를 치고 있었다.

07 had never seen

주절이 과거 시제이고 because절은 주절보다 먼저 일어난 일을 나타내므로 현재완료 시제를 과거완료 시제로 고쳐야 한다.

해석 나는 전에 그를 직접 만난 적이 없었기 때문에 공항에서 그를 알아보지 못했다.

08 cleaning

'청소해오고 있다'의 능동의 뜻이므로 현재완료진행 시제인 (been) cleaning으로 고쳐야 한다.

해석 너는 얼마나 많은 시간 동안 집을 청소하고 있는 중이니?

09 knows

시간·조건을 나타내는 부사절에서는 미래의 내용이라 하더라도 현재 시제로 쓴다.

해석 그녀가 답을 알게 되면 우리에게 말해줄 것이다.

10 had, finished, arrived

내가 도착했을 때(과거의 어느 시점) 그들은 이미 식사를 끝냈으므로(대과거), finish는 과거완료 시제로 쓰고 arrive는 과거 시제로 써야 한다.

해석 내가 도착했을 때 그들은 식사를 끝냈기 때문에 나는 서운함을 느꼈다.

11 had, been, waiting, for

버스가 오지 않은 과거의 시점보다 훨씬 이전부터 버스를 기다리고 있었다는 의미이므로 과거완료진행 시제로 써야 한다.

해석 버스는 정류장에 도착하지 않았다. Jane과 Robert는 20분 동안 버스를 기다리고 있었다.

12 (1) had, been, running (2) has, been, receiving (3) makes (4) starts

(1) 과거의 어느 시점 이전부터 과거까지 계속 이어지고 있었던 동작을 나타내므로 과거완료진행 시제인 had been running이 적절하다.
(2) 과거부터 현재까지 이어져오고 있는 일을 나타내므로 현재완료진행 시제인 has been receiving이 적절하다.
(3) 속담·격언은 항상 현재 시제로 쓴다.
(4) 시간·조건을 나타내는 부사절에서는 미래 시제 대신 현재 시제를 쓴다.

해석 마라톤 경기 날짜가 정해지기 전부터 Jacob은 매일 달리기를 해왔었다. 지금까지, 그는 지난 3달 동안 특별 훈련을 받아오고 있다. 그는 연습이 완벽함을 만든다고 믿는다. 경기가 시작될 때까지, Jacob은 연습을 멈추지 않을 것이다.

13 (1) won (2) I had not known

(1) 역사적 사실은 항상 과거 시제로 쓴다.
(2) 부사절의 attended보다 더 이전의 일을 나타내므로 과거완료 시제로 써야 한다. 부정문은 「had not + p.p.」로 쓴다.

해석 Peter: 오늘 역사 선생님이 수업에서 이순신 장군이 임진왜란 동안 모든 전투에서 승리했다고 가르쳐 주셨어.
Taehee: 이순신 장군은 정말 한국의 위대한 영웅 중 한 명이야.
Peter: 오늘 수업을 듣기 전까지는 그에 대해서 잘 알지 못했었어.
Taehee: 그에 대해 더 알고 싶다면, 그가 쓴 자서전을 읽어보는 게 어때?
Peter: 오! 그 책을 빌리러 당장 도서관에 가야겠다.

14 (1) I have been writing
(2) taught me that it started

(1) 과거 어느 시점부터 현재까지 이어져오고 있는 일을 나타내므로 현재완료진행 시제로 써야 한다.
(2) 역사적 사실은 항상 과거 시제로 쓴다.

해석 엄마: Jacob, 너 피곤해 보이는 구나.
Jacob: 네, 오늘 아침 일찍부터 에세이를 쓰고 있는 중이에요.
엄마: 에세이 주제가 뭐니?
Jacob: 바로크 예술 양식의 특징이에요.
엄마: 바로크 양식이 언제 시작됐는지 아니?
Jacob: 물론이죠. 17세기에 유럽에서 시작되었다고 선생님께서 가르쳐 주셨어요.

15 has, been, traveling, for, six, months

과거부터 시작된 일이 6개월 동안 현재에도 계속 진행되고 있으므로 현재완료진행 시제로 쓴다. 시간의 길이를 나타낼 때는 전치사 for를 쓴다.

16 had, never, visited, recommended

추천한 것은 과거 시제로 쓰고, 식당에 가지 않은 것은 그것보다 더 먼저 있었던 일이므로 과거완료 시제로 쓴다.

17 were, had, been, snowing, since

도로가 미끄러운 것은 과거 시제이며, 눈이 내리는 것은 과거 이전부터 과거까지 진행되고 있었던 일이므로 과거완료진행 시제로 쓴다.

18 ⓐ has borrowed → borrowed[had borrowed]
ⓑ had introduced → introduced
ⓓ had gone → went

ⓐ 책을 반납한 것은 과거이고, 책을 빌린 것은 그 이전의 일이므로 과거완료 시제로 써야 한다. 앞뒤 순서가 명백한 경우 과거 시제로 써도 무방하다.
ⓑ 역사적 사실은 항상 과거 시제로 쓴다.
ⓓ 샤워를 한 것이 먼저 일어난 일이므로 잠자리에 든 것은 과거 시제로 써야 한다.

해석 ⓐ Sophia는 도서관에서 빌렸던 책을 반납했다.
ⓑ 나는 세종대왕이 1443년에 한글을 도입했다고 배웠다.
ⓒ 그는 3개월 동안 요가 수업에 참석하고 있는데, 그는 지금 더욱 건강해진 것을 느낀다.
ⓓ Kelly는 샤워를 마친 후에 곧장 잠자리에 들었다.
ⓔ 내가 어렸을 때, 나는 물이 0도에서 언다는 것을 몰랐다.

19 ⓑ will finish → finish
ⓒ has been not → has not been
ⓓ Had been Amy → Had Amy been

ⓑ 시간·조건을 나타내는 부사절에서는 미래 시제 대신 현재 시제를 쓴다.
ⓒ 현재완료진행 시제의 부정문은 「have[has]+not+been+-ing」로 나타낸다.
ⓓ 과거완료 시제의 의문문은 「Had+주어+p.p. ~?」로 나타낸다.

해석 ⓐ David가 곧 그의 프로젝트를 끝낼지는 아무도 모른다.
ⓑ 내가 일을 끝내자마자 너에게 문자를 보낼게.
ⓒ 내 핸드폰이 며칠 동안 잘 작동하지 않고 있다.
ⓓ Amy는 발표 준비가 다 되었었나요?
ⓔ 그녀는 첫 기차가 매일 오전 6시에 도착한다고 나에게 알려주었다.

※함정 ⓐ if가 이끄는 목적어절은 미래의 의미를 나타낼 때 그대로 미래 시제로 쓴다.

20 had been developing theories about rainbows

until이 이끄는 절은 과거 시제이고, 이론을 발전시킨 것은 그보다 더 전에 일어나 과거까지 진행되고 있었음을 의미하므로 과거완료진행 시제로 쓰는 것이 적절하다.

21 rainbows were created → rainbows are created
과학적 사실은 항상 현재 시제로 쓰므로 were를 are로 고쳐야 한다.

해석 오래 전에, 사람들은 무지개가 신과 소통하는 방법이라고 생각했는데, 무지개가 하늘과 땅 사이의 고리처럼 보였기 때문이었다. 과학자들은 무지개가 어떻게 형성되는지 이해하기 전까지, 그것에 대한 이론을 발전시켜왔다. 마침내 긴 연구 끝에, 그들은 태양빛이 빗방울을 통과할 때 무지개가 형성된다는 것을 발견했다. 빗방울에 닿은 햇빛이 굴절되어 다양한 색을 반사하는 것이다.

CHAPTER 02 수동태

Point 04 수동태의 시제

A

1 A mouse is being chased by a cat.
2 The mechanic was repairing the cars.
3 A hacker has exposed a lot of personal information online.
4 Many trees in the forest have been planted by Tom.
5 Many students will remember him as a good teacher.
6 The homework must be finished by Brian by six o'clock.

해석
1 고양이 한 마리가 쥐를 쫓고 있다.
2 차들이 수리공에 의해 수리되고 있는 중이다.
3 많은 개인정보들이 해커에 의해 온라인에 노출되었다.
4 Tom은 숲속에 많은 나무들을 심었다.
5 그는 많은 학생들에 의해 훌륭한 선생님으로 기억될 것이다.
6 Brian은 6시까지 숙제를 끝내야 한다.

B

1 The birthday party is being planned by Sujin.
2 This product was designed for customer convenience.
3 This information should not be known by anyone.
4 Blankets were being provided to the passengers.
5 Tall buildings have been built in this city.
6 Driving rules must be followed by everyone.
7 The test results will be reviewed by the doctor.
8 People all over the world have been moved by this movie.

Point 05 4형식 수동태

A

1 A bottle of milk was bought for me from the store by Tom.
2 An email will be sent to Sandra by me.
3 Some questions about the accident were asked of Juliet by him.
4 A pair of jeans were handed to me by the clerk.
5 Food was thrown to the animals in the zoo by the children.
6 The first chapter of the book was read to his students by Jack.
7 My brother was taught how to ride a bike by me.
8 We were offered some advice by her.

해석
1 Tom은 나에게 상점에서 우유 한 병을 사주었다.
2 나는 Sandra에게 이메일을 보낼 것이다.
3 그는 Juliet에게 그 사고에 관해 몇 가지 질문을 했다.
4 그 점원은 나에게 청바지 한 벌을 건냈다.
5 아이들은 동물원에서 동물들에게 음식을 던졌다.
6 Jack은 그의 학생들에게 그 책의 첫 번째 장을 읽어주었다.
7 나는 내 동생에게 자전거 타는 방법을 가르쳐주었다.
8 그녀는 우리에게 몇 가지 조언을 제공해주었다.

B

1 The same text messages were sent to all of us by Jane.
2 A key was handed to me by him.
3 Some jokes were told to people at the party by Bill.
4 The singer was given lots of flowers by his fans.
5 The breakfast will be cooked for everyone by the host.
6 A nice kite was made for him by his grandfather.
7 The new car was sold to me by the salesperson.
8 She was awarded a scholarship by the principal.

Point 06 5형식 수동태

A

1 The phenomenon was called a miracle(by people).
2 The front gate was kept open by the guard.
3 I was made to participate in the science fair by the teacher.
4 Sally was found waiting outside the house by us.
5 The team is made to practice shooting by the coach every day.
6 An airplane was seen to fly[flying] under the cloud by me.
7 The movie was found exciting by the critics.
8 The weather is expected to improve by him this weekend.

해석
1 사람들은 그 현상을 기적이라고 불렀다.
2 경비원은 정문을 열어두었다. (정문을 열린 상태로 유지했다.)
3 선생님께서 내가 과학박람회에 참석하게 하셨다.
4 우리는 Sally가 집밖에서 기다리고 있는 것을 발견했다.
5 그 코치는 그 팀이 매일 슈팅하는 것을 연습하게 한다.
6 나는 비행기가 구름 아래로 비행하는 것을 보았다.
7 평론가들은 그 영화가 흥미롭다고 생각했다.
8 그는 이번 주 주말에 날씨가 좋아질 거라고 예상한다.

B

1 The planet is called Mars by people.

2 The girl was allowed to have ice cream by her mom.
3 They were made to write an essay by the teacher.
4 A boy was seen to break[breaking] into an empty house last night.
5 Their mother was kept busy by the household chores.
6 The kitten was helped to get out of the box by me.

Point 07 주의해야 할 수동태

A

1 It is believed that the number four is unlucky (by them).
2 Reading is said to be important for learning by her.
3 I was made fun of by my brother when I wore glasses.
4 She is known to have worked hard on the project.
5 It was thought that the woman was a spy by me.
6 Your son should be taken care of by you.

해석
1 사람들은 숫자 4가 불운하다고 믿는다.
2 그녀는 읽기가 학습에서 중요하다고 말한다.
3 내가 안경을 썼을 때, 내 동생이 나를 놀렸다.
4 그들은 그녀가 그 프로젝트에서 열심히 일했던 것을 안다.
5 나는 그 여자가 스파이라고 생각했다.
6 너는 너의 아들을 돌봐야 한다.

B

1 Magpies are believed to bring good luck.
2 A smartphone can be thought of as a small computer.
3 It is believed that men in Egypt wore makeup.
4 The disease is thought to have originated in China.
5 It is expected that she will win the game.
6 The tools were made use of to fix the car by the expert.
7 The book is referred to as a bestseller.
8 The statue is known to have been created in the 18th century.

시험에 나오는 서술형

01 are being built
'학교가 지어지고 있는 중이다'는 현재진행 시제의 수동태인 「be+being+p.p.」로 쓴다.

02 must be sent out
조동사가 포함된 문장의 수동태는 「조동사+be+p.p.」로 쓴다.

03 will be invited
미래 시제의 수동태는 「will+be+p.p.」로 쓴다.

04 was cooked for
4형식 문장의 직접목적어를 주어로 하여 수동태를 쓸 때, 동사가 cook인 경우 간접목적어 앞에 전치사 for를 써준다.

05 been → being
현재진행 시제의 수동태는 「be + being + p.p.」로 쓴다.
해석 그 집은 지금 인부들에 의해 페인트칠되고 있는 중이다.

06 looked down → looked down on
look down on은 '~을 무시하다'의 의미의 동사구이며, 수동태로 쓸 때는 동사구를 하나의 덩어리로 취급하여 한꺼번에 써야 한다.
해석 유미는 그녀의 친구들에 의해 자신의 의견이 무시되는 것을 느꼈다.

07 should teach → should be taught
문맥상 '가르침을 받다'의 수동의 의미가 되어야 하므로 should teach를 수동태인 should be taught으로 고쳐야 한다.
해석 아이들은 그들의 부모에 의해 예의바르게 행동하는 방법을 배워야 한다.

08 pick → to pick[picking]
지각동사가 포함된 문장이 수동태로 쓰이면 원형부정사였던 목적격보어는 to부정사 또는 현재분사로 바뀐다.
해석 Niki가 공원에서 꽃을 꺾는 모습이 목격되었다.

09 I was advised by my brother to review my notes
목적격보어가 to부정사인 5형식 문장을 수동태로 쓸 때, 「be + p.p.」 뒤에 to부정사 목적격보어를 그대로 써준다.
해석 나의 형은 나에게 시험을 준비하기 위해 나의 노트를 복습하라고 조언해주었다.

10 have been reserved by
현재완료 시제 문장의 수동태는 「have[has]+been+p.p.」로 쓴다.
해석 모든 좌석이 손님들에 의해 예약되었다.

11 is looked up to
look up to는 '~에게 존경받다'의 의미이며, 수동태로 쓸 때는 한 단어처럼 붙여 쓴다.

12 is thought of as
「think of A as B」는 'A를 B라고 생각하다'의 의미이며, A에 해당하는 부분이 수동태의 주어가 된 문장이다. 따라서 「be+p.p.」 뒤에 of as가 이어서 나와야 한다.

13 was made fun of
make fun of는 '~을 놀리다'의 의미이며, 수동태로 쓸 때는 한 단어처럼 붙여 쓴다.

14 (1) was thought that she had died of a heart attack
(2) was thought to have died of a heart attack
(1) 목적어가 that절인 문장을 수동태로 쓸 때, 가주어 It을 사용해서 「It be+p.p. that ~」으로 쓸 수 있다.
(2) that절의 주어를 수동태의 주어로 쓰고, 「주어+be+p.p.+to부정사」로 쓴다. 이때 that절의 시제가 주절의 시제보다 앞설 때 「to have+p.p.」 형태로 쓴다.
해석 사람들은 그녀가 심장마비로 죽었다고 생각했다.

15 (1) was asked many questions by the child
(2) were asked of Henry by the child
(1) 4형식 문장의 간접목적어가 수동태의 주어가 되며, 주어가 3인칭 단수이고 과거 시제이므로 「was+p.p.」로 쓴다.
(2) 동사가 ask인 4형식 문장의 직접목적어가 수동태의 주어가 되면 간접목적어 앞에 전치사 of를 써준다.
해석 그 아이는 Henry에게 많은 질문을 했다.

16 My drawing can be submitted tomorrow (by me).
조동사가 포함된 문장의 수동태는 「조동사+be+p.p.」 형태로 쓴다.

17 will be displayed in the school lobby.
미래 시제의 수동태는 「will be+p.p.」 형태로 쓴다.

해석 Anna: 안녕, Mark! 너 미술 대회에 그림 제출했니?
Mark: 안녕, Anna! 물론이지. 넌?
Anna: 나는 내 그림을 내일 제출할 수 있을 것 같아. 오늘밤까지는 그림 그리기를 끝낼 거야.
Mark: 그 얘기 들었니? 우승 작품은 학교 로비에 전시될 거래.
Anna: 응, 들었어. 우리 둘 다 좋은 결과를 얻었으면 좋겠다.
Mark: 응, 행운을 빌어보자.

18 Many people were reported to have been wounded in the accident.

주어가 복수이고 시제가 과거이므로 be동사는 were를 쓴다. to부정사의 시제가 be동사보다 한 시제 앞서므로 「to have + p.p.」 형태로 써야 한다.

19 The door was found unlocked by the security guard.

능동태 문장인 'The security guard found the door unlocked.'에서 목적어인 the door가 수동태의 주어가 된 문장이다. 목적격보어인 분사 unlocked는 수동태에서 그대로 써준다.

20 Sophia was seen to get[getting] off the bus with her friends.

지각동사가 포함된 문장이 수동태로 쓰이면 원형부정사였던 목적격보어를 to부정사 또는 현재분사로 써야 한다.

21 ⓒ A bicycle was bought for my daughter.
ⓓ The same questions were asked of Catherine by many people.
ⓔ Mozart is believed to have written the song in 1786.

ⓒ 동사가 buy인 문장은 간접목적어를 주어로 하여 수동태를 쓸 수 없다.
ⓓ 동사가 ask인 문장의 직접목적어를 주어로 하여 수동태로 쓸 때 간접목적어 앞에 전치사 of를 붙여야 한다.
ⓔ to부정사가 주절보다 앞설 때는 완료부정사인 「to have + p.p.」 형태로 써야 한다.

해석 ⓐ 그녀는 낯선 사람이 말을 걸자 긴장했다.
ⓑ 별은 이 시골 어느 곳에서나 보여질 수 있다.
ⓒ 자전거가 나의 딸을 위해 구매되었다.
ⓓ 동일한 질문들이 많은 사람들에 의해 Catherine에게 물어졌다.
ⓔ 모차르트가 1786년에 이 곡을 썼다고 믿어진다.

22 ⓐ The plants are taken care of by a professional gardener.
ⓑ The pizza is expected to arrive soon.
ⓒ We were made to wait outside in the cold.
ⓓ The bridge has been repaired since the storm damage.

ⓐ 수동태 동사구인 be taken care of 뒤에 행위자를 나타내는 by를 써야 한다.
ⓑ expect는 to부정사를 목적격보어로 취하는 동사로, 수동태로 쓸 때에도 to부정사를 그대로 써준다.
ⓒ 사역동사가 쓰인 문장이 수동태가 되면, 원형부정사인 목적격보어를 to부정사로 바꿔 써야 한다.
ⓓ 문맥상 '수리되는'의 수동의 의미이므로 repairing을 repaired로 고쳐야 한다.

해석 ⓐ 식물들은 전문 정원사에 의해 돌보아진다.
ⓑ 피자는 곧 도착할 것으로 예상된다.
ⓒ 우리는 추운 날씨에 밖에서 기다리게 되었다.
ⓓ 그 다리는 폭풍 피해 이후로 수리되고 있다.
ⓔ 그 건물은 500년도 더 전에 건축되었다고 여겨진다.

23 ⓓ should do → should be done

'의무가 이행되다'의 수동의 의미가 되어야 하므로 수동태인 should be done으로 고쳐야 한다.

24 I was made to clean the bathroom by him.

사역동사 make가 쓰인 문장이 수동태가 되면 목적격보어를 to부정사로 바꿔 써야 한다.

25 for

동사가 cook인 4형식 문장을 직접목적어를 주어로 하여 수동태로 쓸 때 간접목적어 앞에 전치사 for가 쓰인다.

해석 엄마는 우리가 주말에 집안일을 돕기를 원하신다. 어제는 거실이 남동생에 의해 청소되었다. 접시는 여동생에 의해 닦였고, 세탁은 아빠에 의해 되고 있는 중이었다. 나 역시 나의 의무를 이행해야 했지만, 나는 더 자고 싶었다. 아빠는 내가 침대에 누워 있는 것을 보셨고, 지금 당장 내 의무를 이행해야 한다고 말씀하셨다. 결국 나는 아빠에 의해 화장실을 청소하게 되었다. 모든 집안일이 끝난 후에, 맛있는 아침식사가 엄마에 의해 우리를 위해 요리되었다.

CHAPTER 03 to부정사

Point 08 명사적 용법

A

1 To swim in this lake is very dangerous.
2 It is necessary to set an alarm for waking up on time.
3 My goal is to become a famous Youtuber.
4 My brother expects to graduate from college next year.
5 It is my biggest dream to travel the world.

B

1 I learned how to play the bass guitar.
2 Whom to invite is my first consideration.
3 Mark hasn't decided where to go for his vacation.
4 We discussed when to sell our old house.
5 I didn't know what to say to make her feel better.

C

1 That sign indicates where I should park my car.
2 To focus on classes is not easy.
3 It's hard to decide when to take a break during a busy day.
4 It was difficult to find out the cause of the fire.
5 I advised her on what she should say during the interview.
6 They need to practice for the upcoming game.

해석
1 저 표지판은 우리가 어디에 주차해야 하는지 알려준다.
2 수업에 집중하는 것은 쉽지 않다.
3 바쁜 하루 중 언제 휴식을 취해야 하는지 결정하는 것은 어렵다.
4 화재 원인을 알아내는 것은 어려웠다.
5 나는 그녀에게 인터뷰 동안 무엇을 말해야 하는지 조언해주었다.
6 그들은 다가올 경기에 대비해 연습할 필요가 있다.

Point 09 형용사적·부사적 용법

A

1 Jinsu left early to catch the train.
2 He is afraid to speak in public.
3 I have some questions to ask you.
4 She grew up to be a movie director.
5 You are foolish to miss such a great opportunity.

해석
1 진수는 기차를 잡기 위해 일찍 떠났다.
2 그는 사람들 앞에서 말하게 되어 두렵다.
3 나는 너에게 물어볼 질문이 몇 개 있다.
4 그녀는 자라서 영화감독이 되었다.
5 그렇게 좋은 기회를 놓치다니 너는 어리석구나.

B

1 I'm happy to bring you good news.
2 They have to walk many hours to get water.
3 There are different ways to handle the situation.
4 I have something important to discuss with my parents.
5 We need to find a hotel to stay in tonight.

C

1 There isn't anything cold to drink in the refrigerator.
2 I adopted a puppy to take care of as a family.
3 Eric got up early in order to see the sunrise.
4 He brought a folding chair to sit on at the beach.
5 Chris must be a genius to invent such a useful tool.
6 I'm ready to help you with your homework.

해석
1 냉장고에 시원한 마실 것이 아무것도 없다.
2 나는 가족으로서 돌볼 강아지 한 마리를 입양했다.
3 Eric은 해돋이를 보기 위해 일찍 일어났다.
4 그는 해변에서 앉을 접이식 의자를 가져왔다.
5 Chris가 이렇게 유용한 도구를 발명하다니 그는 천재임에 틀림없다.
6 나는 너의 숙제를 도와줄 준비가 되어 있다.

Point 10 목적격보어: to부정사와 원형부정사

A

1 (to) prepare　2 jump　3 cry[crying]
4 moved　5 to enter　6 painted
7 play　8 to come

해석
1 그는 그의 어머니가 저녁 준비하는 것을 도왔다.
2 나의 코치는 내가 매일 줄넘기를 하게 했다.
3 나는 누군가가 크게 우는[울고 있는] 것을 들었다.
4 그는 가구가 그의 새 집으로 옮겨지게 했다.
5 보안요원은 우리가 그 건물에 들어가도록 허락했다.
6 나의 엄마는 문이 파랑색으로 칠해지게 했다.
7 너는 너의 아이가 밤늦게 피아노를 치도록 허락해서는 안 된다.
8 그녀는 많은 사람들이 그녀의 생일에 그녀의 집에 올 것으로 기대했다.

B

1 I saw the ghost walk[walking] by.
2 The teacher helped us (to) understand the concept.
3 Jessica had her broken tablet PC fixed.
4 I don't want my sister to wear my clothes.
5 He encouraged me to join the book club.
6 I heard the news announced on TV.
7 The song made everyone dance.
8 The librarian let me use the computer to search for a book.

Point 11 의미상 주어와 부정 / seem to

A

1 for, him, to, concentrate
2 for, me, not, to, buy
3 for, them, to, finish
4 for, you, not, to experience
5 of, us, to, support

B

1 It is important for teens to set their goals.
2 It seemed that Eric knew a lot about the topic.
3 It was wise of her to treat him like that.
4 The temperature seemed to drop suddenly yesterday.
5 Sally decided not to accept the job offer.

C

1 It seems to take a lot of practice to master this skill.
2 Danny decided not to spend too much time on social media.
3 How foolish of him to make such a mistake!
4 It seems to be difficult for many people to save money.
5 It took 5 minutes for me to go through the tunnel.

해석
1 이 기술을 익히려면 많은 연습이 필요한 것 같다.
2 Danny는 소셜미디어에 너무 많은 시간을 쓰지 않기로 결심했다.
3 그런 실수를 하다니 그는 어리석구나!
4 많은 사람들에게 돈을 모으기란 어려운 것 같다.
5 내가 터널을 통과하는 데에는 5분이 걸렸다.

시험에 나오는 서술형

01 It, is, useful, to, learn

to부정사가 주어인 문장은 가주어 It을 쓰고 진주어인 to부정사를 뒤로 보내어 쓸 수 있다.
해석 외국어를 배우는 것은 유용하다.

02 in, order, to, focus

목적의 의미를 나타내는 부사적 용법의 to부정사는 in order to로 바꿔 쓸 수 있다.
해석 Dorothy는 공부에 집중하기 위해 그녀의 핸드폰을 껐다.

03 how, I, should, make

「의문사 + to부정사」는 「의문사 + 주어 + should + 동사원형」으로 바꿔 쓸 수 있다.
해석 그녀는 나에게 집에서 파스타 만드는 방법을 보여주었다.

04 It, seemed, that, Jessica, enjoyed
「seem + to부정사」는 「seem + that + 주어 + 동사」로 바꿔 쓸 수 있다. seem이 과거 시제인 seemed로 쓰였으므로 that절의 동사도 시제를 일치시켜야 한다.
해석 Jessica는 지난밤에 콘서트를 즐긴 것 같았다.

05 something sweet to eat
-thing으로 끝나는 대명사는 「-thing + 형용사 + to부정사」 어순으로 쓴다.
해석 나는 디저트로 먹을 달콤한 것을 원한다.

06 two more chairs to sit on
to부정사가 수식하는 명사가 전치사의 목적어이므로 to sit 뒤에 전치사 on을 붙여준다.
해석 우리는 앉을 의자가 두 개 더 필요하다.

07 These books are difficult for her to read.
형용사 difficult 뒤에 의미상 주어 for와 to부정사가 이어져야 한다.

08 (1) fly[flying] in the sky
(2) to[in order to] enter the university
(3) to be a famous actress
(1) watch가 지각동사로 쓰였으므로 목적격보어는 원형부정사 또는 현재분사로 쓴다.
(2) 문맥상 '~하기 위해'가 되어야 하므로 부사적 용법의 to부정사로 쓴다.
(3) 문맥상 '결과'를 나타내는 to부정사로 쓴다.
해석 (1) 그는 새들이 하늘로 날아가는 것을 지켜보았다.
(2) Steve는 그 대학에 입학하기 위해 열심히 공부했다.
(3) 예진이는 자라서 유명한 배우가 되었다.

09 play → play with
'~와 함께 놀다'의 의미가 되어야 하므로 play를 play with로 고쳐야 한다.
해석 그녀는 함께 놀 친구가 없다.

10 recovering → (to) recover
준사역동사 help는 목적격보어로 to부정사 또는 원형부정사를 취하므로 recovering을 (to) recover로 고쳐야 한다.
해석 그 의사는 환자가 빨리 회복하도록 도왔다.

11 to turn off
「ask + 목적어 + to부정사」로 쓴다.
해석 엄마는 나에게 나가기 전에 불을 끄라고 하셨다.

12 stolen
her purse(그녀의 지갑)와 steal(훔치다)이 수동의 관계이므로 목적격보어로 과거분사인 stolen이 와야 한다.
해석 그녀는 도서관에서 그녀의 지갑을 도둑맞았다.

13 enjoy
사역동사 let은 목적격보어로 원형부정사를 쓴다.
해석 가이드는 관광객들이 야시장에서 자유시간을 즐기도록 허락했다.

14 pass[passing]
지각동사 witness는 목적격보어로 원형부정사 또는 현재분사를 쓴다.
해석 우리는 퍼레이드가 중앙광장을 통과하는 것을 목격했다.

15 It was careless of him to make
사람의 성격·성품을 나타내는 형용사인 careless가 쓰였으므로 의미상 주어는 「of + 목적격」으로 쓰고 뒤에 to부정사를 이어서 쓴다.

16 Ted had his new flowers planted by me.
사역동사 had 뒤에 목적어(new flowers)가 와야 하고, 목적어와 plant의 관계가 수동이므로 목적격보어는 과거분사로 쓴다.

17 advised me not to drink
advise는 목적격보어로 to부정사를 취하는 동사이다. to부정사의 부정은 to부정사 앞에 not이나 never 같은 부정어를 써서 표현한다.

18 expect Andy to join, make him stay
expect는 목적격보어로 to부정사를 취하므로 to join으로 쓰고, make는 사역동사이므로 목적격보어로 원형부정사를 써준다.

19 Wendy watched the mechanic fixing her car in the garage.
watch의 목적어인 the mechanic을 쓴 후, 목적어를 보충 설명하는 목적격보어를 써주면 된다. watch가 지각동사로 쓰였으므로 목적격보어로 현재분사를 이어서 써준다.

20 (1) go, to, Bill's, house
(2) him, to, come, back
(1) let의 목적격보어인 원형부정사 go를 사용해서 써준다.
(2) 「ask + 목적어 + to부정사」 형태로 쓴다.
해석 Tony: 엄마, 제가 지금 Bill의 집에 가도 될까요?
Mom: 물론이지. 하지만 6시까지 집에 돌아와야 해.
→ Tony의 엄마는 Tony가 Bill의 집에 가도록 허락했지만, 그에게 6시까지는 돌아오라고 했다.

21 ⓑ washed → wash ⓒ talk → talk about
ⓓ to not → not to
ⓑ 사역동사 had의 목적어와 목적격보어의 관계가 능동이므로 원형부정사인 wash로 고쳐야 한다.
ⓒ '~에 관해 이야기할 주제'의 의미가 되어야 하므로 talk about으로 써야 한다.
ⓓ to부정사의 부정은 「not[never] + to부정사」로 쓴다.
해석 ⓐ 그 영화는 아이들이 보기에는 지루하다.
ⓑ 아빠께서 나에게 차를 닦으라고 시키셨다.
ⓒ 선생님께서 우리에게 이야기할 주제를 주셨다.
ⓓ 그녀는 내 비밀을 아무에게도 말하지 않겠다고 약속했다.
ⓔ 그들은 성적을 향상시키기 위해서 무엇을 해야 하는지 토론했다.

22 ⓒ hanging → (to) hang ⓓ for → of
ⓔ to perform → perform[performing]
ⓒ 준사역동사인 help는 목적격보어로 원형부정사나 to부정사를 모두 취할 수 있다.
ⓓ 사람의 성격·성품을 나타내는 형용사인 kind가 쓰였으므로 의미상 주어는 「of + 목적격」으로 쓴다.
ⓔ 지각동사의 목적격보어는 원형부정사 또는 현재분사로 쓴다.
해석 ⓐ 다른 사람들에게 공손한 것은 매우 중요하다.
ⓑ 환불받는 유일한 방법은 영수증을 제시하는 것이다.
ⓒ 그는 내가 벽에 이 그림을 거는 것을 도와주었다.
ⓓ 내 숙제를 도와주다니 너는 참 친절하구나.
ⓔ 나는 그 무용수가 무대에서 공연하는 것을 보았다.

23 I started to save[saving] money to buy a guitar.
start는 목적어로 to부정사와 동명사를 모두 취할 수 있다. '~하기 위해'의 의미는 to부정사의 부사적 용법으로 쓴다.

24 (1) pursue → to pursue
(2) perform → (to) perform
(1) allow는 목적격보어로 to부정사를 취하므로 pursue를 to pursue로 고쳐야 한다.
(2) to부정사 보어가 and로 인해 to join과 to perform으로 연결된 문장이다. and 뒤의 두 번째 to부정사는 to를 생략하여 쓰기도 한다.
해석 나는 음악을 정말 좋아하지만, 나의 부모님은 내가 학업에 더 집중하기를 원하셨다. 나는 더 열심히 공부하겠다고 부모님께 약속했고, 결국 부모님은 내가 나의 꿈을 좇는 것을 허락하셨다. 나는 기타를 사기 위해 돈 모으기를 시작했고, 결국 내가 갖고 싶어 했던 기타를 살 수 있었다. 이제 나는 기타 연주하는 방법을 배우고 있다. 코드를 연습하는 것은 나의 음악적 기술을 향상시키는 것을 도와준다. 내 꿈은 밴드에 가입해서 무대 위에서 라이브 공연을 하는 것이다. 나는 숙련된 기타리스트가 되기 위한 목표를 성취하기 위해 규칙적으로 연습을 계속할 계획이다.

CHAPTER 04 동명사

Point 12 동사의 목적어로 쓰이는 동명사

A

1 talking 2 to answer 3 to help
4 lending 5 to win 6 to stay
7 taking 8 writing 9 eating
10 calling

해석

1 Jenny는 자신의 개인 생활에 대해 이야기하는 것을 피한다.
2 Mike는 그 질문에 답하기를 거절했다.
3 그는 노인이 길을 건너는 것을 돕기 위해 멈췄다.
4 Susan은 친구들에게 자신의 책을 빌려주는 것을 꺼려하지 않는다.
5 그는 올림픽 경기에서 금메달을 따기를 희망했다.
6 나는 면접 동안 차분해지려고 노력했다.
7 Peter는 교통체증을 피하기 위해 다른 길로 가자고 제안했다.
8 Emily는 주말까지 그녀의 에세이 쓰는 것을 미뤘다.
9 나는 건강을 향상시키기 위해 정크 푸드 먹는 것을 멈추었다.
10 Amy는 David에게 전화를 걸어봤지만, 그의 전화는 꺼져있었다.

B

1 to join 2 saying 3 to call
4 to inform 5 to lock 6 traveling

해석

1 Wendy는 저녁에 요가 수업에 참가해야 할 것을 기억한다.
2 Juliuss는 그의 친구에게 그런 상처 주는 말을 한 것을 후회한다.
3 너 나에게 아침 일찍 전화해야 하는 걸 잊지 마.
4 당신이 해고되었음을 알려드려야 해서 유감입니다.
5 네가 떠날 때 문을 잠가야 하는 것을 기억해라.
6 Jacob은 처음 런던으로 여행했던 때를 절대 잊지 않을 것이다.

Point 13 전치사의 목적어로 쓰이는 동명사

A

1 taking 2 saying 3 to cut
4 reducing 5 saving 6 to announce
7 starting 8 living

해석

1 Jessy는 사진작가이다. 그녀는 풍경사진을 잘 찍는다.
2 우리는 Kevin이 한 마디 말도 없이 떠나서 매우 당황했다.
3 도끼나 톱 같은 도구들은 나무를 베기 위해 사용된다.
4 우리는 에너지 소비를 줄이는 것에 대한 해결책이 필요하다.
5 돈을 모으는 비결은 신중하게 예산을 짜는 것이다.
6 Wendy는 그녀의 신곡을 이제 막 대중에게 발표하려는 참이다.
7 Chris는 이번 달에 그의 새 직업을 시작하는 것에 대해 이야기하고 있다.
8 그들은 시끄러운 동네에 사는 것에 익숙하다.

B

1 is used to staying up late watching TV
2 is looking forward to making new friends
3 was devoted to writing his grammar book
4 reacted to hearing the news with surprise
5 object to working on weekends
6 from preparing meals to cleaning the house
7 reaction to running into Jacob was a bright smile
8 is committed to protecting the environment

Point 14 동명사 관용 표현

A

1 couldn't, help, smiling 2 feel, like, going
3 Upon[On], seeing 4 about, to, call
5 no, use, complaining 6 is, worth, watching

해석

1 우리는 그 귀여운 아기를 보고 미소 짓지 않을 수 없었다.
2 나는 기분전환을 위해 여행을 가고 싶다.
3 그 개는 나를 보자마자 짖기 시작했다.
4 David는 Jina에게 막 전화를 걸려던 참이었다.
5 이미 일어난 일에 대해 불평해봐야 소용없다.
6 긴 상영시간에도 불구하고 이 영화는 볼만한 가치가 있다.

B

1 Emily is busy taking care of her baby.
2 Jake goes scuba-diving every summer vacation.
3 I spent the weekend reading comic books.
4 Heavy rain prevented Robin from going home.
5 Kelly had trouble understanding how to use the new smartphone.
6 It is no use blaming yourself for the mistake.
7 I feel like eating ice cream on a hot day.
8 It is useless to wait for an answer from them.

시험에 나오는 서술형

01 He had to give up playing soccer
과거 시제이므로 had to로 쓰고, give up은 목적어로 동명사를 취한다.

02 We regret to inform you that
'~하게 되어 유감이다'는 「regret+to부정사」로 표현한다.

03 She stopped to buy some groceries
stop 뒤에 오는 to부정사는 '~하기 위해'의 뜻으로 부사적 용법으로 쓰인 것이다.

04 (1) drinking (2) sleeping (3) falling (4) to change (5) making (6) to walk
(1) 「stop+-ing」: '~을 멈추다'

(2) 「have difficulty + -ing」: '~하는 데에 어려움을 겪다'
(3) 「prevent + 목적어 + from + -ing」: '(목적어가) ~하는 것을 막다'
(4) 「decide + to부정사」: ~을 결심하다
(5) 「be used to + -ing」: ~하는 데 익숙하다
(6) rather than 뒤에 to부정사가 있으므로 형태를 동일하게 써줘야 한다.

해석 Robert는 커피 마시는 것을 그만두었는데, 왜냐하면 밤에 잠이 드는 데 어려움을 겪었기 때문이다. 그는 커피에 든 너무 많은 카페인이 그가 잠드는 것을 막는다고 생각했고, 마시는 습관을 바꾸기로 결정했다. 그는 하루에 네 잔씩 매일 커피를 마시곤 했지만, 이제 그는 당근주스, 양배추주스 같은 건강에 좋은 음료를 만드는 것에 익숙하다. 그는 또한 숙면을 위해 매일 운동을 한다. 그는 대게 뛰는 것보다 빨리 걷는 것을 선호한다.

05 (1) staying up (2) doing (3) finishing (4) getting

(1) mind는 동명사를 목적어로 취한다.
(2) 「can't help + -ing」: '~하지 않을 수 없다'
(3) 「upon + -ing」: '~하자마자'
(4) 「look forward to + -ing」: '~을 고대하다'

해석 Emma는 숙제를 끝내기 위해 늦게까지 깨어 있는 것을 개의치 않았다. 그녀는 매우 피곤했지만 제시간에 숙제를 끝내기 위해 최선을 다하지 않을 수 없었다. 숙제를 끝내자마자, 그녀는 안도감을 느꼈고 그날 밤 잘 잘 수 있었다. 이제 그녀는 좋은 성적을 받기를 기대하고 있다.

06 to play → playing

quit은 동명사를 목적어로 취하는 동사이므로 to play를 playing으로 고쳐야 한다.

07 making → to make

앞으로 해야 할 일을 잊은 것이므로 동명사 making을 to부정사 to make로 고쳐야 한다.

08 use → using

object to의 to는 to부정사가 아닌 전치사이므로 뒤에 동명사 using이 와야 한다.

09 enjoys, eating

enjoys는 동명사를 목적어로 취한다.

해석 Irene은 달콤한 디저트 먹는 것을 즐긴다.

10 focusing, reading

is 뒤에 빈칸이 있으므로 현재진행형인 focusing으로 써야 하고, 전치사 on 뒤에 동명사로 써야 한다.

해석 지민이는 책 읽는 것에 집중하고 있다.

11 busy, taking

「be busy + -ing」: '~하느라 바쁘다'

해석 Amy는 손님들로부터 주문을 받느라 바쁘다.

12 As, soon, as, heard

「upon + -ing」는 「as soon as + 주어 + 동사」와 같은 의미이다. 시제를 일치시켜 과거 시제인 heard로 쓴다.

해석 그녀는 좋은 소식을 듣자마자, 그녀의 가족에게 전화했다.

13 had, gone, fishing

'(과거에) ~했던 것을 기억하다'의 의미이므로 주절의 시제보다 한 시제 더 앞선 과거완료 시제로 써준다.

해석 Tony는 어린 시절에 그의 아버지와 함께 낚시를 갔던 것을 기억했다.

14 I feel like taking a short break

「feel like + -ing」: '~하고 싶다'

15 I'm just about to eat

「be about to + -ing」: '막 ~하려던 참이다'

해석 Sally: 이봐, David. 우리의 프로젝트를 시작할 준비가 됐니?
David: 아직 아니야. 나는 우리가 시작하기 전에 짧은 휴식을 취하고 싶어.
Sally: 좋아. 나도 잠깐 간식을 먹으려던 참이야. 준비되면 나에게 알려줘.

16 ⓑ to tell → telling ⓓ to try → trying ⓔ to lose → losing

ⓑ 문맥상 '~했던 것을 후회했다'의 의미가 되어야 하므로 to tell을 동명사인 telling으로 고쳐야 한다.
ⓓ 「It is no use + -ing」: '~하는 것은 소용없다'
ⓔ consider는 동명사를 목적어로 취하는 동사이다.

해석 ⓐ William은 그 오래된 컴퓨터를 바꾸자고 제안했다.
ⓑ Jane은 며칠 전에 거짓말했던 것을 후회했다.
ⓒ 우리 가족 모두는 주말에 집에 머무는 것을 선호한다.
ⓓ Chris를 설득하려고 해봐야 소용없다.
ⓔ 나는 체중을 줄이는 것을 고려하고 있다.

17 ⓐ joining → to join ⓑ to take → taking ⓒ to buy → buying

ⓐ promise는 to부정사를 목적어로 취하는 동사이다.
ⓑ allow가 5형식으로 쓰이면 목적격보어로 to부정사를 취하지만, 3형식으로 쓰일 땐 목적어로 동명사를 취한다.
ⓒ 「spend + 돈·시간 + -ing」: ~하는 데 돈·시간을 쓰다

해석 ⓐ Crystal은 학교 밴드에 가입하겠다고 약속했다.
ⓑ 그 박물관은 플래시 없이 사진 찍는 것을 허용한다.
ⓒ Lisa는 그 다이아몬드 목걸이를 사는 데에 너무 많은 돈을 썼다.
ⓓ 하준이는 대학을 졸업한 후에도 공부를 계속했다.
ⓔ 비가 심하게 내리기 시작하자 우리는 등산을 포기했다.

18 ⓐ to protect → protecting ⓓ viewing → view ⓔ live → living

ⓐ 문맥상 '막 ~하려던 참이다'가 아닌 '~에 관한 것이다'의 의미이므로, 전치사 about 뒤에 동명사가 와야 한다.
ⓓ 「be used + to부정사」: '~하기 위해 사용되다'
ⓔ 「be used to + -ing」: ~하는 데 익숙하다

해석 ⓐ 오늘의 주제는 멸종 위기에 처한 동물을 보호하기에 대한 것이다.
ⓑ 기차가 막 출발하려 하니, 서둘러주시기 바랍니다.
ⓒ 나는 다음 달에 휴가를 떠날 생각이다.
ⓓ 망원경은 멀리 있는 별들을 보기 위해 사용된다.
ⓔ Charlie는 대도시에서 사는 것에 익숙하다.

19 Jogging is worth doing to maintain good health.

'~할 가치가 있다'의 의미를 나타내는 「be worth + -ing」 구문을 사용하여 쓴다.

20 getting used to walking

문맥상 '걷는 것에 익숙해지는 것부터 시작해라'의 의미가 되어야 하므로 「get used to + -ing」 구문을 사용하여 쓴다.

21 to become → from becoming

'(목적어가) ~하는 것을 막다'의 의미가 되어야 하므로 「keep + 목적어 + from + -ing」 구문을 사용하여 문장을 고쳐야 한다.

22 strengthening, improving, reducing

전치사 by 뒤에는 동명사가 와야 한다. and로 이어지는 부분도 동일한 형태로 써준다.

해석 조깅은 건강한 상태를 유지하기 위해 할 가치가 있다. 무엇보다도, 그것은 너의 심장을 강화해주고 혈액의 흐름을 개선해준다. 규칙적으로 조깅하는 것은 또한 너의 체중을 조절하는 것에도 도움을

준다. 그것은 네가 과체중이 되지 못하게 막는다. 그것은 또한 스트레스를 줄여주고 기분을 향상시켜주는 엔돌핀을 분비함으로써, 네가 행복한 기분을 느끼게 만들어준다. 만약 달리는 것이 어렵다면, 걷는 것에 익숙해지는 것부터 시작해라. 걷는 것이 편해졌다면, 천천히 뛰어보아라. 5분에서 10분으로 점차 시간을 늘리다보면, 너는 곧 조깅이 즐거운 운동이 될 수 있다는 것을 발견하게 될 것이다.

CHAPTER
05 분사

Point 15 분사의 종류와 역할

A

1 attending 2 written 3 surprising
4 interested 5 unlocked 6 flying
7 annoyed 8 boiled

해석
1 회의에 참석한 학생들은 동호회의 미래 계획에 대해 토론하고 있다.
2 그 소설은 김동인에 의해 쓰여졌다.
3 선생님은 놀라운 발표를 했다.
4 봉사활동에 관심이 있는 많은 학생들이 있다.
5 Danny는 그의 집의 정문이 잠겨 있지 않은 것을 발견했다.
6 하늘을 날고 있는 비행기의 소음이 멀어져 갔다.
7 무엇이 너를 짜증나게 했니?
8 나는 점심으로 약간의 과일과 삶은 계란을 먹었다.

B

1 We were very shocked by the news.
2 She was disappointed to receive a low grade.
3 There are many people waiting for the bus.
4 The house built by my father is very sturdy.
5 The old machine needs to be repaired for safety.
6 I saw an injured soldier lying on the bed.
7 His stolen car was found in a parking lot.
8 The dancing couple attracted everyone's attention.

Point 16 분사구문

A

1 Seeing the police 2 Feeling better
3 Not knowing him well 4 It being a really hot day
5 Hiking up the mountain

해석
1 경찰을 보자마자, 그는 도망갔다.
2 기분이 좋아지면, 그녀는 우리와 저녁 식사에 함께 할 거야.
3 그를 잘 몰랐기 때문에, 나는 그가 말하는 것을 믿을 수 없었다.
4 날씨가 매우 더웠기 때문에, 나는 물을 많이 마셨다.
5 등산하는 동안, 그들은 아름다운 풍경을 즐겼다.

B

1 Hearing my name called, I pretended
2 Exercising regularly, I can keep
3 Taking a walk, they talked about
4 The doorbell ringing, my dog started
5 Not living with my family, I miss them
6 It snowing today, I won't drive
7 My father driving the car, I answered the phone
8 While listening to music, Kate read

Point 17 주의해야 할 분사구문

A

1 Seeing → Having seen
2 Surrounding → Surrounded
3 Playing → Having played
4 crossing → crossed
5 Training → (Having been) trained
6 covering → covered
7 waiting → waited
8 choosing → chosen

해석
1 이전에 그 영화를 봤기 때문에, 나는 그것을 다시 보고 싶지 않다.
2 친구들에게 둘러싸여, 그녀는 안정과 행복을 느꼈다.
3 어제 하루 종일 축구를 했기 때문에, 그 소년들은 지금 매우 피곤하다.
4 그는 다리를 꼰 채로 책을 읽었다.
5 경기 날까지 열심히 훈련받았었기 때문에, 그 팀은 잘 대비되어 있었다.
6 그는 장화에 먼지가 뒤덮인 채로 교실에 들어왔다.
7 몇 시간 동안 기다린 끝에, 그들은 마침내 식당에서 자리를 얻었다.
8 그 팀의 일원으로 선발되어, 그는 매우 자랑스러웠다.

B

1 (Being) invited to the party, she felt very excited.
2 (Having been) built a long time ago, the pyramids remain nearly perfect.
3 Harry was playing a computer game with the door locked. / With the door locked, Harry was playing a computer game.
4 (Being) sick with a high fever, Sarah stayed home all day.
5 (Being) known for its beautiful beaches, the island attracts many tourists.
6 I began assembling the furniture with the instructions understood.
7 (Being) decorated with various flowers, the wedding hall looked beautiful.
8 With the washing machine running, Lisa did the dishes. / Lisa did the dishes with the washing machine running.

시험에 나오는 서술형

01 hidden

'숨겨진'의 수동의 의미이므로 과거분사 hidden이 알맞다.

해석 매트 아래 숨겨진 열쇠가 안에 들어갈 수 있는 유일한 방법이었다.

02 shining

'빛나는'의 능동의 의미이므로 현재분사 shining이 알맞다.

해석 빛나는 태양이 쌀쌀한 아침 공기를 따뜻하게 했다.

03 amazing

'놀라게 하는,' '놀라운'의 의미로, 감정을 일으키는 원인이므로 현재분사 amazing이 알맞다.

해석 우리는 지난 밤 극장에서 놀라운 쇼를 보았다.

04 disappointed

'~에 실망한'의 의미로, 감정을 느끼는 주체이므로 과거분사 disappointed가 알맞다.

해석 A: 지난밤에 영화 어땠니?
B: 글쎄, 줄거리와 연기에 실망했어.

05 The mountain covered with snow looked

cover가 The mountain을 수동의 의미로 수식하므로 과거분사 covered를 사용하여 쓴다.

06 The plants growing in the garden need

grow가 plants를 '자라고 있는'의 진행의 의미로 수식하므로 현재분사 growing을 사용하여 쓴다.

07 There is a fence made of wood

make가 a fence를 '만들어진'의 수동의 의미로 수식하므로 과거분사 made를 사용하여 쓴다.

08 (1) crowded (2) waiting (3) interested (4) exciting

(1) '(어떤 장소를) ~로 가득 메운'의 의미로, 과거분사가 적절하다.
(2) '줄을 서고 있는'의 능동의 의미이므로 현재분사가 적절하다.
(3) '~에 관심이 있는'의 의미이므로 과거분사가 적절하다.
(4) '흥분시키는'의 의미이므로 현재분사가 적절하다.

해석 지난 주말, 나는 집 근처에 있는 서점에 갔다. 그곳에서는 한 작가의 출간 기념회가 열리고 있었다. 그 작가의 사인을 받기 위해 줄을 서고 있는 사람들로 매우 붐볐다. 운 좋게도 나는 그 작가가 내가 매우 관심 있어 하는 작가라는 걸 알아챘다. 나는 줄을 섰고 마침내 그와 몇 분 동안 이야기를 나눌 수 있었다. 우연히 내가 좋아하는 작가를 만나게 되어 흥미로운 경험이었다.

09 Having not → Not having

분사구문의 부정은 분사구문 앞에 부정어 not이나 never를 써서 나타낸다.

해석 하루 종일 아무것도 먹지 못했기 때문에, 그는 매우 배가 고팠다.

10 Shocking → Shocked

'~에 충격을 받은'의 수동의 의미이므로 현재분사 Shocking을 과거분사 Shocked로 고쳐야 한다.

해석 그 소식에 충격을 받아서, 그는 한 마디도 할 수 없었다.

11 computer broken → broken computer

분사가 단독으로 명사를 수식할 때는 명사 앞에서 수식한다.

해석 나는 그 고장 난 컴퓨터를 수리하기보다는 교체하고 싶다.

12 fallen → falling

「with + 명사 + 분사」 구문에서, 명사와 분사와의 관계가 '눈이 내리는'의 뜻으로 능동의 관계이므로 과거분사 fallen을 현재분사 falling으로 고쳐야 한다.

해석 산 정상에 서서, 그녀는 주변에 부드럽게 내리는 눈과 함께 경치를 즐겼다.

13 Not knowing how to make kimchi

분사구문의 부정은 분사구문 앞에 부정어 not이나 never를 써서 나타낸다.

해석 김치 만드는 방법을 몰랐기 때문에, Jane은 그녀의 한국인 친구에게 전화를 걸었다.

14 Tom making a noise in the library

부사절의 주어와 주절의 주어가 동일하지 않을 때는, 분사구문 앞에 주어를 그대로 써준다.

해석 Tom이 도서관에서 시끄럽게 했을 때, 나는 그에게 조용히 해달라고 요청했다.

15 (Having been) told the news

부사절의 시제가 주절보다 앞서므로 완료분사구문 형태인 「Having + p.p.」형태로 써준다. 수동태이므로 Having been told가 적절하다.

해석 그 뉴스를 듣고 난 후에, 그는 더 이상 일에 집중할 수 없었다.

16 (1) Because he didn't have a car
(2) If he practices regularly
(3) Though she was tired

(1) 분사구문 앞에 Not이 있으므로 부정문으로 써야 한다. 문맥상 이유를 나타내므로 접속사 Because를 사용하여 쓴다.
(2) 문맥상 조건을 나타내므로 접속사 If를 사용하여 쓴다.
(3) 문맥상 양보를 나타내므로 접속사 Though를 사용하여 쓴다.

해석 (1) 자동차가 없었기 때문에, 그는 자전거로 통근했다.
(2) 규칙적으로 연습한다면, 그는 운전 시험에 합격할 것이다.
(3) 피곤했음에도 불구하고, 그녀는 그 콘서트를 놓치고 싶지 않았다.

17 with, on, closed

「with + 명사 + 분사[전치사/형용사]」는 동시 상황을 나타내는 분사구문이다. '~을 쓰고 있는'을 나타내는 전치사 on은 그대로 써 주고, his eyes와 close는 수동의 관계이므로 과거분사로 쓴다.

해석 그 소년은 헤드폰을 쓰고 눈을 감은 채로 음악을 듣고 있다.

18 choosing a dress looked very embarrassed

'고르고 있는'은 진행의 의미를 나타내는 현재분사 choosing으로 쓴다. '당황한'은 감정을 '느끼는' 것이므로 과거분사로 쓰는 것이 적절하다.

19 ⓐ learning → learned ⓔ satisfying → satisfied

ⓐ 완료시제이므로 「have + p.p.」 형태로 써야 한다. 따라서 learning을 과거분사인 learned로 고쳐야 한다.
ⓔ '만족한'의 수동의 의미이므로 과거분사 satisfied로 고쳐야 한다.

해석 나는 세 달 동안 빵 굽는 방법을 배웠다. 지난주에, 나의 최초의 케이크를 굽고 나서, 그것이 어찌나 맛있게 완성되었는지 깜짝 놀랐다. 생크림과 딸기로 그것을 장식한 후에, 자른 조각을 가족, 친구들과 나누었다. 그들이 케이크를 너무나 맛있게 즐겨주어서 나는 매우 만족스러웠다.

20 (1) Looking out the window, he saw a rainbow.
(2) Turning on his computer, he sent an e-mail to his customers.
(3) (Having been) disappointed at her lie, he didn't say a word to her.

(1), (2) (A)와 (B)의 시제가 동일하고 능동의 의미이므로, 현재분사를 사용하여 분사구문으로 쓴다.
(3) (A)의 시제가 (B)의 시제보다 앞서므로 완료분사형태인 「Having + p.p.」로 써야 한다. 수동태이므로 「Having been + p.p.」의 형태가 되는데, 이때 Having been은 생략 가능하다.

해석 (1) 창문 밖을 보는 동안, 그는 무지개를 보았다.
(2) 컴퓨터를 켠 후에, 그는 그의 고객들에게 이메일을 보냈다.
(3) 그녀의 거짓말에 실망했었기 때문에, 그는 그녀에게 한 마디도 하지 않았다.

21 ⓑ seen → seeing[I saw] ⓓ run → running
ⓔ praising → praised

ⓑ '보다'의 능동의 의미이므로 현재분사 seeing으로 고쳐야 한다. 또는 I saw를 써서 부사절로 나타낼 수도 있다.

ⓓ the fan과 run은 능동의 관계이므로 현재분사 running이 되어야 한다.

ⓔ '칭찬 받은'의 수동의 의미이므로 praising을 과거분사인 praised로 고쳐야 한다.

해석 ⓐ 해가 뜨는 것을 보면서, 나는 소원을 빌었다.
ⓑ 먹구름을 보자마자, 나는 집으로 뛰어 갔다.
ⓒ 돈이 충분히 없었기 때문에, 나는 그 가방을 사지 못했다.
ⓓ 아버지는 선풍기가 조용히 돌아가고 있는 상태에서 소파에서 주무시고 계셨다.
ⓔ 작업에 대해 칭찬 받았기 때문에, 그녀는 자랑스러웠다.

22 (1) Walking (2) leaning (3) Watching (4) Refreshed

(1), (2), (3) 능동의 의미이므로 현재분사로 쓴다.
(4) '상쾌해진'의 수동의 의미이므로 과거분사로 쓴다.

23 Because she had spent most of her days in the busy city, she felt that this moment was precious.

완료형 분사구문은 부사절이 주절보다 한 시제 앞설 때 사용하므로, 부사절을 과거완료 시제로 써야 한다.

 조용한 숲속을 걷는 동안, Sarah는 오랫동안 경험해보지 못했던 평화로움을 느꼈다. 그녀는 상쾌한 공기를 깊게 들이마셨다. 그녀의 대부분의 삶을 바쁜 도시에서 보내왔었기 때문에, 그녀는 이 순간이 소중하다고 느꼈다. 그녀는 커다란 참나무에 등을 기댄 채 앉았다. 햇빛이 나뭇잎들 사이로 스며드는 것을 보면서, 그녀는 그녀의 걱정들이 녹아내리는 것을 느꼈다. 자연에 의해 상쾌해져서, 그녀는 더 자주 숲을 방문해야 겠다고 결심했다.

CHAPTER 06 비교

Point 18 주요 비교급 표현

A

1 The colder, the more clothes
2 The better, the less pain
3 The more challenges, the stronger
4 The faster, the sooner
5 senior to
6 junior to
7 watching movies to

해석
1 날씨가 더 추워질수록, 더 많은 옷을 입을 필요가 있다.
2 그녀의 병이 좋아질수록, 그녀는 통증을 덜 느끼게 될 것이다.
3 더 많은 도전에 직면할수록, 우리는 더 강해진다.
4 더 빨리 걸을수록, 더 빨리 집에 도착할 것이다.
5 Amy는 고등학교 2학년이고, Roy는 고등학교 1학년이다.
= Amy는 Roy보다 선배이다.
6 나는 17살이고, Gary는 14살이다.
= Gary는 나보다 후배이다.
7 Emily는 독서를 좋아하지만, 영화 보는 것은 더 좋아한다.
= Emily는 독서보다 영화 보는 것을 선호한다.

B

1 The higher you go up, the farther you can see.
2 The lighter a drone is, the less energy it uses.
3 Her writing skills are superior to others' in her class.
4 The harder you work, the better the results will be.
5 The fewer products we buy, the more resources we save.
6 The patient must fast for eight hours prior to the surgery.
7 The taller the building, the better the view from the top.

Point 19 비교급·최상급 관용 표현

A

1 sooner had she sat on the sofa than the doorbell rang
2 sooner had Crystal arrived at the beach than it started to rain
3 the tallest building that I have ever visited
4 This park is one of the most beautiful places
5 is the fastest car that Emily has ever driven
6 sooner had Danny opened the door than his dog ran outside
7 He is one of the most famous doctors
8 sooner had I got into bed than I fell asleep

B

1 stronger → strongest 2 I had → had I
3 park → parks 4 had → have
5 arrive → arrived 6 more → most
7 have → had 8 experience → experienced

해석
1 그녀는 그 직급에 가장 유력한 후보자 중 한 명이다.
2 내가 세차를 마치자마자 비가 오기 시작했다.
3 이것은 이 주(州)에서 가장 큰 공원 중 하나이다.
4 이것은 내가 읽어본 것 중 가장 긴 소설이다.
5 내가 저녁식사 요리를 끝내자마자 손님들이 도착했다.
6 이것은 내가 본 것 중 가장 흥미진진한 경기이다.
7 우리가 역에 도착하자마자 기차가 떠났다.
8 이것은 그가 경험한 것 중 가장 추운 겨울이다.

Point 20 원급·비교급을 사용한 최상급 표현

A

1 (1) History is more interesting than any other subject[all the other subjects].
(2) No (other) subject is as interesting as history.
(3) No (other) subject is more interesting than history.
2 (1) Asia is larger than any other continent[all the other continents] in the world.
(2) No (other) continent in the world is as large as Asia.
(3) No (other) continent in the world is larger than Asia.
3 (1) Friendship is more important than any other thing[anything else/all the other things].
(2) No other thing[Nothing] is as important as

friendship.

(3) No other thing[Nothing] is more important than friendship.

4 (1) Venus is brighter than any other planet[all the other planets] in the night sky.

(2) No (other) planet in the night sky is as bright as Venus.

(3) No (other) planet in the night sky is brighter than Venus.

5 (1) Elephants are stronger than any other animal[all the other animals].

(2) No (other) animal is as strong as elephants.

(3) No (other) animal is stronger than elephants.

해석

1 역사는 가장 흥미로운 과목이다.

2 아시아는 세계에서 가장 큰 대륙이다.

3 우정은 가장 중요하다.

4 금성은 밤하늘에서 다른 어떤 행성보다 더 밝다.

5 코끼리는 동물들 중 가장 힘이 세다.

B

1 No other lake is deeper than Lake Baikal.

2 This dish is spicier than any other food on the menu.

3 No other movie is sadder than *Love Letter*.

4 The weather today is warmer than all the other days this week.

5 No other insect is as colorful as a butterfly.

시험에 나오는 서술형

01 the, richer

문맥상 rich가 들어가야 하고, 「the 비교급 ~+the 비교급 ...」 구문이므로 richer로 써야 한다.

해석 더 많이 저축할수록, 삶은 더 풍요로워진다.

02 junior

Mike의 나이가 Joy보다 두 살 적으므로 junior(손아래의)를 쓰는 것이 적절하다.

해석 Mike는 Joy보다 손아래이다. Mike는 15살이고, Joy는 17살이다.

03 bigger, than

빈칸 뒤에 any other가 이어지므로, 비교급을 이용한 최상급 표현임을 알 수 있다.

해석 태양은 우리가 맨 눈으로 볼 수 있는 어떤 다른 별보다도 더 크다.

04 the, laziest

문맥상 lazy가 적절하며, 빈칸 뒤에 「that+주어+have ever+p.p.」가 있으므로 최상급으로 써야 한다.

해석 Roy는 내가 지금까지 알아 온 가장 게으른 사람이다. 그는 항상 늦고 결코 열심히 일하지 않는다.

05 prefer, to

'A보다 B를 더 선호하다'는 「prefer A to B」로 표현한다.

해석 커피 안에 있는 카페인이 내가 잠에서 깨는 것을 돕기 때문에, 나는 아침에 주스보다 커피를 선호한다.

06 As, we, waste, less

「the 비교급 ~+the 비교급 ...」 구문은 「As+주어+동사 ~」로도 표현할 수 있다.

해석 우리가 덜 낭비할수록, 환경은 더 좋아질 것이다.

07 the, smartest

원급 비교를 사용하여 최상급의 의미를 나타내고 있으므로, 「the+최상급」으로 써준다.

해석 나는 아인슈타인만큼 똑똑한 사람에 대해 결코 들어본 적이 없다.

08 inferior, to

문맥상 superior의 반대말을 써야 한다. superior to는 '~보다 우수한'의 의미이고 그 반대말인 inferior to는 '~보다 못한, 열등한'의 의미이다.

해석 수미의 성적은 Mike의 성적보다 우수하다.

09 No, sooner, had, than

As soon as는 '~하자마자'라는 의미를 갖는 접속사이므로, No sooner had가 적절하다. No sooner가 들어가는 문장의 동사를 과거완료로 써야 함에 유의한다.

해석 Amy는 깨자마자 시계를 쳐다보았다.

10 sweeter, than, desserts

최상급 문장은 「비교급+than+all the other+복수명사」로 나타낼 수 있다.

해석 이 케이크는 파티에서 가장 달콤한 디저트이다.

11 are, superior, to, Jacob's

'~보다 우수하다'는 superior to로 표현하며, Jacob's cooking skills를 Jacob's로 줄여서 소유대명사로 써야 함에 유의한다.

12 prefers, jogging, to, reading

'A보다 B를 더 선호하다'는 「prefer A to B」로 표현한다.

13 The, better, the, farther

「the 비교급 ~+the 비교급 ...」 구문으로, far의 비교급으로 farther를 써야 함에 유의한다.

14 one, of, the, most, beautiful, cities

'가장 ~한 ...중 하나'는 「one of the+최상급+복수명사」로 쓴다.

15 the, most, beautiful, city, that, visited

'지금까지 ~한 것 중 가장 ...한'은 「the+최상급+(that)+주어+have+ever+p.p.」로 나타낸다.

16 more, than, any, other

Jenny가 사진 찍기를 골랐으므로, 사진 찍기가 가장 좋아하는 취미임을 알 수 있다. 「비교급+than+any other+단수명사」로 최상급을 표현한다.

해석 사진 찍기는 Jenny에게 있어서 다른 어떤 취미보다 가장 흥미롭다.

17 no, hobby, exciting, as

is 뒤에 원급에서 쓰이는 as가 있으므로 「No (other) 명사 ~+as+원급+as」를 사용하여 최상급의 의미를 나타낼 수 있다.

해석 Jenny에게는 어떤 취미도 사진 찍기만큼 흥미롭지 않다.

18 nothing[no other book] is as useful as

최상급 뒤에 명사가 없으므로 문맥에 맞게 thing이나 book을 써줘야 함에 유의한다. 「부정 명사+as+원급+as」로 나타낸다.

해석 모든 여행 책자 중에서 이 책이 가장 유용하다.

19 No (other) city in Korea is hotter than Daegu.

city를 수식하는 in Korea가 부정 비교급 전환 시 city와 함께 이동함에 유의한다. 「No (other)+명사+비교급+than」으로 나타낸다.

해석 대구는 한국에서 가장 더운 도시이다.

20 David was braver than all the other kings in history.

긍정 비교급으로 최상급을 표현할 경우 any other 뒤에는 단수명사를, all the other 뒤에는 복수명사를 써야 한다.

해석 David는 역사에서 가장 용감한 왕이었다.

21 ⓐ than → to ⓒ brighter → more brightly ⓓ had checked → checked

ⓐ prefer는 비교급 접속사 than 대신 전치사 to를 사용한다.
ⓒ 문장 구조 상 동사 shines를 수식하는 부사가 와야 하므로 부사의 비교급 more brightly로 써야 한다.
ⓓ no sooner 구문에서 than 뒤에는 과거 시제를 써야 한다.

해석 ⓐ 우리는 자가용으로 운전하는 것보다 대중교통을 이용하는 것을 더 선호한다.
ⓑ 한 해의 어떤 계절도 겨울보다 더 춥지 않다.
ⓒ 태양이 더 밝게 비출수록, 우리는 더 따뜻하게 느낀다.
ⓓ Mary는 눈을 뜨자마자 문자 메시지를 확인했다.
ⓔ Crystal은 다른 모든 반 친구들보다 피아노를 더 잘 친다.

22 ⓐ passionately → passionate ⓑ he → him ⓔ nutritious you eat food → nutritious food you eat

ⓐ is 뒤에 보어가 나올 자리이므로 부사 passionately를 형용사 passionate로 고쳐야 한다.
ⓑ senior to에 쓰이는 to는 전치사이므로 뒤에는 목적격 대명사를 써야 한다.
ⓔ 비교급이 명사를 수식하는 경우, the 비교급 구문에서 비교급과 명사가 함께 이동해야 한다.

해석 ⓐ 누구도 Tim만큼 열정적이지 않다.
ⓑ Emily는 James보다 선배이다. 그녀는 그보다 두 살 더 많다.
ⓒ Kevin은 Jane을 만나자마자 미소 지었다.
ⓓ 이 해결책은 다른 어떤 방법보다도 효과적이다.
ⓔ 네가 더욱 영양가 있는 음식을 먹을수록, 너는 더 건강해질 수 있다.

23 is the hottest summer that I have ever experienced

'지금까지 ~한 것 중 가장 ...한'은 「the + 최상급 + that + 주어 + have ever + p.p.」로 나타낸다.

24 sooner had I turned on the air conditioner than, stayed

'~하자마자 ...하다'는 「no sooner + had + 주어 + p.p. + than + 주어 + 과거 시제」로 나타낸다.

해석 Tom: 와우! 정말 덥다, 그렇지 않니?
Irene: 정말 동감해. 내가 지금껏 경험해 본 가장 더운 여름이야.
Tom: 맞아. 어제, 내가 에어컨을 켜자마자 우리 개가 하루 종일 그 앞에 있었어.
Irene: 가을이 일찍 왔으면 좋겠어!

25 The more you laugh, the happier you will feel.

'~할수록 더욱 ...하다'의 의미의 비교급은 「the 비교급 ~ + the 비교급 ...」으로 쓴다.

26 In other words, nothing is more contagious than laughter.

최상급의 의미를 나타내는 부정 비교급은 「부정 주어 ~ + 비교급 + than」으로 쓰므로 most를 more로 고쳐야 한다.

27 more, quickly, than, most, contagious

최상급 문장인 Laughter spreads most quickly.를 부정 비교급을 이용하여 쓴다. 또한 '가장 ~한'의 최상급은 「the + 최상급」으로 쓴다.

해석 필자는 웃음이 가장 전염성이 있기 때문에, 어떤 것도 웃음보다 더 빨리 퍼지지 않는다고 말한다. 웃음은 정말로 여러분의 하루에 행복을 가져온다.

해석 오늘, 저는 웃음의 힘에 대해 말하길 원합니다. 웃음은 스트레스를 풀고 기분을 향상시키는 가장 효과적인 방법 중 하나입니다. 누군가 웃기 시작할 때 그 웃음에 참여하지 않는 것은 어렵습니다. 웃음은 가장 빠르게 퍼지고, 주변에 있는 모든 사람을 행복하게 느끼도록 만듭니다. 다시 말해서, 웃음보다도 더 전염성이 있는 것은 없습니다. 그러니, 다음에 여러분의 기분이 가라앉을 때, 누군가와 웃음을 나누는 것을 기억하세요. 더 많이 웃을수록, 여러분은 더 행복하게 느낄 것입니다. 그것은 여러분의 전체 하루를 바꿀지도 모릅니다.

CHAPTER 07 접속사

Point 21 등위·상관접속사

A

1 Brian enjoys both studying history and visiting museums.
2 You should save money and spend wisely.
3 I asked my sister to go to the pharmacy and buy some medicine.
4 Wendy not only won the race but also broke the world record.
5 The event will be held not on Sunday but on Monday.

B

1 are → is
2 has → have
3 drinking → (to) drink
4 she can't → can she
5 goes → go
6 didn't bring → brought
7 O
8 but he → but because he
9 discuss → discussing

해석
1 탁자 위에 쿠키도, 우유도 없다.
2 매니저나 또는 너 둘 중 한 명이 회의에 참석해야 한다.
3 네가 충분히 자고 충분한 물을 마시는 것이 중요하다.
4 Amy는 수영도 못하고 자전거도 못 탄다.
5 내 언니와 오빠 둘 다 교회에 다닌다.
6 Kelly는 연필도, 공책도 가져오지 않았다.
7 꽃뿐만 아니라 꽃병도 아름다워 보인다.
8 Crystal은 Jacob이 잘생겨서가 아니라 정직해서 좋아한다.
9 나는 Danny를 만나 우리의 계획에 대해 토론하기를 고대한다.

Point 22 명사절을 이끄는 접속사 / 간접의문문

A

1 if
2 that
3 that
4 if
5 that
6 if

해석
1 네가 도움이 필요하면 나에게 알려줘.
2 이 해결책은 효과가 없는 것이 분명하다.
3 Juliuss는 그가 큰 실수를 저지른 것을 부인했다.
4 Bill이 우리와 저녁을 함께 할지는 확신할 수 없다.
5 그 의사는 환자에게 특정 음식을 피해야 한다고 조언했다.
6 학생들은 그들의 리포트 제출하는 것을 내일까지 미룰 수 있는지 물어보았다.

B

1 Do you know where Siyun went after school?
2 Joy didn't explain why she cried suddenly.
3 What do you guess will happen next?
4 Can you tell me whether[if] he finished his homework?
5 I don't know who left this box at the door.
6 Whom do you guess Chris will invite to the party?
7 Where do you suppose he found the information?
8 I wonder whether this book is worth reading.
9 What do you think encouraged him to join the volunteer program?
10 Could you tell me what time the train leaves?

해석
1 너는 시윤이가 방과 후에 어디에 갔는지 알고 있니?
2 Joy는 그녀가 왜 갑자기 울었는지 설명하지 못했다.
3 다음에 무슨 일이 일어날 거라고 짐작하니?
4 그가 그의 숙제를 끝냈는지 나에게 말해줄 수 있니?
5 나는 누가 이 상자를 문 앞에 두고 갔는지 모르겠다.
6 너는 Chris가 파티에 누구를 초대할 거라고 짐작하니?
7 너는 그가 그 정보를 어디에서 찾았다고 생각하니?
8 나는 이 책이 읽을 가치가 있는 건지 궁금하다.
9 너는 무엇이 그가 봉사활동에 참여하도록 격려했다고 생각하니?
10 기차가 몇 시에 출발하는지 알려줄 수 있니?

Point 23 부사절을 이끄는 접속사 (시간·이유·양보)

A

1 Despite　2 due to　3 While
4 because　5 Although　6 during

해석
1 교통체증에도 불구하고, 우리는 정각에 공항에 도착했다.
2 우리의 소풍은 나쁜 날씨 때문에 취소되었다.
3 저녁을 요리하는 동안, 나는 Jacob과 전화로 이야기를 나누었다.
4 그녀는 몸이 좋지 않았기 때문에 집에 있었다.
5 비가 내림에도 불구하고, 우리는 등산하러 갔다.
6 나는 이번 여름휴가 동안 베트남을 방문할 것이다.

B

1 While eating dinner, he watched his favorite TV show.
2 Upon hearing the news, she burst into tears.
3 As soon as the clock strikes twelve, we will celebrate the New Year.

C

1 ⓔ, 내가 너에게 보여준 대로 너의 책상을 깔끔하게 정리해라.
2 ⓐ, 내가 그 상점으로 걸어가고 있을 때, 비가 오기 시작했다.
3 ⓑ, 날씨가 매우 추웠기 때문에, 우리는 실내에 있기로 결정했다.
4 ⓒ, 나는 음악을 들으면서 수학을 공부했다.
5 ⓓ, 인구가 증가함에 따라, 식량 생산은 더 큰 문제가 된다.

Point 24 부사절을 이끄는 접속사 (목적·결과)

A

1 He trained every day so that he might win the race.
2 Joy was so tired that she immediately fell asleep.
3 Emily lost her key, so that she couldn't enter her house.
4 The box was so heavy that I needed help to carry it.
5 I wore glasses so that I could see clearly.
6 They worked all night, so that they were exhausted.

B

1 in, order, to, get
2 too, busy, to, answer
3 hard, enough, to, pass
4 too, loud, for, us, to, sleep
5 in, order, for, him, to, improve
6 smart, enough, for, everyone, to, ask

해석
1 나는 좋은 좌석을 얻기 위해 미리 티켓을 예매했다.
2 David는 너무 바빠서 전화를 받을 수 없었다.
3 Wendy는 노래 연습을 매우 열심히 해서 오디션에 통과할 수 있었다.
4 바깥의 소음이 너무 커서 우리는 잘 수 없었다.
5 Mary는 민수가 그의 성적을 향상시킬 수 있도록 그가 공부하는 것을 도와주었다.
6 Juliuss는 매우 똑똑해서 모두가 그에게 어려운 문제를 풀 수 있도록 도움을 요청한다.

시험에 나오는 서술형

01 The teacher said that the test would be difficult.
said의 목적어인 명사절을 이끄는 접속사가 필요하며, 명확한 사실·진술을 나타내므로 that을 사용해서 써야 한다.

02 He's wondering if[whether] the tickets are still available.
wondering의 목적어인 명사절을 이끄는 접속사가 필요하며, 불확실한 사실을 나타내므로 if[whether]를 사용해서 써야 한다.

03 As
ⓐ의 문장은 이유를 나타내므로 Because, As, Since 등이 들어갈 수 있다. ⓑ의 문장은 문맥상 '~한대로'의 의미가 되어야 하므로 둘 다 충족하는 As가 들어가야 한다.
해석 ⓐ 나는 버스를 놓쳤기 때문에 학교에 지각했다.
ⓑ 우리가 예상한대로, 그 식당은 사람들로 북적였다.

04 Despite
빈칸 뒤에 명사구가 나오고 문맥상 '양보'의 의미이므로 전치사 despite가 적절하다.
해석 경고에도 불구하고 그는 계속해서 빠르게 운전했다.

05 because of
빈칸 뒤에 명사구가 나오고 문맥상 '이유'의 의미이므로 전치사 because of가 적절하다.
해석 강한 바람 때문에 항공편이 지연되었다.

06 while
빈칸 뒤에 주어와 be동사가 생략되어 현재분사만 남은 구조가 이어지므로 접속사 while이 적절하다.
해석 Jenny는 인터넷 강의를 보면서 필기했다.

07 so, big, that, could, sit, on

결과를 나타내는 「so + 형용사/부사 + that + 주어 + can ~」 구문이다. 주절의 주어가 was이므로 can을 could로 써야 하는 것에 유의한다.
해석 그 소파는 매우 커서 네 명이 앉을 수 있었다.

08 elegant, enough, for, to, wear
결과를 나타내는 「so + 형용사/부사 + that + 주어 + can ~」 구문은 「형용사/부사 + enough + to부정사」로 바꿔 쓸 수 있다. to부정사의 의미상 주어는 for로 쓰는 것에 유의한다.
해석 그 드레스는 그녀가 공식 행사에 입을 수 있을 만큼 충분히 우아하다.

09 likes → like
'B뿐만 아니라 A도'의 의미인 「A as well as B」는 A에 동사의 수를 일치시킨다.
해석 Chris뿐만 아니라 그의 부모님도 음악을 좋아하신다.

10 to take → taking
suggest의 목적어인 동명사가 상관접속사로 연결되어 있는 구조이므로 to take를 taking으로 고쳐야 한다.
해석 선생님께서는 열심히 공부하는 것뿐만 아니라 규칙적으로 쉬어야 하는 것도 제안하셨다.

11 if → whether
'~인지 아닌지'의 의미를 갖는 접속사는 if와 whether이지만 전치사의 목적어로는 whether만 쓸 수 있다.
해석 나는 비행기가 지연되지는 않을까 걱정된다.

12 during → while
during은 '특정 사건,' '기간'과 함께 쓰는 전치사이므로 walking과 함께 쓰일 수 없다. 「주어 + be동사」가 생략된 구조이므로 while이 적절하다.
해석 그들은 해변을 따라 걸으면서 일몰을 즐겼다.

13 (1) that (2) but (3) since (4) if
(1) 결과를 나타내는 「so ~ that ...」 구문이다.
(2) 'A가 아니라 B'의 의미를 나타내는 상관접속사 「not A but B」 구문이다.
(3) 뒤에 이어지는 문장이 문맥상 이유를 나타내므로 since가 알맞다.
(4) wonder의 목적어로 명사절을 이끄는 접속사 if가 알맞다.
해석 Emily는 그림 그리기를 매우 좋아해서 자주 그녀의 작업실에서 시간을 보낸다. 그녀는 그것이 힘들지 않고 편안하다고 생각한다. 그녀는 유화물감으로 그림 그리는 것을 좋아하는데, 그것이 만들어내는 풍부한 질감을 즐기기 때문이다. Emily는 그녀의 친구에게 그녀의 그림 중 하나를 생일선물로 줄 계획이다. 그녀는 그녀의 친구가 그것을 좋아할지 궁금하다.

14 (1) whether (2) As (3) During (4) Despite
(1) 문맥상 '~인지 아닌지'의 의미인 whether나 if가 들어가야 하는데, 전치사 in의 목적어로는 whether만 올 수 있다.
(2) 문맥상 '~할수록'의 의미로 쓰인 As가 적절하다.
(3) '~동안'의 의미인 During이 적절하다. during은 '특정 기간이나 사건이 일어나는 동안'을 의미한다.
(4) 문맥상 '~에도 불구하고'의 의미인 Despite가 적절하다.
해석 Bill은 새로운 기술이 그의 삶을 더 좋게 만들어 주는지에 대해 항상 관심이 있다. 그가 더욱 많이 배울수록, 그는 특히 인공지능에 관심이 생긴다. 여가시간 동안, 그는 기술 트렌드에 관한 영상을 보는 것을 좋아한다. 그의 바쁜 일정에도 불구하고, 그는 같은 관심사를 나누는 친구들과 인공지능 기술에 대해 토론하는 것을 즐긴다.

15 I wonder why she decided to quit her job.
의문사가 있는 문장을 간접의문문으로 만들 때는 「의문사 + 주어 + 동사」 어순으로 쓴다. 의문문문의 시제가 과거이므로 decided로 쓰는 것에 유의한다.
해석 나는 그녀가 왜 그녀의 직장을 그만두기로 결정했는지 궁금하다.

16 What do you suppose we should do next?
think, guess, believe, suppose 등의 동사가 의문사가 있는 의문문과 결합해 간접의문문으로 쓰일 때는, 의문사를 문장의 가장 맨 앞에 쓴다.
해석 너는 우리가 다음에 무엇을 해야 한다고 생각하니?

17 if[whether] he had any special plans for this weekend
의문사가 없는 문장을 간접의문문으로 만들 때는 「if[whether] + 주어 + 동사」의 어순으로 쓴다.

18 why she was so excited
의문사가 있는 문장을 간접의문문으로 만들 때는 「의문사 + 주어 + 동사」의 어순으로 쓴다.
해석 Alice: 안녕, Bob. 이번 주 주말에 특별한 계획이 있니?
Bob: 안녕, Alice. 아니, 아직 특별한 계획은 없어.
Alice: 그럼 우리 집에 놀러오지 않을래? 너에게 보여주고 싶은 게 있어.
Bob: 나한테 보여주고 싶은 게 뭔데?
Alice: 놀라지 마. 나에게 새로운 반려견이 생겼어. 아주 작고 귀여운 푸들이야.
Bob: 오, 정말? 빨리 보고 싶은걸. 네가 왜 그렇게 신나 있는지 이제 알겠네.
Alice는 Bob에게 이번 주 주말에 특별한 계획이 있는지 물어보았다. Bob은 특별한 계획이 없다고 대답했기 때문에, Alice는 Bob에게 그녀의 집에 놀러오지 않겠냐고 제안했다. Alice는 새로운 반려견을 키우게 되었고, Bob은 Alice가 왜 그렇게 들떠 있는지 이해했다.

19 ⓐ Either you or I was wrong.
ⓓ Because of his late arrive, we started our meeting later than planned.
ⓔ He allowed his children to join the party and (to) return home late.
ⓐ 상관접속사 「either A or B」가 주어로 쓰이면 동사의 수는 B에 일치시켜야 한다. 과거 시제이므로 was로 고치는 것이 적절하다.
ⓓ Because 뒤에는 절이 와야 하는데 명사구가 있으므로 접속사 Because를 전치사 Because of로 고쳐야 한다.
ⓔ to부정사가 접속사 and로 연결된 구조이므로 returned를 (to) return으로 고쳐야 한다. 첫 번째 to부정사에만 to를 붙이고 나머지는 to를 생략하기도 한다.
해석 ⓐ 너 또는 나 둘 중 한 명이 틀렸다.
ⓑ 무엇이 Jin을 정말로 슬프게 만들었는지는 아무도 모른다.
ⓒ Maria가 우리의 계획에 동의할지는 확실하지 않다.
ⓓ 그의 늦은 도착 때문에, 우리는 예정보다 늦게 회의를 시작했다.
ⓔ 그는 그의 아이들이 파티에 참가해서 집에 늦게 돌아오는 것을 허락했다.

20 ⓐ Yumi asked me if[whether] I could help her with her homework.
ⓒ He didn't call me, nor did he send a message.
ⓓ Juliuss will forgive you if he understands your situation.
ⓔ Where do you suppose the lost key might be?
ⓐ that은 명확한 사실이나 진술을 표현할 때 쓰므로, 불확실한 사실을 나타내는 if[whether]로 고쳐야 한다.
ⓒ 접속사 nor에 부정의 의미가 포함되어 있으므로 didn't를 did로 고쳐야 한다.

ⓓ 조건을 나타내는 부사절에서는 미래 시제대신 현재 시제를 사용하므로 will understand를 understands로 고쳐야 한다.
ⓔ 간접의문문을 만들 때는 「주어+동사」의 어순으로 쓴다.

해석 ⓐ 유미는 나에게 내가 그녀의 숙제를 도와줄 수 있는지 물어보았다.
ⓑ 소파에 앉아 있는 동안, 지수는 소설을 읽었다.
ⓒ 그는 나에게 전화하지 않았고, 메시지도 보내지 않았다.
ⓓ Juliuss가 너의 상황을 이해한다면 그는 너를 용서할 것이다.
ⓔ 너는 잃어버린 열쇠가 어디에 있다고 생각하니?

21 in order that[so that] they can pull out your hair

in order to는 「in order that+주어+동사」 또는 「so that+주어+동사」로 바꿔 쓸 수 있다.

22 During → While

뒤에 「주어+동사」의 절이 이어지므로 전치사 During을 접속사 While로 고쳐야 한다.

23 as, well, as

'인간뿐만 아니라 동물도 도구를 사용한다'는 것이 이 글의 주제이므로 as well as가 들어가는 것이 적절하다.

해석 오직 인간만이 도구를 사용한다고 생각되었으나, 이제 과학자들은 많은 동물들도 도구를 사용할 수 있다는 것을 밝혀내고 있다. 예를 들어, 당신은 짧은꼬리원숭이가 도구를 사용하는 것을 볼 수 있다. 당신이 태국의 불교사찰을 방문하는 동안, 당신은 짧은꼬리원숭이를 조심해야 한다. 그들은 당신의 머리카락을 뽑기 위해 당신에게 다가올지도 모른다. 그렇다. 짧은꼬리원숭이는 치실질하기 위해 사람의 머리카락을 사용한다. 어미원숭이는 새끼원숭이가 자신을 보고 흉내 낼 수 있도록 그들에게 치실질하는 방법을 보여준다. 새끼가 자라면서, 그들은 어미가 그러한 것처럼 치실질을 하게 된다.

CHAPTER 08 관계사

Point 25 관계대명사

A

1 I met a boy who[that] likes to learn foreign languages.
2 The gift which[that] I received from Tom is very special.
3 I want to watch the movie whose plot is based on a true story.
4 He is the only witness who[that] saw the thief break into the building.
5 The boy and his dog that were swimming in the sea looked very happy.
6 I can't find the parcel which[that] my sister sent to me yesterday.
7 I can't forget the girl whose name was very unique.
8 I want to visit the hotel whose swimming pool is clean and nice.

해석
1 나는 외국어 배우는 것을 좋아하는 한 소년을 만났다.
2 내가 Tom에게서 받은 그 선물은 매우 특별하다.
3 나는 줄거리가 실화에서 근거한 그 영화를 보고 싶다.
4 그는 도둑이 그 건물에 침입하는 것을 본 유일한 목격자이다.
5 바다에서 수영하고 있던 그 소년과 그의 개는 매우 행복해보였다.
6 나는 내 여동생이 어제 나에게 보냈던 소포를 못 찾겠다.
7 나는 이름이 매우 독특했던 그 소녀를 못 잊는다.
8 나는 수영장이 매우 깨끗하고 좋은 그 호텔에 방문하고 싶다.

B

1 The tree which grows in our yard is very tall.
2 The players whom the coach selected were all outstanding.
3 The guitar whose string is broken belongs to my uncle.
4 James is a smart student whom many teachers like.
5 A person who observes stars is called an astronomer.
6 The father whose son is an artist feels proud of him.

Point 26 관계대명사 that과 what

A

1 It is important that you arrive on time.
2 What you have to do first is to finish your homework.
3 They announced that the concert was canceled.
4 I will buy you all that you want for your birthday present.
5 Wendy bought the same dress that her friend wore to the party.
6 What happened yesterday was a complete surprise to everyone.
7 She is the third child that was born in the family.
8 What he wrote in his letter was very touching.

해석
1 네가 정시에 도착하는 것이 중요하다.
2 네가 우선 해야 하는 것은 네 숙제를 끝내는 것이다.
3 그들은 그 콘서트가 취소되었다고 발표했다.
4 나는 네가 생일선물로 원하는 모든 것을 너에게 사 줄게.
5 Wendy는 그녀가 친구가 파티에서 입었던 똑같은 드레스를 샀다.
6 어제 일어난 일은 모두에게 완전히 놀라운 것이었다.
7 그녀는 그 가족에서 태어난 세 번째 아이이다.
8 그가 그의 편지에 쓴 것은 매우 감동적이었다.

B

1 I showed her what she might be interested in.
2 She was the first woman that crossed the finish line.
3 What was bothering me was the constant noise.
4 The fact that she lied about her job surprised everyone.
5 What they found in the cave excited the archaeological team.
6 The important thing is that we still have a chance.

Point 27 「전치사+관계대명사」

A

1 I want to meet the boy about whom my father told me.
2 That is the bag for which my brother was looking.

3 Jason is my friend with whom I play soccer every day.
4 I can focus more on the subjects in which I'm interested.
5 The team with which we are competing is very strong.
6 The area to which we moved is famous for its beautiful parks.

해석
1 나는 아버지께서 나에게 말해주셨던 소년을 만나고 싶다.
2 저것은 내 남동생이 찾고 있었던 가방이다.
3 Jason은 내가 매일 함께 축구를 하는 내 친구이다.
4 나는 내가 관심이 있는 과목에 더 집중할 수 있다.
5 우리가 경쟁하는 그 팀은 매우 강력하다.
6 우리가 이사한 그 지역은 아름다운 공원으로 유명하다.

B

1 a friend on whom I can rely
2 the person whom you are interested in
3 The temperature which water boils at is
4 The restaurant to which she went is
5 The woman with whom I work
6 There is nothing that I can agree with
7 the medalist of whom I'm proud
8 which Simon spent so much money on

Point 28 관계부사

A

1 I will never forget the day when I won first prize in the piano contest.
2 Kevin ran to the restaurant where Amy was waiting for him.
3 I don't know the reason why Tom was absent.
4 Nobody knows how she finished her project.
5 I will tell you the reason why I chose the book.
6 This book changed how I look at the world.

해석
1 나는 피아노 대회에서 우승을 차지했던 그 날을 절대 잊지 못할 것이다.
2 Kevin은 Amy가 그를 기다리고 있는 식당으로 달려갔다.
3 나는 Tom이 결석한 이유를 모른다.
4 그녀가 어떻게 그녀의 프로젝트를 끝냈는지는 아무도 모른다.
5 내가 그 책을 선택한 이유를 너에게 말해줄게.
6 이 책은 내가 세상을 바라보는 방법을 변화시켰다.

B

1 the time when the incident took place
2 The day on which we planned our trip
3 the reason why she didn't reply to my message
4 how I overcame my fear of heights
5 in which my uncle and I lived for a long time
6 quiet place where I can concentrate on my work
7 the season in which the weather is usually cold

Point 29 관계대명사의 생략 / 관계사의 용법

A

1 The movie they watched last night was a thriller.
2 The book we talked about is on the bestseller list.
3 The coach leading our team is very experienced.
4 The park I jog in is very peaceful.
5 The place most popular in this city is the cental park.
6 The restaurant we visited last week was excellent.

해석
1 그들이 지난밤에 본 그 영화는 스릴러였다.
2 우리가 이야기했던 그 책이 베스트셀러 목록에 있다.
3 우리 팀을 이끄는 그 코치는 매우 노련하다.
4 내가 조깅하는 그 공원은 매우 평화롭다.
5 이 도시에서 가장 있는 장소는 중앙공원이다.
6 우리가 지난주에 방문했던 그 식당은 훌륭했다.

B

1 He failed the test, which surprised everyone.
2 Wendy is a student, who enjoys participating in science fairs.
3 I went to the beach, where I met my favorite pianist.
4 I bought a new car, which will help me get to work faster.
5 She won first prize in the contest, which pleased her parents.
6 I arrived at noon, when everyone was having lunch.
7 She spends most of her time helping others, which inspires us.
8 Eric called his parents, whom he hadn't seen in years.

해석
1 그는 그 시험에 떨어졌는데, 그것이 모두를 놀라게 했다.
2 Wendy는 학생인데, 과학 박람회에 참가하는 것을 즐긴다.
3 나는 해변가에 갔는데, 거기서 내가 가장 좋아하는 피아니스트를 만났다.
4 나는 새 차를 샀는데, 그것이 내가 직장에 더 빨리 도착하도록 도울 것이다.
5 그녀는 그 대회에서 우승했는데, 그것이 그녀의 부모님을 기쁘게 했다.
6 나는 정오에 도착했는데, 모든 사람들이 점심을 먹고 있었다.
7 그녀는 대부분의 시간을 다른 사람들을 돕는 데 보내는데, 그것이 우리를 고무시킨다.
8 Eric은 그의 부모님께 전화를 걸었는데, 몇 년 동안 그들을 뵙지 못했다.

시험에 나오는 서술형

01 what
빈칸 앞에 선행사가 없고, 빈칸 뒤에 목적어가 없는 문장이 이어지므로 선행사를 포함한 what이 적절하다.
해석 나는 수업 동안 선생님께서 설명하신 것을 이해할 수 없었다.

02 that
빈칸 뒤에 완전한 문장이 이어지므로 접속사 that이 들어가야 한다.

해석 우리가 일찍 떠나야 한다는 그 제안은 적절한 것이었다.

03 whose

선행사의 소유격 역할을 할 문장성분이 필요하므로 소유격 관계대명사인 whose가 적절하다.

해석 그는 창문이 매우 큰 방을 선택했다.

04 which[that]

빈칸 뒤에 동사가 이어지므로 주격 관계대명사 which나 that이 적절하다.

해석 너는 뉴욕에서 열린 그 축제에 참석해본 적이 있니?

05 are → is

선행사인 The car는 단수이므로 관계대명사절의 동사의 수도 단수로 일치시켜야 한다.

해석 바깥에 주차되어 있는 차는 내 것이다.

06 which → that

선행사가 「사람 + 동물」일 때에는 관계대명사 that을 쓴다.

해석 벤치에 앉아 있는 한 남자와 그의 개는 햇빛을 즐기고 있는 것처럼 보인다.

07 what → that

뒤에 완전한 문장이 이어지므로 관계대명사가 아닌 접속사가 필요하다. The idea와 동격을 나타내는 that으로 고쳐야 한다.

해석 개는 충직한 동물이라는 생각은 매우 일반적이다.

08 (1) whose hobby is playing chess
(2) which[that] I wanted to have as a birthday gift

(1) his의 역할을 하며 문장을 연결해주는 말이 필요하므로 whose를 사용하여 쓴다.
(2) 사물을 선행사로 하는 목적격 관계대명사 which[that]으로 문장을 연결한다.

해석 (1) 나는 취미가 체스 두기인 한 남자를 만났다.
(2) 내 부모님께서는 내가 생일선물로 갖고 싶어했던 새 자전거를 나에게 사주셨다.

09 This is the third letter that I've sent to Chris.

선행사에 서수가 포함되어 있으면 관계대명사 that을 써야 한다.

10 Do you understand what the teacher explained to you?

선행사가 없고 explained의 목적어가 없으므로 선행사를 포함한 관계대명사 what을 사용하여 쓴다.

11 The boy whose bike was stolen is very upset.

bike의 소유격이 필요하므로 소유격 관계대명사 whose를 사용하여 쓴다.

12 They stayed in a hotel, which had an amazing view of the ocean.

계속적 용법은 관계대명사 앞에 콤마(,)를 써서 나타내며, 주격 관계대명사를 사용하여 이어서 쓴다.

해석 그들은 호텔에 머물렀는데, 그 호텔은 멋진 바다 전망이 있었다.

13 I finally visited Paris, where I had always dreamed of going.

선행사가 장소이고 뒤에 완전한 문장이 이어지므로 관계부사 where를 사용하여 쓴다.

해석 나는 마침내 파리를 방문했는데, 그곳은 내가 가보기를 항상 꿈꾸던 곳이었다.

14 at which we met for the first time

'meet at the park'의 의미이므로 전치사 at을 사용해야 하고, 선행사가 The park이므로 관계대명사 which를 사용하여 쓴다.

15 of whom I take care

'take care of'의 의미이므로 전치사 of를 사용해야 하고, 선행사가 The baby이므로 관계대명사 whom을 사용하여 쓴다.

16 about which we were worried

'worry about'의 의미이므로 전치사 about을 사용해야 하고, 선행사가 The problems이므로 관계대명사 which를 사용하여 쓴다.

17 The boy who[that] is practicing the guitar is a member of the rock band.

「주격 관계대명사 + be동사」가 생략되어 현재분사 practicing이 남은 구조이다. 선행사가 사람이므로 who나 that이 적절하다.

해석 기타를 연습하고 있는 그 소년은 록밴드 멤버이다.

18 This is the most wonderful place that I have ever visited.

목적격 관계대명사가 생략된 문장이다. 선행사에 최상급이 포함되어 있으므로 that을 사용하여 써야 한다.

해석 이곳은 내가 지금까지 방문한 가장 멋진 장소이다.

19 at the time when I was asleep

선행사가 the time이므로 관계부사 when을 사용하여 쓴다.

20 the way in which you solved the problem

선행사가 the way이고, 'solve the problem in the way'의 의미가 되어야 하므로 전치사 in을 사용하여 쓴다.

21 This is the shop where you can buy

선행사가 the shop이므로 관계부사 where를 사용하여 쓴다.

22 ⓒ This is an island which[that] many people visit.
ⓓ What I like about this city is the variety of shopping malls.
ⓔ I need a chair on which I can sit. / I need a chair which[that] I can sit on.

ⓒ 선행사가 장소를 나타내는 an island이지만, 뒤에 이어지는 문장에 목적어가 없으므로 관계부사 where를 관계대명사 which[that]로 고쳐야 한다.
ⓓ 선행사가 없고 like의 목적어가 없으므로, That을 선행사를 포함한 관계대명사 What으로 고쳐야 한다.
ⓔ 전치사와 관계대명사 that은 함께 붙여서 쓸 수 없다. 전치사를 관계대명사절 맨 뒤로 보내거나 on which로 써야 한다.

해석 ⓐ 나는 그가 슬퍼하는 이유를 모르겠다.
ⓑ 이것이 내가 가장 좋아하는 디저트를 만드는 방법이다.
ⓒ 이곳은 많은 사람들이 방문하는 섬이다.
ⓓ 내가 이 도시에서 좋아하는 것은 다양한 쇼핑몰이다.
ⓔ 나는 앉을 수 있는 의자가 필요하다.

23 ⓐ The movie is about a spy, which has many exciting scenes.
ⓒ The car whose engine is broken needs to be towed.
ⓓ All the advice that she gave me was helpful.

ⓐ that은 계속적 용법으로 쓰지 않으므로 which로 고쳐야 한다.
ⓒ which 뒤에 완전한 문장이 이어지고, 문맥상 '그 차의 엔진'의 의미가 되어야 하므로 소유격 관계대명사인 whose로 고쳐야 한다.
ⓓ 선행사에 all이 포함되는 경우에는 관계대명사 that을 써야 한다.

해석 ⓐ 이 영화는 스파이에 관한 내용인데, 흥미로운 장면이 많다.
ⓑ 인생에서 중요한 것은 건강이다.
ⓒ 엔진이 고장 난 그 차는 견인되어야 한다.
ⓓ 그녀가 내게 해 준 모든 조언은 도움이 되었다.
ⓔ 나는 모차르트가 태어났던 집을 방문했다.

24 (1) who (2) which (3) which[that] (4) where

(1) 선행사가 사람이고 빈칸 뒤에 동사가 이어지므로 주격 관계대명사 who가 적절하다.
(2) 계속적 용법으로 쓰였으므로 which가 적절하다.
(3) 선행사가 사물이고 뒤에 with의 목적어가 없는 문장이 이어지므로 목적격 관계대명사 which나 that이 적절하다. 목적격 관계대명사는 생략 가능하다.
(4) 선행사가 장소이고 뒤에 완전한 문장이 이어지므로 관계부사 where가 적절하다.

25 what needs to be done

'~할 것'을 표현하는 관계대명사 what을 사용해서 쓴다. need는 to부정사를 목적어로 취하며, '~(완료)되다'의 의미의 수동태가 되어야 하므로 to be done으로 쓴다.

해석 매주 토요일 아침, 우리 가족은 함께 집안일을 한다. 엄마는 모든 임무를 계획하는 분이다. 엄마는 우선되어야 할 필요가 있는 것을 정하신다. 아빠는 대개 정원 일을 돌보시는데, 나무에 물을 주고 잔디를 깎는 것을 포함한다. 나는 나의 어린 남동생이 가지고 놀았던 장난감을 정리하는 것에 책임이 있다. 나는 그것들을 원래 그것이 있어야 할 장소에 둔다. 모든 일들이 끝나면, 우리는 식탁에 둘러 앉아 간식을 먹으며 담소를 나눈다.

CHAPTER

09 조동사 / 가정법

Point 30 used to / would

A

1 My grandfather used to water the plants in the garden every morning.
2 He would listen to music while he drove his car.
3 Jenny used to speak French very well.
4 My brother used to be shy when he was young.
5 He didn't use to eat vegetables, but now he enjoys salads.
6 Bill and I would play tennis when we met.
7 There used to be a playground in front of my house.
8 I didn't use to drink coffee, but now I drink it every morning.

해석
1 내 할아버지는 매일 아침 정원의 식물들에 물을 주곤 하셨다.
2 그는 차를 운전하는 동안 음악을 듣곤 했다.
3 Jenny는 프랑스어를 잘 말하곤 했다.
4 내 남동생은 어렸을 때 수줍어하곤 했다.
5 그는 야채를 먹지 않았지만, 지금은 샐러드를 즐긴다.
6 우리가 만나면 Bill과 나는 테니스를 치곤 했다.
7 나의 집 앞에 운동장이 있었다.
8 나는 커피를 마시지 않았지만, 지금은 매일 아침 커피를 마신다.

B

1 There used to be a pine tree near the pond.
2 I used to visit the art gallery with my friends.
3 We were used to walking in the rain.
4 The knife is used to cut the meat.
5 I didn't use to like spicy food.
6 Audrey and her sister would visit their grandparents.
7 Tim is used to reading a book on the subway.
8 She didn't use to like cats, but now she has two of them.

Point 31 「조동사 + have + p.p.」

A

1 should have reserved 2 need not have taken
3 cannot have told 4 might have gone
5 cannot have solved 6 must have been
7 should have left 8 must have misread

해석
1 그들이 그 식당에 도착했을 때, 비어 있는 테이블이 없었다. 그들은 테이블을 예약했어야 했다.
2 그녀는 택시를 탈 필요가 없었다. 버스가 훨씬 더 빨랐다.
3 Jenny가 거짓말을 했을 리 없다. 그녀는 정직하다.
4 나는 확실하지는 않지만, 그 음식이 상했을지도 모른다고 생각했다.
5 Kevin이 그 수학 문제를 풀었을 리 없다. 왜냐하면 그는 수학에 능숙하지 않기 때문이다.
6 Jessica는 미국에서 태어났음에 틀림없다. 그녀는 영어를 원어민처럼 말한다.
7 너 또 늦었구나. 너는 평소보다 빨리 집을 나왔어야 했어.
8 나는 목적지를 찾을 수 없었다. 나는 지도를 잘못 읽었음에 틀림없다.

B

1 They need not have rushed to the airport
2 He must have taken the wrong road
3 You should have tasted it
4 I may[might] have left my bag
5 You should have been careful
6 Kate cannot have gotten up early
7 You need not have cooked dinner
8 He should have passed the test
9 Jennifer must have practiced a lot
10 I may[might] have sent the wrong file

Point 32 가정법 과거

A

1 were, would, read 2 had, would, ride
3 weren't, would, play 4 didn't, join, couldn't win
5 didn't, do, would, feel

B

1 If we had more time, we would watch another movie.
2 If she studied harder, she could get better grades.
3 If we saved more money, we might go on a vacation.
4 If you exercised regularly, you could lose some weight.
5 If he worked overtime, he would earn extra income.

C

1 If I weren't busy today, I could take a nap.
2 If it were warm, we could go for a walk.

3 As[Because] we don't live closer, we don't see each other more often.
4 As[Because] I have so much homework to do, I can't visit my uncle.
5 If my father liked Italian food, my family could order pizza for dinner.

해석
1 내가 오늘 바쁘지 않다면, 나는 낮잠을 잘 수 있을 텐데.
2 날씨가 따뜻하다면, 우리는 산책을 할 수 있을 텐데.
3 우리는 가까이 살지 않기 때문에, 서로를 좀 더 자주 볼 수 없다.
4 나는 해야 할 숙제가 많기 때문에, 삼촌을 방문할 수 없다.
5 아빠께서 이탈리안 음식을 좋아하신다면, 우리 가족은 저녁으로 피자를 주문할 수 있을 텐데.

Point 33 가정법 과거완료 / 혼합가정법

A

1 had, studied, would, have, passed
2 had, checked, wouldn't, have, forgotten
3 hadn't, missed, would, be
4 had, been, wouldn't, have, broken
5 had, finished, could, help

B

1 If I had known that yesterday was her birthday, I would have sent a cake to her.
2 If you had majored in a different subject, you might have a different career now.
3 If he had worked harder, he would be promoted now.
4 If we had taken a different route, we might have arrived earlier.

C

1 As[Because] I didn't read the instructions, I made a few mistakes while assembling it.
2 As[Because] you didn't listen to my advice, you have this problem now.
3 If he had taken the medicine, he would have recovered faster.
4 If I hadn't skipped lunch, I wouldn't be so hungry now.
5 As[Because] I didn't obtain the information, I didn't make a better decision.

해석
1 나는 설명서를 읽지 않아서 그것을 조립하는 동안 약간의 실수를 했다.
2 너는 나의 조언을 듣지 않았기 때문에, 지금 그 문제들을 겪고 있다.
3 만약 그가 그 약을 먹었더라면, 그는 더 빨리 회복했을 텐데.
4 내가 점심을 거르지 않았더라면, 나는 지금 이렇게 배고프지 않을 텐데.
5 나는 그 정보를 얻지 못해서 더 나은 결정을 하지 못했다.

Point 34 I wish 가정법 / as if 가정법

A

1 had studied　2 stopped　3 spoke
4 had taken　5 won　6 knew
7 had been　8 didn't have

B

1 I didn't study abroad　2 I don't live in
3 I didn't bring　4 I can't travel
5 Kate isn't　6 he didn't invent
7 the puzzle wasn't
8 the dog wasn't being chased

해석
1 내가 어렸을 때 해외에서 공부했더라면 좋았을 텐데.
2 내가 더 큰 집에서 살면 좋을 텐데.
3 내가 우산을 가지고 왔더라면 좋았을 텐데.
4 내가 좀더 자주 여행을 갈 수 있다면 좋을 텐데.
5 Kate는 마치 전문 요리사인 것처럼 요리한다.
6 Tony는 마치 자신이 모든 아이디어를 생각해 냈던 것처럼 행동한다.
7 그녀는 마치 그 퍼즐이 쉬운 일인 것처럼 끝냈다.
8 그 개는 마치 쫓기는 중인 것처럼 달렸다.

시험에 나오는 서술형

01 used to go
과거의 습관을 나타내는 「used to + 동사원형」으로 쓴다.

02 should have apologized
과거에 하지 않은 일에 대한 유감은 「should have + p.p.」로 나타낸다.

03 need not have joined
'~할 필요가 없었는데 (했다)'는 「need not have + p.p.」로 쓴다.

04 must
문맥상 ⓐ, ⓑ 모두 과거 사실에 대한 강한 추측을 나타내므로 「must have + p.p.」로 써야 한다.
해석 ⓐ 밤새 비가 왔음에 틀림없다. 도로가 아직 젖어 있다.
ⓑ 그녀는 모든 과목에서 좋은 성적을 받았다. 그녀는 열심히 공부했음에 틀림없다.

05 cannot
문맥상 ⓐ, ⓑ 모두 과거사실에 대한 강한 부정을 나타내므로 「cannot have + p.p.」로 써야 한다.
해석 ⓐ 너는 전에 그를 만났을 리가 없다. 그는 이 도시에 전혀 와 본 적이 없다.
ⓑ 그녀가 그 이메일을 봤을 리 없다. 그것은 잘못된 주소로 발송되었다.

06 helped
현재와 반대되는 일을 가정하므로 「I wish + 가정법 과거」로 써야 한다.

07 hadn't made
과거와 반대되는 일을 가정하므로 「I wish + 가정법 과거완료」로 써야 한다.

08 as, if, had, planned
주절의 시제보다 한 시제 앞선 시점에 관해 가정하여 말하고 있으므로 가정법 과거완료로 써야 한다.

09 is, aggressive, can't, take, it
가정법 과거 문장이므로 현재와 반대되는 일을 가정한다.
해석 그 개가 공격적이지 않으면, 나는 그것을 산책시킬 수 있을 텐데.

10 did't, practice, couldn't, perform

가정법 과거완료 문장이므로 과거와 반대되는 일을 가정한다.

해석 그녀가 더 열심히 연습했다면, 콘서트에서 더 잘 공연할 수 있었을 텐데.

11 doesn't, understand, can't, enjoy

가정법 과거 문장이므로 현재와 반대되는 일을 가정한다.

해석 그녀가 스페인어를 이해한다면, 그 영화를 즐길 수 있을 텐데.

12 is used to measure

'~하는 데 사용되다'는 「be used to + 동사원형」으로 쓴다.

13 used to go

과거의 습관을 나타내는 '~하곤 했다'는 「used to + 동사원형」으로 쓴다.

14 is used to waiting

'~하는 데 익숙하다'는 「be used to + 동명사」로 쓴다.

15 had quit, would be healthy

과거의 반대되는 가정이 현재에 영향을 미치는 혼합가정법 문장이다. If절은 가정법 과거완료로 쓰고, 주절은 가정법 과거로 써야 한다.

해석 Kim 선생님이 담배를 끊으셨다면, 지금 건강하실 텐데.

16 had gotten, wouldn't feel

과거의 반대되는 가정이 현재에 영향을 미치는 혼합가정법 문장이다. If절은 가정법 과거완료로 쓰고, 주절은 가정법 과거로 써야 한다.

해석 Kate가 잠을 충분히 잤다면, 그녀는 지금 졸리지 않을 텐데

17 We should have listened to what Jake told us.

과거에 하지 않은 일에 대한 유감을 나타내는 '~했어야 했다'는 「should have + p.p」로 쓴다. '우리에게 말했던 것'은 선행사를 포함한 관계대명사 what을 사용하여 쓴다.

18 They must have missed the bus.

과거의 일에 대한 강한 추측은 「must have + p.p」로 쓴다.

19 He talks as if he had seen an alien before.

주절은 현재 시제인 talks이고, 현재보다 한 시제 앞선 시점을 가정하고 있으므로 가정법 과거완료로 써야 한다.

20 should have stopped

신호등이 빨간불일 때 길을 건너다가 다치게 되었다는 내용이므로, 마지막 문장에는 '빨간불일 때 멈췄어야 했다'의 내용이 들어가야 적절하다. 과거에 하지 않은 일에 대한 유감을 나타내는 「should have + p.p」로 쓴다.

해석 Sam은 어제 오후에 그의 친구의 집에 가고 있었다. 그는 약속에 늦고 싶지 않았기 때문에 서둘러야 했다. 그는 신호등이 빨간불일 때 길을 건넜는데, 갑자기 차 한 대가 나타나 그를 쳤다. 이제 그는 병원에 있다. 그는 빨간불일 때 멈췄어야 했다.

21 ⓒ were → had been ⓓ did't spend → hadn't spent
ⓔ was → were

ⓒ '..., but in reality, he wasn't.'로 보아 과거의 일에 대해 가정하는 것임을 알 수 있으므로 as if절의 were를 had been으로 고쳐야 한다.

ⓓ last weekend로 보아 과거의 일을 가정하는 것임을 알 수 있으므로 가정법 과거완료인 hadn't spent로 고쳐야 한다.

ⓔ 가정법 과거의 be동사는 주어의 인칭, 수와 관계없이 were로 써야 한다.

해석 ⓐ 내가 친구가 더 많으면 좋을 텐데.
ⓑ 네가 파티에 왔다면, 너는 우리와 좋은 시간을 보냈을 텐데.
ⓒ Jake는 마치 자신이 부자였던 것처럼 말하지만, 사실 그는 부자가 아니었다.
ⓓ 내가 지난 주말을 노는 데 보내지 않았다면, 지금 이렇게 바쁘지 않을 텐데.
ⓔ 내가 요리사라면, 내 친구들과 가족을 위해 맛있는 식사를 요리할 텐데.

22 ⓐ breaking → break ⓑ would → used to
ⓓ would not have been → would not be

ⓐ 문맥상 '~하는 데 사용되다'의 의미가 되어야 하므로 「be used to + 동사원형」으로 고쳐야 한다.

ⓑ would는 과거의 '습관'을 나타낼 때 쓰며, 상태를 나타내는 be동사와는 함께 쓸 수 없다. '습관'과 '상태'를 모두 나타낼 수 있는 used to로 고쳐야 한다.

ⓓ 주절에 now가 있으므로 혼합가정법임을 알 수 있다. 주절은 가정법 과거로 써야 하므로 would not be로 고쳐야 한다.

해석 ⓐ 이 망치는 얼음을 깨는 데 사용된다.
ⓑ 학교 옆에 큰 조각상이 있었다.
ⓒ 내가 외출한 동안 소포가 도착했음에 틀림없다.
ⓓ Eric이 더 안전하게 운전했다면, 그는 지금 병원에 있지 않을 텐데.
ⓔ 그녀가 내 입장이라면, 그렇게 말하지 않을 텐데.

23 Jason acts as if he had been famous before.

주절은 현재이고, 과거에 '~했던 것처럼'의 의미가 되어야 하므로 가정법 과거완료로 써야 한다.

24 I wish he agreed with my opinion.

현재와 반대되는 상황을 가정하므로 가정법 과거로 써야 한다.

25 If you hadn't lied to me, we would be closer now.

과거의 가정이 현재에 영향을 미치는 혼합가정법이므로 If절은 가정법 과거완료로 쓰고, 주절은 가정법 과거로 써야 한다.

CHAPTER 10 특수 구문

Point 35 강조 / 부정

A

1 did try　　2 does know
3 do appreciate　　4 did need

해석
1 그들은 경기에서 우승하기 위해 최선을 다했다.
2 그는 그 기계를 고치는 방법을 안다.
3 프로젝트를 도와주셔서 감사드립니다.
4 우리는 이 문제에 대해 이야기할 필요가 있었다.

B

1 It is rain that makes the grass green.
2 It was Chris who found the hat I had lost.
3 He never goes to bed before midnight.
4 No student understood the new math concept.
5 Her advice is not always useful.
6 It was in 2020 when we moved to a new city.
7 It was last night that they had the argument.
8 Not every book on the shelf is interesting.
9 I cannot find my umbrella anywhere.
10 None of the food was left after the party.

Point 36 도치

A

1 Never will I forget the kindness he showed me.
2 Behind the curtain was a cute cat hiding.
3 Seldom does he listen to my advice.
4 Next to the castle flows a wide river.
5 Only by working hard can you achieve your goals.
6 Little did he expect that the test would be so difficult.
7 No longer can we ignore the environmental issues.
8 Rarely does she go to the department store.

해석
1 나는 그가 나에게 보여준 친절을 절대 잊지 않을 것이다.
2 커튼 뒤에 귀여운 고양이가 숨어 있다.
3 그는 내 조언을 좀처럼 듣지 않는다.
4 성 옆으로 강이 흐르고 있다.
5 오직 열심히 일한 후에야 너는 너의 목표를 성취할 수 있다.
6 그는 그 시험이 이렇게 어려울 거라고 전혀 예상하지 못했다.
7 우리는 더 이상 환경문제를 무시할 수 없다.
8 그녀는 백화점에 거의 가지 않는다.

B

1 neither, were, they
2 so, did, his, friend
3 so, am, I
4 so, does, her, mother
5 neither, did, I
6 neither, could, I

시험에 나오는 서술형

01 does, feel
일반동사를 강조할 때는 조동사 do를 사용하고 뒤에는 동사원형이 온다. 주어가 3인칭 단수이고 현재 시제이므로 does feel이 적절하다.
해석 그는 다가올 발표에 자신감이 있다.

02 did, consider
주어가 we이고 과거 시제이므로 did를 사용하여 쓴다.
해석 우리는 좀더 큰 집으로 이사 가는 것을 고려했다.

03 do, know
주어가 they이고 현재 시제이므로 do를 사용하여 쓴다.
해석 그들은 그 문제의 답을 알고 있다.

04 (1) It was the noise that[which] woke me up last night.
(2) It was me that[whom] the noise woke up last night.
(3) It was last night that[when] the noise woke me up.
강조하려는 단어나 구를 It be동사와 that 사이에 넣고, 나머지를 that 뒤에 써 준다.
해석 그 소음이 지난밤에 나를 깨웠다.
(1) 지난밤에 나를 깨운 것은 그 소음이었다.
(2) 그 소음이 지난밤에 깨운 것은 나였다.
(3) 그 소음이 나를 깨운 것은 지난밤이었다.

05 Not everyone
부분부정을 나타내는 '모두가 ~은 아니다'는 「not+all[every/always 등]」으로 표현한다.

06 None of us
'~ 중 아무도'를 나타내는 표현은 「none of + 명사」이다.

07 is → was
that 뒤에 나오는 절의 시제가 과거이고, 명백한 과거를 나타내는 부사인 yesterday가 있으므로 be동사 is를 was로 고쳐야 한다.
해석 우리가 어제 그 흥분된 소식을 들은 것은 그 파티에서였다.

08 who → that[where]
강조 대상이 장소를 나타내는 부사구이므로 who를 that이나 where로 고쳐야 한다.
해석 우리가 그 오래된 책을 발견한 곳은 도서관에서였다.

09 This → It
「It be동사 ~ that ...」 강조 구문이므로 This를 It으로 고쳐야 한다.
해석 우리가 기억에 남는 휴가를 떠난 것은 그때 여름이었다.

10 Hardly did the hunter notice the bear approaching.
「Hardly + did + 주어 + 동사원형」의 어순으로 쓴다.
해석 그 사냥꾼은 곰이 다가오는 것을 거의 알아채지 못했다.

11 Down this street is a famous gallery.
「방향·장소를 나타내는 부사구 + 동사 + 주어」의 어순으로 쓴다.
해석 유명한 갤러리가 이 길 아래쪽에 있다.

12 Never does Sujin get up late even on Sundays.
「Never + does + 주어 + 동사원형」의 어순으로 쓴다.
해석 수진이는 일요일에도 절대 늦게 일어나지 않는다.

13 Only five minutes did David stay at the meeting.
「Only 부사구 + did + 주어 + 동사원형」의 어순으로 쓴다.
해석 David는 그 모임에 겨우 5분 동안만 머물렀다.

14 Neither can I.
부정동의는 Neither를 사용하여 쓴다. A에 쓰인 동사가 조동사 can't이므로 뒤에 can I가 이어져야 한다.
해석 A: Juan이 나에게 거짓말을 했다는 게 믿기지 않아.
B: 나도 믿을 수 없어.

15 A new car is not always better.
부분부정은 「not+all[every/always 등]」으로 표현한다.
해석 A: 나는 새 차를 사기 위해 돈을 모으고 있어.
B: 새 차가 항상 좋은 건 아니야.

16 So am I.
긍정동의는 So를 사용하여 쓴다. A에 쓰인 동사가 be동사이므로 뒤에 am I가 이어져야 한다.
해석 A: 나는 이번 주말에 있을 콘서트에 정말 흥분 돼.
B: 나도 마찬가지야.

17 Out of the burning house rushed firefighters.
강조를 위해 장소를 나타내는 부사구가 문장 맨 앞에 오면 주어와 동사의 순서가 바뀐다.
해석 불타고 있는 집 밖으로 소방관들이 뛰쳐나왔다.

18 Seldom does she watch TV on weekends.
부정어 Seldom이 문장 맨 앞에 오고 동사가 일반동사이면 「do + 주어 + 동사원형」이 이어진다. 주어가 she이고 현재 시제이므로 do는 does로 써야 한다.
해석 그녀는 주말에 좀처럼 TV를 보지 않는다.

19 No longer does the hotel offer free breakfast.
부정어 No longer가 문장 맨 앞에 오고 동사가 일반동사이면 「do + 주어 + 동사원형」이 이어진다. 주어가 the hotel이고 현재 시제이므로 do를 does로 고쳐야 한다.

해석 그 호텔은 더 이상 무료 조식을 제공하지 않는다.

20 did she imagine meeting him there

강조를 위해 부정어 never가 문장 맨 앞에 왔고, 동사가 일반동사이므로 「Never + do + 주어 + 동사원형」의 어순으로 써야 한다. 과거 시제이므로 do를 did로 쓰는 것에 유의한다.

해석 Amy가 David를 보았을 때, 그녀는 작은 서점을 구경하고 있던 중이었다. 그녀는 그곳에서 그를 만날 거라고 전혀 상상하지 못했다. 그들이 마지막으로 이야기한 이래로 몇 년 만이었다. 그들은 둘 다 놀랐지만, 이런 예상하지 못한 장소에서 밀린 이야기를 하느라 기뻤다.

21 Little did I dream that I would go to Europe.

부정어 Little이 문장 앞에 왔고 일반동사이므로 조동사 do를 사용하여 도치 문장으로 써야 한다. 과거 시제이므로 did를 써야 하는 것에 유의한다.

22 Seldom does my mother draw pictures these days.

주어가 my mother로 3인칭 단수이고 현재 시제이므로 do를 does로 고쳐야 하고 동사원형이 이어져야 한다.

23 Never have I seen her since last summer.

Never가 문장 맨앞에 왔으므로 도치문장이 되어야 한다. 현재완료 시제의 have는 조동사이므로 have I seen의 어순으로 써야 한다.

24 ⓐ wanted → want ⓑ stand → stands ⓔ This → It

ⓐ 일반동사를 강조할 때는 인칭과 시제에 맞춰 조동사 do를 쓰고 뒤에 동사원형을 쓴다.

ⓑ 장소나 방향을 나타내는 부사구가 문장 앞에 오면 주어와 동사가 도치되는데, 주어가 3인칭 단수이므로 동사는 stands가 되어야 한다.

ⓔ 「It be동사 ~ that ...」 강조 구문이므로 This를 It으로 고쳐야 한다.

해석 ⓐ Tom은 정말 그녀와 이야기하고 싶었지만, 그녀는 떠났다.
ⓑ 공원 한 가운데에 분수대가 서 있다.
ⓒ 그들은 그 문제를 전혀 이해하지 못했다.
ⓓ 그는 약속에 절대 제 시간에 나타나지 않는다.
ⓔ 많은 관광객들을 모으는 건 그 건물의 독특한 디자인이다.

25 ⓑ are → is ⓒ their fans were → were their fans ⓔ was → did

ⓑ 전체부정을 나타내는 「None of + 명사」는 명사의 수에 동사를 일치시킨다.

ⓒ So가 문장 앞으로 와서 긍정 동의를 나타내는 구문이므로 「So + 동사 + 주어」의 어순이 되어야 한다.

ⓔ 일반동사 expect가 있으므로 be동사 was를 did로 고쳐야 한다.

해석 ⓐ 파티를 재미있게 만든 것은 음악이었다.
ⓑ 그 정보는 아무것도 유용하지 않다.
ⓒ 그 팀은 승리에 행복했고, 그들의 팬도 마찬가지였다.
ⓓ 그 가게의 모든 옷들이 세일 중인 것은 아니었다.
ⓔ 나는 공항에서 나의 오랜 친구를 만나게 되리라고는 조금도 예상하지 못했다.

CHAPTER
11 글의 세부 내용·주제 파악하기

Point 01 내용 일치

예시유형

pitch, catch, winner

해석 야구는 두 팀이 경기 동안 공을 던지고 잡음으로써 경기하는 스포츠이다. 각 팀에는 투수와 포수를 포함하여 9명의 선수들이 있다. 경기는 몇 개의 이닝으로 나누어지며, 경기 마지막에 가장 많은 점수를 얻은 팀이 승리하게 된다.
→ 두 팀의 야구선수들은 점수를 내기 위해 공을 던지고 잡는데, 마지막 이닝에서 가장 많은 점수를 얻은 팀이 승자가 된다.

A

1 (1) Lost (2) Size (3) Color

해석 A: 도와드릴까요?
B: 네. 저는 제 개를 찾고 있어요. 이름은 프린스예요.
A: 그 개는 어떤 모습인가요?
B: 아주 작고 하얀 털을 가지고 있어요.
A: 좀 더 자세히 말해줄 수 있나요?
B: 음, 꼬리가 정말 길어요.
A: 알겠습니다. 그리고 한 가지 더요. 어디에서 잃어버렸나요?
B: 공원 옆 호숫가 근처에서 잃어버렸어요.
A: 알겠습니다. 제가 가서 공지를 할게요. 여기서 잠시 기다려주실 수 있나요?
B: 네, 감사합니다.

반려동물 분실 신고	
동물 종류	개
이름	프린스
크기	매우 작음
색깔	흰색 털
분실 장소	공원 옆 호숫가 근처
특이 사항	긴 꼬리

2 (1) stones (2) a, cone
(3) avoiding, paying, high, taxes

해석 Mike: 너 트룰리라고 불리는 집에 대해 들어봤니?
Crystal: 아니, 그게 뭔데?
Mike: 트룰리는 몇 세기 전에 이탈리아 남부에 지어진 주거용 건물이야. 그것들은 돌을 원뿔 모양으로 쌓아서 만들어졌는데, 그것이 그 집들을 쉽게 짓고 쉽게 부술 수 있게 했어.
Crystal: 쉽게 부술 수 있다고? 이해가 안 돼.
Mike: 그때는, 국민들이 본인이 가진 집의 개수에 따라서 세금을 냈어. 세금 징수원들이 마을에 오면, 사람들은 높은 세금을 내는 것을 피하기 위해 재빨리 집을 부쉈어. 세금 징수원들이 떠난 후에, 그들은 다시 돌을 쌓아서 집을 만들었지.
Crystal: 아하! 이제 무슨 말인지 알겠다!

트룰리의 주재료	돌
트룰리의 모양	원뿔
트룰리를 짓는 의도	높은 세금을 내는 것을 피하기 위해

3 (1) joining, hold (2) parties, month

해석 (1)
David: Emily, 우리 같이 학교 밴드에 가입하는 거 어때?
Emily: 물론이지! 나는 밴드에서 기타를 연주하고 싶어.
David: 나는 건반을 치고 싶어.
Emily: 그 밴드는 일주일에 세 번씩 방과 후에 연습한다고 들었어.
David: 알아, 그들의 첫 번째 콘서트가 다가오고 있거든. 그 콘서트는 10월 22일에 열릴 거야.
Emily: 멋지다. 나도 콘서트에서 공연하고 싶어.
David: 나도 그래. 하지만 오디션에 통과하는 게 먼저야.
(2)
Yeri: Roy, 너 우리 학교의 야채 키우는 클럽에 대해 들어 봤니?
Roy: 응, 들어봤어. 사실 나 거기에 가입하려고 해. 난 직접 야채를 키우고 수확하는 것에 관심이 있거든.
Yeri: 와, 우연의 일치구나. 나도 가입하려던 참이었어.
Roy: 그 클럽에 가입하면, 우리는 신선한 채소와 함께 달마다 파티를 즐길 수 있어. 첫 번째 파티는 9월 17일에 예정되어 있어.
Yeri: 그 파티가 너무 기다려져.

(1) David와 Emily는 학교 밴드에 가입하는 것에 관심이 있다. Emily는 기타를 치고 싶어 하고, David는 건반을 연주하고 싶어 한다. 그 밴드는 10월 22일에 콘서트를 열 것이다.
(2) 예리와 Roy는 채소 키우기 클럽에 가입하고 싶어 한다. 그 클럽에서 회원들은 매 달 신선한 채소와 함께 파티를 즐긴다.

B

1 (1) nutrients (2) digest, constant, work (3) supporting

해석 물은 지구상의 모든 생명체에게 중요하다. 식물은 성장하려면 뿌리를 통해 흙속의 영양분을 옮기기 위해 물이 필요하다. 동물과 인간도 음식을 소화하고, 일정한 체온을 유지하며, 세포가 제대로 기능하도록 돕기 위해 물이 필요하다. 물은 액체, 고체, 기체 상태로 존재할 수 있는 독특한 물질이다. 그래서 우리는 물을 강, 빙하, 구름 등에서 볼 수 있다. 또한, 물은 날씨를 형성하고 생태계 내의 생명을 유지하는 것을 돕는다. 물이 없으면 지구의 생명체는 존재할 수 없다.

물과 지구의 생명	
식물은 어떻게 자라는가?	식물은 영양분을 얻기 위해 뿌리를 통해 땅속의 수분을 흡수한다.
동물과 인간은 왜 물이 필요한가?	동물과 인간 둘 다 음식을 소화하기 위해, 일정한 체온을 유지하기 위해, 세포가 효율적으로 일하게 하기 위해 물이 필요하다.
물은 지구에 어떻게 영향을 끼치는가?	물은 기상 패턴에 영향을 미치고 생태계 내에서 생명을 지원하는 중요한 역할을 한다.

2 pollution, overfishing, injured, safety

해석 바다는 물고기와 해양 식물과 같은 다양한 해양 생물의 서식지이다. 하지만 오염과 남획은 이러한 생태계의 큰 문제거리이다. 특히, 플라스틱 쓰레기는 해양 동물과 식물에 해를 끼치고 부상이나 사망을 초래할 수 있다. 바다를 정화하고 플라스틱을 덜 사용하는 것은 해양 생물을 안전하게 지키는 데 매우 중요하다. 전 세계의 많은 단체와 자원봉사자들이 해변 청소, 규정 변경, 문제에 대한 교육을 통해 이 문제를 해결하기 위해 열심히 노력하고 있다.

> 바다는 오염과 남획으로 인해 큰 문제들에 직면해있다. 플라스틱 쓰레기는 해양 동물과 식물이 다치거나 심지어 죽게 만들기도 한다. 해양 생물의 안전을 위해, 우리는 바다를 정화하고 플라스틱을 덜 사용해야 한다.

3 environmentally, to install[installing], dependent, efficiently

해석 태양광 패널은 깨끗하고 재생 가능한 에너지를 만드는 놀라운 방법이다. 태양광 패널은 햇빛을 포착하여 광전지라는 특수 셀을 사용해 전기로 변환한다. 이러한 패널은 환경에 좋을 뿐만 아니라 장기적으로 돈을 절약하는 데도 도움이 된다. 많은 가정과 기업들이 화석 연료 의존도를 줄이고 전기 요금을 낮추기 위해 태양광 패널 설치를 선택하고 있다. 기술이 발전함에 따라 태양광 패널은 더욱 효율적이 되어 세계적으로 지속 가능한 에너지 솔루션으로 인기를 얻고 있다.

> Jacob: 이봐, 태양광 패널에 대해 들어본 적이 있니? 그건 깨끗하고 재생가능한 에너지를 만드는 놀라운 방법이야.
> Irene: 응, 그것에 대해 약간 읽어본 적이 있어. 그것은 햇빛을 모으고 전기로 변환하지. 그것들은 환경적으로나 경제적으로나 장기적으로 둘 다 좋은 방법이야.
> Jacob: 맞아! 그게 바로 가정집이나 기업들이 태양광 패널을 설치하기 시작하는 이유야. 그건 우리가 화석 연료에 덜 의존적이 되고 전기세를 줄이게 만들어주는 좋은 방법이야.
> Irene: 물론이야. 기술이 발전하면서, 우리는 더 효율적으로 태양광 패널을 사용할 수 있게 되었어.

4 (1) removing (2) label (3) Creating[To create]

해석 정리하는 것은 정말로 당신이 더 편안하게 느끼고 일을 더 빨리 끝내는 데 도움이 될 수 있습니다. 먼저, 필요하지 않은 물건들을 없애서 공간을 깨끗하게 정리하세요. 이것은 당신이 자주 쓰는 물건들을 더 쉽게 찾을 수 있도록 해줄 것입니다. 중요한 물건만 두는 것은 당신이 더 잘 집중하는 데 도움이 될 것입니다. 다음으로, 폴더와 상자에 라벨을 사용해서 찾고 있는 것을 빨리 발견할 수 있도록 하세요. 매일 또는 매주 일정을 만드는 것도 좋은 방법입니다. 숙제, 집안일, 휴식을 위해 특정 시간을 정함으로써 계획을 지키고 시간을 더 잘 관리할 수 있습니다. 이러한 간단한 요령을 따르면 스트레스를 줄이고, 더 생산적이며, 더 정돈된 삶을 즐길 수 있습니다!

정리하는 간단한 요령
(1) 더 이상 필요하지 않은 물건들을 버리는 것으로 시작해라.
(2) 그 다음, 필요한 것을 더욱 쉽게 빨리 찾을 수 있도록 폴더와 박스에 라벨을 붙여라.
(3) 매일 또는 매주 일정을 만드는 것은 또 다른 유용한 접근이다.

Point 02 요약문 완성

예시유형

(1) what she does in her free time
(2) to reduce her stress

해석 Jacob: 넌 여가 시간에 뭘 하니?
Irene: 난 사진 찍는 걸 좋아해.
Jacob: 어떤 종류의 사진을 찍니?
Irene: 나는 대개 아름다운 하늘 사진을 찍어. 그 사진들은 내 스트레스를 줄여주거든.

> Jacob은 Irene에게 여가 시간에 뭘 하는지 물어보았고, Irene은 스트레스를 줄이기 위해 대개 아름다운 하늘 사진을 찍는다고 대답했다.

A

1 allowed, usefulness, focusing

해석 예리: 진우야, 최근 소식 들었어?
진우: 무슨 소식?
예리: 다음 주부터 우리 영어 선생님이 수업 중에 스마트폰 사용을 허용하신대.
진우: 응, 그 소식 들었어.
예리: 그에 대해 어떻게 생각해?
진우: 매우 도움이 될 것 같아. 낯선 단어를 찾아볼 수 있잖아.
예리: 글쎄, 난 반대야. 스마트폰은 우리가 수업에 집중하는 데 방해가 될 수도 있다고 생각해.
진우: 네 말이 맞을 수도 있겠다.

> 예리와 진우는 다음 주에 영어 수업에서 스마트폰 사용이 허용된다는 소식에 대해 이야기하고 있다. 진우는 익숙하지 않은 단어를 찾는 데 있어서 스마트폰의 유용함을 언급하고 있지만, 예리는 스마트폰이 학생들이 집중하는 것을 방해할 수도 있다고 지적한다.

2 concern, participate, environmental

해석 Jake: Wendy, 너 TV 프로그램 "병든 지구" 봤어?
Wendy: 물론이지. 나는 지구에 대해 걱정하고 있어.
Jake: 나도 그래. 지구를 구하기 위해 행동해야 해.
Wendy: 맞아. Earth Hour에 참여하는 건 어때?
Jake: Earth Hour? 그게 뭐야?
Wendy: 환경을 위한 세계적인 운동이야.
Jake: 정말 멋지다! 어떻게 참여하는지 알아?
Wendy: 응, 아주 간단해. 환경에 대한 인식을 높이기 위해 함께 한 시간 동안 불을 끄고 있기만 하면 돼.
Jake: 그거 정말 쉽네! 바로 실천해보자!

> Jake와 Wendy는 지구에 대한 걱정에 대해 이야기하고, 환경 인식을 높이기 위해 사람들이 한 시간 동안 불을 끄는 세계적인 운동인 Earth Hour에 참여하기로 결정한다.

3 (1) is difficult to take care of (2) responsibility

해석 Luna: 너는 애완동물이 있니?
Hamin: 응, Max라는 이름의 개가 있어. 나는 매일 그를 돌봐— 먹이를 주고, 산책시키고, 놀아줘.
Luna: 와, 그건 많은 일인 것 같아. 그 모든 걸 하는 게 어렵지는 않니?
Hamin: 그렇게 어렵진 않아. Max는 정말 잘 행동해. 너는 애완동물을 돌보는 게 어렵다고 생각해?
Luna: 응, 그것은 큰 책임처럼 보여. 그것이 내가 개를 좋아하지만 키우기를 망설이는 이유야.

하민이와는 달리, Luna는 그녀의 개를 돌보는 것이 어렵다고 생각하는데, 왜냐하면 그것에는 많은 책임이 따르기 때문이다.

B

1 discuss, share, broadens

해석 Jacob은 항상 독서에 열정을 가지고 있다. 그는 대부분의 자유 시간을 과학 소설부터 역사 소설까지 다양한 장르의 책을 읽으며 보낸다. 최근에 그는 지역 도서관에서 가까운 친구들과 함께 독서 모임을 시작했다. 그들은 최근에 고른 책에 대해 토론하고 생각을 나누기 위해 매주 토요일마다 만난다. Jacob은 독서가 재미있을 뿐만 아니라 교육적이라고 생각하는데, 독서는 그에게 다양한 문화와 시대에 대한 지식과 이해를 넓혀주기 때문이다.

Jake는 그의 친한 친구들과 독서모임을 시작했다. 그는 그가 읽은 책에 대해 토론하고 그것에 대한 그의 생각을 나누기 위해 매주 토요일마다 그들을 만난다. Jacob에게 독서는 세상에 대한 지식과 이해를 넓혀주는 즐겁고도 교육적인 활동이다.

2 impact, patient, small, achievable

해석 습관은 우리가 매일 하는 작은 일들이며, 우리의 삶에 큰 영향을 미칠 수 있다. 규칙적으로 공부하고, 운동하고, 건강하게 먹는 것과 같은 좋은 습관은 우리가 성공하고 기분이 나아지도록 도와준다. 반면, 밤늦게까지 깨어 있는 것과 같은 나쁜 습관은 부정적인 결과를 초래할 수 있다. 이러한 습관은 목표를 달성하는 데 어려움을 주고, 건강을 해칠 수도 있다. 좋은 습관을 기르는 데는 인내가 필요하다. 작고 달성 가능한 목표를 설정하는 것이 중요하다. 예를 들어, 세 시간 연속 공부하려고 하기보다는 하루 30분부터 시작할 수 있다. 시간이 지나면서 점차 이 시간을 늘릴 수 있다.

우리의 습관은 일상생활과 전반적인 성공에 영향을 미친다. 좋은 습관을 기르기 위해서는 인내가 필수적이다. 큰 계획을 한 번에 세우기보다는, 매일 성취할 수 있는 작고 달성 가능한 단위로 쪼개어라.

3 understanding, expressing, release, improve

해석 화는 누구나 때때로 느끼는 자연스러운 감정이다. 하지만 화를 건강하고 현명하게 표현하는 것이 중요하다. 먼저, 왜 화가 나는지를 이해해야 한다. 누군가가 당신의 감정을 상하게 했는가? 아니면 스트레스 때문인가? 믿을 수 있는 사람과 자신의 감정을 나누는 것도 좋다. 또한, 건강하게 화를 해소할 방법을 찾아야 한다. 소리 지르거나 행동으로 나타내는 대신, 산책을 하거나 음악을 듣거나 일기를 쓸 수도 있다. 스포츠와 같은 신체 활동도 기분을 좋게 하는 데 도움이 된다.

화는 그 원인을 이해하고 건강한 방법으로 표현함으로써 관리될 수 있는 자연스러운 감정이다. 화를 해소하고 기분을 개선하기 위해서는 산책이나 운동과 같은 신체 활동에 참여하거나 또는 음악 감상, 일기쓰기 같은 조용한 시간을 갖는 것이 도움이 된다.

4 rewarding, strengthen, connected, supporting

해석 다른 사람을 돕는 것은 사람이 할 수 있는 가장 보람 있는 일 중 하나이다. 도움이 크든 작든 상관없다. 간단한 친절한 행동도 큰 영향을 미칠 수 있다. 친구의 숙제를 돕는 일이든 지역 자선단체에서 자원봉사를 하는 일이든, 다른 사람에게 도움을 주는 것은 공동체를 강화하고 사람들을 더 가까워지게 만든다. 개인적으로, 나는 말동무가 되어 드리기 위해 홀로 지내시는 어르신을 방문하고, 그들이 필요로 하는 후원을 얻을 수 있게 도울 수 있는 방법을 모색한다. 다른 사람을 돕는 것은 우리가 모두 연결되어 있다는 것을 일깨워주며, 함께 노력함으로써 세상을 더 나은 곳으로 만들 수 있음을 상기시켜 준다.

작은 친절한 행동도 보람 있는 일이다. 그것은 공동체를 강화하며 사람들이 연결되어 있다고 느끼게 만든다. 도움이 필요한 사람들을 후원함으로서, 우리는 세상을 더 나은 곳으로 만들 수 있다.

실전 예상 문제

[01-02]

01 (1) preparing for the presentation
(2) helping her sister with her homework

02 busy, preparation, refusal

해석 Tony: Emily, 무슨 걱정이라도 있니? 얼굴이 안 좋아 보여.
Emily: 어떻게 해야 할지 잘 모르겠어, Tony. 내 여동생이 이번 주 목요일에 숙제를 도와달라고 했는데, 내가 거절했거든.
Tony: 왜? 목요일에 해야 할 일이 많니?
Emily: 응, 오전에는 도서관에 몇 권의 책을 반납해야 해. 그 다음에 오후에는 너와 만나서 발표 준비를 해야 해. 그 후에는 저녁에 시험공부를 해야 해.
Tony: 매우 바쁜 하루가 될 것 같구나.
Emily: 응, 하지만 내 동생이 실망해서 죄책감이 들어.
Tony: 우리의 발표 준비를 위해서는 금요일에 만나는 게 어때? 필요한 자료는 내가 목요일까지 준비해 놓을게.
Emily: 정말? 그거 정말로 도움이 될 것 같아! 이해해줘서 고마워, Tony!

목요일의 일정 변경

원래 일정	변경된 일정
발표 준비하기	여동생의 숙제 도와주기

10월 22일 목요일
오늘은 정말 바빴다. 도서관에서 빌린 책을 반납해야 했다. 그 후에 나는 발표 준비를 위해 Tony를 만나기로 되어있었지만, 우리는 그것을 내일로 일정 변경하기로 결정했다. 이것은 내가 여동생의 숙제를 도와줄 시간을 갖게 해주었고, 이전에 거절한 것에 대해 기분이 더 나아졌다. 여동생을 도운 후 나는 기말 시험공부를 하며 저녁시간을 보냈다.

[03-04]

03 (1) reading an article (2) rain
(3) food (4) negative

04 climate change, population growth, saving, joining, importance

해석 Amy: Tom, 왜 그렇게 심각한 표정이야? 뭐 읽고 있어?
Tom: 환경에 관한 기사를 읽고 있어. 요즘 물 부족 문제가 심각해지고 있다고 나와 있어.
Amy: 그 얘기 들은 적 있어. 정말 그렇게 심각해?
Tom: 응. 전 세계적으로 깨끗한 물이 점점 부족해지고 있어.
Amy: 그럼 우리나라에도 물 부족 문제가 있는 거야?
Tom: 우리나라에는 아직 큰 문제가 없지만, 여름에 가뭄이 오면 농사에 영향을 줄 수 있어. 농작물이 죽게 되고, 그것은 식량 부족으로 이어질 거야.
Amy: 그렇구나. 그런데 왜 물이 부족한 거야?

Tom: 주된 이유는 기후 변화와 인구 증가야. 기후 변화로 인해 비가 덜 오고 있는데, 사람들은 더 많은 물을 사용하고 있어. 게다가 수질 오염도 문제가 되고 있어.
Amy: 공장이나 농장에서 나오는 폐수가 수질 오염을 일으킨다고 들었어.
Tom: 맞아. 오염된 물은 사람들의 건강에 부정적인 영향을 줄 수 있어.
Amy: 우리가 할 수 있는 일이 있을까?
Tom: 물론이지! 물을 절약하는 것이 중요해. 그리고 환경 단체에 가입해서 후원하거나 직접 봉사 활동을 할 수도 있어.
Amy: 작은 실천이 중요하구나. 나도 물을 아껴 써야 겠어!

왜 Tom은 심각해 보이는가?	그는 환경에 관한 기사를 읽은 후 걱정이 되었다.
여름에 비가 오지 않으면 어떻게 되는가?	농작물이 죽을 것이고 사람들은 식량부족으로 고통 받게 될 것이다.
오염된 물의 가장 큰 문제는 무엇인가?	사람들의 건강에 부정적인 영향을 줄 수 있다.

Tom은 기후 변화와 인구 증가로 인해 깨끗한 물이 전 세계적으로 부족해지고 있다고 설명한다. 그는 또한 수질 오염이 건강에 해로운 영향을 미칠 수 있다는 점을 강조한다. Amy는 물을 절약하고 환경 단체에 가입하는 등 도움을 줄 방법을 찾는 것이 중요하다는 것에 동의하며, 작은 실천의 중요성을 깨닫는다.

[05-06]

05 (1) Mepsilon Co. (2) Recognition
(3) plays your favorite music (4) a desk lamp

06 equipped, orders, function, offering, forecasts, serve

해석 침대에서 일어나지 않은 채 침실의 불을 끄고 싶으신가요? 그렇다면 Highend가 당신에게 딱 맞는 제품입니다. Highend는 Mepsilon 사에서 만든 첫 번째 스마트 스피커입니다. 그것은 AI 기술을 사용하여 여러분의 삶을 더욱 편리하게 만들어 줍니다. 이 기기는 여러분의 목소리를 인식하고 지시를 수행할 수 있습니다. 개인 음성 비서가 되어줄 수 있는 것이죠!
Highend는 여러 가지 방식으로 여러분을 도와줄 수 있습니다. 먼저, Highend에게 어떤 질문이든 할 수 있습니다. 그것은 인터넷을 검색하여 여러분에게 답변을 제공할 것입니다. 또한, Highend는 아침에 여러분을 깨우는 데도 도움을 줄 수 있습니다. 알람을 설정하고 싶은 시간을 말하면, 설정된 시간에 여러분이 가장 좋아하는 음악을 재생하여 여러분을 깨워줄 것입니다. Highend는 하루의 날씨 정보도 알려줄 수 있습니다! 마지막으로, 기기 상단의 밝은 LED가 책상 램프 역할을 할 수 있습니다. 스마트 스피커를 구매할 생각이라면, Mepsilon 사의 Highend가 훌륭한 선택이 될 것입니다.

특징	설명
제조사	Mepsilon 사
주요 기술	인공지능 기술
주요 기능	음성 인식: 당신의 목소리를 알아듣고 명령을 수행합니다.
	인터넷 검색: 당신의 질문에 적절한 대답을 제공합니다.
	알람: 당신을 깨우기 위해 정해진 시간에 당신이 가장 좋아하는 음악을 재생합니다.
	LED 램프: 책상 램프로 사용될 수 있습니다.

Highend는 사용자의 일상생활을 향상시키기 위해 AI 기술이 탑재된 스마트 스피커입니다. 이 스피커는 사용자의 명령을 따를 수 있고 개인 음성 비서 역할을 하여 질문에 대한 답변을 제공하고, 알람을 설정하며, 일기 예보를 알려줍니다. 또한, 이 기기의 LED는 책상 램프 역할도 할 수 있습니다.

[07-08]

07 emissions, flow, shade, protection, eco-friendly

08 of the buildings such as open structures and large gardens contribute to a better quality of life for people in Singapore

해석 싱가포르는 연중 내내 더운 날씨가 계속된다. 그곳의 대부분의 건물은 에어컨에 크게 의존하는데, 이는 많은 에너지를 사용하고 온실가스 배출에 기여한다. 이것이 싱가포르의 건축가들이 이제 친환경 건물을 설계하고 있는 이유이다. 이러한 건물은 에어컨을 덜 사용하면서도 내부를 시원하게 유지한다. 예를 들어, 많은 건물은 자연 공기가 내부로 유입될 수 있도록 개방된 구조를 가지고 있다. 이러한 자연 환기는 인위적인 냉방에 지나치게 의존하지 않고도 건물을 시원하게 유지하는 데 도움을 준다. 건축가들은 또한 건물에 그늘을 제공하고 직사광선으로부터 보호하기 위해 대형 정원을 포함한다. 이러한 친환경 건물은 환경을 도울 뿐만 아니라 사람들의 삶의 질도 향상시킨다. 이것이 바로 이 새로운 건축 스타일의 목표이다.

Wendy: 싱가포르는 일 년 내내 더워서 사람들이 에어컨 사용을 위해 에너지를 많이 소비한다고 들었어.
Chris: 맞아. 그건 대기 중에 더 많은 온실가스를 배출하게 해.
Wendy: 응, 그것이 요즘 싱가포르의 건축가들이 친환경 건물을 설계하는 이유야. 그 건물들은 에어컨을 덜 사용하지만 여전히 내부를 시원하게 유지할 수 있대.
Chris: 그게 어떻게 가능한 거야?
Wendy: 건물들을 개방된 구조로 설계해서 공기가 자연스럽게 흐를 수 있도록 하거든. 그래서 너무 많은 에어컨을 사용하지 않아도 건물이 시원해져.
Chris: 오, 똑똑하네! 또 다른 방법은 뭐야?
Wendy: 큰 정원을 추가하기도 해. 정원은 건물에 그늘을 제공할 뿐만 아니라 태양으로부터 보호해줘서 내부를 더 시원하게 유지하는 데 도움이 돼.
Chris: 멋지다! 그러니까 이 건물들은 환경도 보호하고 사람들의 삶도 더 나아지게 해주는 거네, 맞지?
Wendy: 맞아! 그게 바로 이 새로운 건축 양식의 목표야. 건축가들이 더 많은 친환경 아이디어를 계속 생각해냈으면 좋겠어.

건물들의 개방 구조와 대형 정원과 같은 친환경 특징들은 싱가포르 국민들의 더욱 나은 삶의 질에 기여한다.

[09-10]

09 Red, Blue, Navy

10 colors, creative, relationships, strict, hands-off, logical, supportive

해석 1) BLUE 리더
- 새로운 관점에서 문제에 접근한다
- 신선한 아이디어와 개념을 창출한다
- 업무를 다루기 위해 다양한 방법을 사용한다.

2) GREEN 리더
- 팀원들이 존중받는다고 느끼게 한다

- 긍정적인 분위기를 조성한다
- 개방적인 소통을 유지한다

3) NAVY 리더

- 각자의 역할을 정확히 정의한다
- 업무의 적시 완료를 강조한다
- 모든 절차가 제대로 이루어지도록 한다

4) PURPLE 리더

- 독립적인 작업 방식을 장려한다
- 사람들을 통제하지 않으려 한다
- 필요한 경우가 아니면 조언하지 않는다

5) RED 리더

- 합리적인 의사결정을 잘한다
- 문제와 상황을 분석한다
- 팀의 성공을 가장 효율적인 방식으로 달성하려 한다

6) YELLOW 리더

- 모범을 통해 팀원들을 이끈다
- 팀원들이 주목받게 만든다
- 팀원들의 요구를 충족시킨다

Joy: 나는 팀의 목표를 성취하기 위해 효율이 가장 중요하다고 생각해. 나는 Red 리더야.

Yeri: 나는 새로운 방법으로 임무를 다루고, 전에 없었던 새로운 것을 창출하는 걸 좋아해. 나는 Blue 리더야.

Irene: 나는 프로젝트를 여러 작업으로 세분하는 걸 좋아해. 나는 팀원들이 제 시간에 임무를 끝내줬으면 좋겠어. 나는 Navy 리더야.

리더 유형은 색상을 사용해서 표현될 수 있다. 예를 들어, 문제를 새로운 관점에서 접근하는 창의적인 리더는 '블루 리더'라고 부를 수 있다. 관계를 가장 중요하게 여기는 친근한 리더는 '그린 리더'라고 부를 수 있으며, 각 팀원의 역할을 명확히 하고 업무를 제때 완료하도록 하는 엄격한 감독자는 '네이비 리더'라고 부를 수 있다. 또한, 팀원들이 독립적으로 일할 수 있도록 하는 자유 방임형 관리자는 '퍼플 리더'라고 부를 수 있고, 합리적인 사고 능력을 갖고 있는 논리적인 리더는 '레드 리더'라고 부를 수 있다. 마지막으로, 자신보다 팀원들이 돋보이도록 돕는 지원형 멘토는 '옐로우 리더'라고 부를 수 있다.

CHAPTER
01 시제

A

01 It has rained[had been raining] heavily since last night.
02 Jane changed her job before she was married.
03 They have been building this house for two months.
04 Everyone expected that the plan would succeed.
05 Hajun found the book which he lost[had lost] a few days before.
06 My father used to say that the early bird catches the worm.
07 When Wendy arrived at the station, the last train had already left.
08 Sarah will go to bed after she finishes her homework.
09 When Jacob came home, his friends had been preparing his birthday party.
10 I felt familiar with the place because I had been there several times.

B

11 Had, heard, hadn't
12 Have, been, studying, haven't

C

13 Yongjun had never been to Japan until he was 34 years old.
14 Jacob has been waiting to visit Irene since last week.
15 After the movie had ended, no one could leave their seats.
16 I didn't know that the Korean War broke out in 1950.
17 We had been playing soccer for an hour when it started to rain.
18 Had you finished your homework before the movie started?
19 I heard that it would rain today.
20 No one believed that Earth revolves around the Sun.

CHAPTER
02 수동태

A

01 A new bridge is being built over the river.
02 They were allowed to play computer games.
03 John will pay the tuition.
04 My laptop can be used at any time.
05 Billy was offered the job. / The job was offered to Billy.
06 His son was made to get up early in the morning.
07 She was seen to prepare dinner for us.
08 The old chair was gotten rid of by me.
09 It is believed that the story is true. / The story is believed to be true.
10 Three books have been written by her so far.

B

11 The room has been painted blue.
12 The product is being developed by a company.
13 The project can be completed by the end of the week.
14 The issue was kept unresolved by her.
15 The students were made to write an essay by the teacher.
16 The heater is turned on to warm up the room.
17 Roy is believed to have done his best in the competition.
18 It is known that smoking is harmful to health.
19 A historical movie was shown to the students on June 25th.

C

20 An injured cat is being taken care of by

CHAPTER
03 to부정사

A

01 to take / 그녀는 다음 달에 휴가를 가기로 결정했다.
02 to improve / Jessica는 피아노 실력을 향상시키기 위해 매일 연습했다.
03 to read / 그녀는 나에게 긴 비행 중에 읽을 책을 주었다.
04 to try / 나는 도심에 새로 생긴 식당을 가보게 되어 신났다.
05 to become / 그의 목표는 세계 최고의 축구선수가 되는 것이다.
06 to help / 그녀가 이렇게 많은 사람들을 돕는 것을 보니 친절한 사람임에 틀림없다.

B

07 It was careless of him to leave the door unlocked last night.
08 I made him clean the house before the guests arrived.
09 I tried not to laugh during the meeting.
10 Jake is someone strong to overcome any difficulties.

11 It's unusual for him to take such a long vacation from work.
12 We expect the delivery to arrive tomorrow.
13 She seems to enjoy her new job.
14 She let her brother borrow her car to go on a short trip.
15 Danny had his house painted before selling it.
16 I saw him leave[leaving] the house early with a suitcase.
17 The teacher helped us (to) prepare for the exam.

C
18 It was impossible for us to solve the problem without his help.
19 We heard the song played at the party.
20 It was considerate of her to bring us food.

CHAPTER 04 동명사

A
01 to do → doing
02 receive → receiving
03 to forget → forgetting
04 investing → to invest
05 to carry → carrying
06 to make → making
07 taking → to take
08 study → studying
09 informing → to inform
10 to try → trying

B
11 that you will[should] call
12 soon as she heard the news
13 cannot help but feel
14 on the point of giving

C
15 Paul's laziness prevented him from succeeding in his studies.
16 She forgot to charge her phone last night.
17 Jacob is thinking about traveling to the Philippines this winter.
18 My father prefers walking to work to driving.
19 The park allows camping in designated areas.
20 We objected to changing the team leader.

CHAPTER 05 분사

A
01 Hearing the news
02 Not studying
03 Having seen the movie before
04 Being nervous
05 talking about their weekend plans

B
06 When I looked at the sky
07 After he had saved enough money
08 As we didn't expect rain
09 Though they were tired
10 while she was smiling brightly

C
11 The boy looked at the barking dog in fear.
12 The weather being bad, we canceled the picnic.
13 With her hair blowing in the wind, she looked beautiful.
14 Having lived in London for five years, she didn't know the city well.
15 Surprised by the unexpected gift, she smiled happily.
16 Having lost his wallet, he couldn't pay for the meal.
17 Feeling frustrated by the long delay, I called customer service.
18 With the door locked, I felt safe inside.
19 The food having spoiled, we ordered pizza.
20 Cathy saw her name written on the list.

CHAPTER 06 비교

A
01 Her drawing is superior to mine.
02 *Dune: Part Two* is the best movie that I've (ever) seen.
03 Nothing is more precious than time.
04 Lisa is taller than any other woman in this group.
05 The harder the challenge, the greater the reward feels.
06 The colder it gets, the heavier coat I wear.
07 The vacation was one of the best moments of my life.
08 It is one of the hardest books that I've ever read.
09 The more you study, the easier the exam will feel.
10 No sooner had Jacob lain down than he fell asleep.

B
11 My mother prefers cooking at home to eating out at restaurants.
12 We cleaned the house prior to the party.
13 No fruit is sweeter than a ripe mango.
14 No sooner had I started to take a shower than the doorbell rang.
15 The more friends you make, the more fun you have.
16 This painting is more beautiful than any other artwork here.
17 This is one of the largest cities in the country.

18 The quality of this computer is inferior to that of the previous model.

C

19 No other animal is faster than a cheetah.

20 No sooner had I gone out than it began raining.

CHAPTER 07 접속사

A

01 Do you guess what → What do you guess

02 love → loves

03 am → are

04 During → While

05 if → whether

06 she reads → does she read

07 Though → Despite[In spite of]

08 are → is

09 will graduate → graduates

10 and → or

B

11 tired that she cannot go out tonight

12 that she could look slender

13 enough for me to envy her

C

14 Traveling as well as reading broadens one's perspective.

15 Where do you suppose they went after school?

16 I'm studying English in order to work abroad.

17 What caused him to change his mind?

18 We will leave for the beach as soon as it stops raining.

19 I'd like to know why she didn't come.

20 It is hard enough for her to understand the instructions.

CHAPTER 08 관계사

A

01 The children who are playing in the amusement park look very happy.

02 What they found in the old house was astonishing.

03 Chris overslept, which was very unusual.

04 They are the musicians whose performance is fascinating.

05 He gave me what I had been asking for.

B

06 The man whom[who/that] I introduced to her is honest.

07 Jenny likes the teacher who often gives her valuable advice.

08 The girl admires the author whose books have inspired many people.

09 The woman is a lawyer from whom I got advice. /
The woman is a lawyer whom[who/that] I got advice from.

10 The movie which[that] we watched last night was amazing.

11 The car which[that] was going too fast stopped suddenly.

12 This is the company whose products are eco-friendly.

13 The movie is a masterpiece about which people have talked for years. /
The movie is a masterpiece which people have talked about for years.

C

14 Do you know the time when the train arrives?

15 That's the park where we used to play.

16 Do you know the reason why they canceled the event?

17 I don't know how she solved the problem. /
I don't know the way she solved the problem.

D

18 He is the member of the soccer club with whom I play soccer. /
He is the member of the soccer club whom I play soccer with.

19 Do you remember the store where we bought those shoes?

20 She is the author whose book won several awards.

CHAPTER 09 조동사 / 가정법

A

01 used to[would] play

02 are used to pull

03 are used to using

04 should have accepted

05 must have forgotten

06 need not have worried

B

07 don't know, can't tell

08 didn't leave, couldn't catch

09 didn't study, am not

10 didn't go

11 is not

C

12 If I had seen the warning sign, I would have stopped the car.

13 If Chris had not injured his leg, he could attend the game now.

14 The dog barked as if it sensed danger.

15 He must have been a stranger to this town.

16 If he were here, he would help us.

17 I wish I had gone to bed earlier last night.

18 The bus should have arrived ten minutes ago.

19 She may have heard what happened to Bill.

20 If he had driven carefully, he wouldn't be in the hospital now.

CHAPTER 10 특수구문

A

01 did see

02 It was this book that

03 It was in Paris that

04 does hope

05 do enjoy

B

06 is → are

07 make → makes

08 stand → stands

09 was → were

10 shows → show

11 am → do

12 were → did

13 the teacher will → will the teacher

14 neither I did → neither did I

C

15 Not everyone is able to attend the event.

16 Rarely does Jerry arrive on time for meetings.

17 Terry doesn't understand the movie at all.

18 He is not always in a good mood.

19 She can speak three languages, and so can I.

20 It is in the garden that we will hold the party.

시험에 나오는 서술형 유형 집중 공략

내신공략 중학영어

WorkBook 3

CHAPTER

01 시제

A 밑줄 친 부분을 바르게 고쳐 문장을 다시 쓰시오.

01 It was raining heavily since last night.

→ ______________________________

02 Jane changed her job before she had been married.

→ ______________________________

03 They have been built this house for two months.

→ ______________________________

04 Everyone expected that the plan will succeed.

→ ______________________________

05 Hajun found the book which he lose a few days before.

→ ______________________________

06 My father used to say that the early bird caught the worm.

→ ______________________________

07 When Wendy had arrived at the station, the last train already left.

→ ______________________________

08 Sarah will go to bed after she will finish her homework.

→ ______________________________

09 When Jacob came home, his friends has been preparing his birthday party.

→ ______________________________

10 I felt familiar with the place because I have been there several times.

→ ______________________________

B 대화의 빈칸에 들어갈 알맞은 말을 쓰시오.

11

A: __________ you __________ the news before Jessica told it to you? (Jessica가 당신에게 그것을 말해주기 전에 그 소식을 들어본 적이 있었나요?)

B: No, I __________. It was new to me.

(아니요, 들어본 적 없었어요. 그것은 저에게 새로운 소식이었어요.)

12

A: ____________ you ____________ ____________ for the exam all day? (하루 종일 시험공부를 해오고 있었니?)

B: No, I ____________. I took a break in the afternoon.
(아니, 그렇지 않아. 오후에 잠시 쉬었어.)

C 우리말과 일치하도록 ( ) 안의 단어를 바르게 배열하시오. (필요시 형태를 바꿀 것)

13 용준이는 그가 34살이기 전에 일본에 가본 적이 없었다. (부사절을 문장 맨 뒤에 쓸 것)
(be, be, have, he, Japan, never, 34, to, until, years old, Yongjun)

→ ______________________________

14 Jacob은 지난주부터 Irene을 방문하기를 기다려오고 있다. (전치사구를 문장 맨 뒤에 쓸 것)
(be, have, Irene, Jacob, last, since, to, visit, wait, week)

→ ______________________________

15 그 영화가 끝났었던 후에 아무도 자리를 떠날 수 없었다. (부사절을 문장 맨 앞에 쓸 것)
(after, can, end, have, leave, no one, seats, their, the movie)

→ ______________________________

16 나는 한국전쟁이 1950년에 발발했다는 것을 알지 못했다.
(in, didn't, that, I, break out, know, 1950, the Korean War)

→ ______________________________

17 비가 오기 시작했을 때, 우리는 한 시간 동안 축구를 해오고 있었다. (부사절을 문장 맨 뒤에 쓸 것)
(to rain, playing, for an hour, we, start, have, soccer, when, it, be,)

→ ______________________________

18 영화가 시작하기 전에 너는 숙제를 끝냈었니? (부사절을 문장 맨 뒤에 쓸 것)
(finish, the movie, have, you, before, your, start, homework)

→ ______________________________

19 나는 오늘 비가 올 거라고 들었다. (today, heard, will, I, that, rain, it)

→ ______________________________

20 아무도 지구가 태양 주위를 도는 것을 믿지 않았다.
(around, believed, Earth, no one, revolve, that, the Sun)

→ ______________________________

수동태

A

능동태 문장은 수동태로, 수동태 문장은 능동태로 바꿔 쓰시오. (두 가지가 가능하면 두 문장을 쓸 것)

01 They are building a new bridge over the river.

→ ______________________________

02 She allowed them to play computer games.

→ ______________________________

03 The tuition will be paid by John.

→ ______________________________

04 You can use my laptop at any time.

→ ______________________________

05 They offered Billy the job.

→ ______________________________

→ ______________________________

06 He made his son get up early in the morning.

→ ______________________________

07 I saw her prepare dinner for us.

→ ______________________________

08 I got rid of the old chair.

→ ______________________________

09 They believe that the story is true.

→ ______________________________

→ ______________________________

10 She has written three books so far.

→ ______________________________

B

우리말과 일치하도록 ( ) 안의 단어를 바르게 배열하시오. (필요시 형태를 바꿀 것)

11 그 방은 파란색으로 칠해졌다. (the, be, paint, room, have, blue)

→ ______________________________

12 그 제품은 한 회사에 의해서 개발되고 있는 중이다.
(by, develop, a company, be, the, being, the product)

→ ______________________________

13 그 프로젝트는 주말까지 완료될 수 있다.
(the week, can, the project, complete, the, end of, by, be)

→ ______________________________

14 그 문제는 그녀에 의해 해결되지 않은 채로 유지되었다.
(the issue, her, unresolved, by, be, keep)

→ ______________________________

15 학생들은 선생님에 의해 에세이를 쓰게 되었다.
(write, to, the teacher, make, the students, be, by, an essay)

→ ______________________________

16 방을 따뜻하게 하기 위해 히터가 켜져 있다. (turn on, to, the room, the heater, warm up, be)

→ ______________________________

17 Roy는 그 경기에서 최선을 다했었다고 생각된다.
(believe, the competition, Roy, his best, is, to, have, in, do)

→ ______________________________

18 흡연이 건강에 해롭다는 것은 잘 알려져 있다.
(smoking, health, be, that, harmful, it, to, know, be)

→ ______________________________

19 역사 영화 한 편이 6월 25일에 학생들에게 상연되었다.
(on, show, a historical movie, June 25th, to, be, the students)

→ ______________________________

C

우리말과 일치하도록 〈조건〉에 맞춰 영어로 쓰시오.

20 다친 고양이 한 마리가 James에 의해 돌봐지고 있다.

조건	1. injured, take care of를 사용할 것 2. 9단어로 쓸 것

→ ______________________________ James.

CHAPTER

03 to 부정사

A 빈칸에 들어갈 알맞은 말을 〈보기〉에서 골라 알맞은 형태로 쓰고 해석하시오.

보기	read	help	take	become	improve	try

01 She decided ____________ a vacation next month for relaxation.

→ ______________________________

02 Jessica practiced every day ____________ her piano skills.

→ ______________________________

03 She gave me a book ____________ on the long flight.

→ ______________________________

04 I was excited ____________ the new restaurant that opened downtown.

→ ______________________________

05 His goal is ____________ the best soccer player in the world.

→ ______________________________

06 She must be a kind person ____________ so many people.

→ ______________________________

B 어법상 틀린 부분을 찾아 바르게 고치고 문장을 다시 쓰시오.

07 It was careless for him to leave the door unlocked last night.

→ ______________________________

08 I made him to clean the house before the guests arrived.

→ ______________________________

09 I tried to not laugh during the meeting.

→ ______________________________

10 Jake is someone to overcome strong any difficulties.

→ ______________________________

Answer p.31

11 It's unusual of him to take such a long vacation from work.

→ ______________________________

12 We expect the delivery arrive tomorrow.

→ ______________________________

13 She seems enjoy her new job.

→ ______________________________

14 She let her brother to borrow her car to go on a short trip.

→ ______________________________

15 Danny had his house paint before selling it.

→ ______________________________

16 I saw him to leave the house early with a suitcase.

→ ______________________________

17 The teacher helped us preparing for the exam.

→ ______________________________

C

우리말과 일치하도록 ( ) 안의 단어를 바르게 배열하시오. (필요시 형태를 바꿀 것)

18 우리가 그의 도움 없이 문제를 해결하는 것은 불가능했다.

(help, impossible, without, the problem, it, solve, his, us, was, for)

→ ______________________________

19 우리는 그 노래가 파티에서 연주되는 것을 들었다.

(the party, the song, at, we, play, heard)

→ ______________________________

20 그녀가 우리에게 음식을 가져다 준 것은 사려 깊었다.

(bring, her, considerate, food, it, was, of, us)

→ ______________________________

CHAPTER

04 동명사

A 어법상 틀린 부분을 찾아 바르게 고치시오.

01 Don't put off to do what you should do today.

______________ → ______________

02 I'm looking forward to receive your reply as soon as possible.

______________ → ______________

03 I admitted to forget to send the email.

______________ → ______________

04 It is worthwhile investing time in learning new skills.

______________ → ______________

05 Most airlines don't allow to carry drinks over 100ml on the plane.

______________ → ______________

06 You should try to avoid to make the same mistake twice.

______________ → ______________

07 Joy refused taking the offer.

______________ → ______________

08 Juliuss is used to study late at night during exam season.

______________ → ______________

09 We regret informing you that the flight has been delayed.

______________ → ______________

10 It is no use to try to change Irene's mind once it's made up.

______________ → ______________

B 두 문장이 서로 같은 의미가 되도록 빈칸에 알맞은 말을 쓰시오.

11 Remember to call your grandmother on her next birthday.

= Remember ______________ your grandmother on her next birthday.

Answer p.32

12 On hearing the news, Emily immediately called her friend.

= As ______________________________, Emily immediately called her friend.

13 I cannot help feeling excited about the upcoming trip.

= I ______________________________ excited about the upcoming trip.

14 Isaac is about to give an important presentation in front of the audience.

= Isaac is ______________________________ an important presentation in front of the audience.

C

우리말과 일치하도록 ( ) 안의 단어를 바르게 배열하시오. (필요시 형태를 바꿀 것)

15 Paul의 게으름이 그가 학업에서 성공하지 못하게 했다.

(his studies, from, him, in, laziness, Paul's, prevent, succeed)

→ ______________________________

16 그녀는 어젯밤에 휴대전화를 충전해야 하는 것을 잊었다.

(forgot, last night, her, she, charge, phone)

→ ______________________________

17 Jacob은 이번 겨울에 필리핀으로 여행가는 것에 대해 생각 중이다.

(this winter, thinking, the Philippines, Jacob, is, about, to, travel)

→ ______________________________

18 나의 아버지는 운전하는 것보다 걸어서 출근하는 것을 더 선호하신다.

(prefers, drive, to work, my father, to, walk)

→ ______________________________

19 그 공원은 지정된 구역에서 캠핑하는 것을 허락한다.

(camp, the park, areas, in, allows, designated)

→ ______________________________

20 우리는 팀 리더를 바꾸는 것에 반대했다. (to, we, the, objected, team leader, change)

→ ______________________________

CHAPTER

05 분사

A 각 문장의 부사절을 분사구문으로 바꿔 쓰시오.

01 When she heard the news, she started crying.

→ ______________________________, she started crying.

02 If you don't study, you will fail the exam.

→ ______________________________, you will fail the exam.

03 Because he had seen the movie before, he did't want to watch it again.

→ ______________________________, he did't want to watch it again.

04 Although she was nervous, she gave a great performance.

→ ______________________________, she gave a great performance.

05 They left the house while they were talking about their weekend plans.

→ They left the house, ______________________________.

B 각 문장의 분사구문을 부사절로 바꿔 쓰시오.

06 Looking at the sky, I saw dark clouds.

→ ______________________________, I saw dark clouds.

07 Having saved enough money, he was able to buy a new car.

→ ______________________________, he was able to buy a new car.

08 Not expecting rain, we didn't bring an umbrella.

→ ______________________________, we didn't bring an umbrella.

09 Being tired, they kept working.

→ ______________________________, they kept working.

10 She walked into the room, smiling brightly.

→ She walked into the room ______________________________.

C 우리말과 일치하도록 ( ) 안의 단어를 바르게 배열하시오. (필요시 형태를 바꿀 것)

11 그 소년은 짖고 있는 개를 겁먹은 채 쳐다보았다. (looked at, bark, in fear, the boy, the, dog)

→ ______________________________

12 날씨가 나빠서, 우리는 소풍을 취소했다. (the picnic, be, the weather, we, bad, canceled)

→ ______________________________

13 그녀의 머리카락이 바람에 날리면서, 그녀는 아름다워 보였다.
(beautiful, blow, the wind, looked, hair, she, with, her, in)

→ ______________________________

14 런던에서 5년간 살았다 할지라도, 그녀는 그 도시를 잘 알지 못했다.
(for, London, have, five, didn't, well, know, years, the city, live in, she)

→ ______________________________

15 예상하지 못한 선물에 놀라서, 그녀는 행복하게 미소 지었다.
(by, smiled, surprise, the, happily, unexpected, she, gift)

→ ______________________________

16 지갑을 잃어버렸기 때문에, 그는 식사비를 지불할 수 없었다.
(his, the meal, lose, couldn't, wallet, have, he, pay for)

→ ______________________________

17 긴 지연에 불만을 느껴서, 나는 고객 서비스에 전화했다.
(customer service, by, called, feel, the long, I, frustrate, delay)

→ ______________________________

18 문이 잠긴 상태에서, 나는 안에서 안전하다고 느꼈다.
(safe, with, I, the door, felt, lock, inside)

→ ______________________________

19 음식이 상해서, 우리는 피자를 주문했다. (ordered, have, we, pizza, the food, spoil)

→ ______________________________

20 Cathy는 그 명단에 자신의 이름이 적힌 것을 보았다.
(saw, write, name, the list, Cathy, her, on)

→ ______________________________

CHAPTER

06 비교

A 어법상 틀린 부분을 찾아 바르게 고쳐 문장을 다시 쓰시오.

01 Her drawing is more superior than mine.

→ ______________________________

02 *Dune: Part Two* is the best movie that I saw.

→ ______________________________

03 Nothing is not more precious than time.

→ ______________________________

04 Lisa is taller than any other women in this group.

→ ______________________________

05 The harder the challenge, the reward feels greater.

→ ______________________________

06 The colder it gets, the heavier I wear coat.

→ ______________________________

07 The vacation was one of the best moment of my life.

→ ______________________________

08 It is one of the harder books that I've ever read.

→ ______________________________

09 The more you study, the easily the exam will feel.

→ ______________________________

10 No sooner Jacob had lain down than he fall asleep.

→ ______________________________

B 우리말과 일치하도록 ( ) 안의 단어를 바르게 배열하시오. (필요시 형태를 바꿀 것)

11 내 엄마는 식당에서 외식하는 것보다 집에서 요리하는 것을 선호하신다.

(at restaurants, cook, my mother, eat out, at home, prefer, to)

→ ______________________________

12 우리는 파티 전에 집을 청소했다. (the party, the house, we, prior, cleaned, to)

→ ____________________

13 잘 익은 망고보다 더 달콤한 과일은 없다. (is, fruit, ripe mango, no, sweet, a, than)

→ ____________________

14 내가 샤워를 시작하자마자 초인종이 울렸다.

(to take, have, no, the doorbell, sooner, I, a shower, ring, start, than)

→ ____________________

15 너는 더 많은 친구를 사귈수록, 더 재미있게 지낸다.

(fun, friends, more, have, more, you, the, the, you, make)

→ ____________________

16 이 그림은 이곳에 있는 어떤 예술작품보다도 더 아름답다.

(is, than, here, this painting, other, more, any, artwork, beautiful)

→ ____________________

17 이곳은 이 나라에서 가장 큰 도시들 중 하나이다. (large, the country, one, the, is, city, this, of, in)

→ ____________________

18 이 컴퓨터의 품질은 이전 모델보다도 더 열등하다.

(the, inferior, of, is, that, model, the quality, to, of, previous, this computer)

→ ____________________

C 우리말과 일치하도록 〈조건〉에 맞춰 영어로 쓰시오.

19 치타보다 더 빠른 동물은 없다.

조건	1. cheetah, no other, fast를 사용할 것 (필요시 형태를 바꿀 것) 2. 8단어의 문장으로 쓸 것

→ ____________________

20 내가 밖에 나가자마자 비가 오기 시작했다.

조건	1. begin, go out, no sooner를 사용할 것 (필요시 형태를 바꿀 것) 2. 10단어의 문장으로 쓸 것

→ ____________________

CHAPTER

07 접속사

A 어법상 틀린 부분을 찾아 바르게 고치시오.

01 Do you guess what will happen next in the story?

_______________ → _______________

02 Not only Jisung but also Heungmin love to play soccer.

_______________ → _______________

03 Both you and I am able to participate in the competition.

_______________ → _______________

04 During watching the boring movie, most people fell asleep.

_______________ → _______________

05 Crystal has been thinking about if she will apply for the job.

_______________ → _______________

06 Hansol doesn't enjoy exercising, nor she reads books.

_______________ → _______________

07 Though her busy schedule, my mother always spends time with family.

_______________ → _______________

08 The teacher as well as the students are looking forward to the field trip.

_______________ → _______________

09 After she will graduate from university, she must build her own career.

_______________ → _______________

10 I can call you either right now and at night. You can choose the best time.

_______________ → _______________

B 두 문장이 같은 의미를 갖도록 빈칸에 들어갈 알맞은 말을 쓰시오.

11 Sujin feels too tired to go out tonight.

= Sujin feels so _______________.

12 Youngju went on a diet in order to look slender.

= Youngju went on a diet so ______________________________.

13 Seulgi dances so well that I envy her.

= Seulgi dances well ______________________________.

C

우리말과 일치하도록 ( ) 안의 단어를 바르게 배열하시오.

14 독서는 물론 여행도 사람의 시야를 넓혀준다.

(as, broadens, traveling, perspective, as, reading, well, one's)

→ ______________________________

15 너는 그들이 방과 후에 어디로 갔다고 생각하니?

(you, after, they where, went, suppose, do, school)

→ ______________________________

16 나는 해외에서 일하기 위해 영어를 공부하고 있다.

(work, English, to, I'm, in, abroad, studying, order)

→ ______________________________

17 무엇이 그의 마음을 바꾸게 했나요? (him, what, his, to, mind, caused, change)

→ ______________________________

18 비가 그치자마자 우리는 해변으로 떠날 것이다.

(leave for, soon, raining, will, as, stops, we, as, the beach, it)

→ ______________________________

19 나는 그녀가 왜 오지 않았는지 알고 싶다. (she, come, to, why, I'd, know, didn't, like)

→ ______________________________

20 그 지시를 이해하는 것은 그녀에게는 충분히 어렵다.

(enough, the instructions, is, her, it, hard, for, to, understand)

→ ______________________________

CHAPTER
08 관계사

A 어법상 틀린 부분을 찾아 바르게 고치고 문장을 다시 쓰시오.

01 The children who is playing in the amusement park look very happy.

→ ______________________________

02 That they found in the old house was astonishing.

→ ______________________________

03 Chris overslept, that was very unusual.

→ ______________________________

04 They are the musicians who performance is fascinating.

→ ______________________________

05 He gave me that I had been asking for.

→ ______________________________

B 다음 두 문장을 관계대명사를 사용하여 한 문장으로 만드시오. (생략하지 말 것)

06 The man is honest. + I introduced him to her.

→ ______________________________

07 Jenny likes the teacher. + He often gives her valuable advice.

→ ______________________________

08 The girl admires the author. + His books have inspired many people.

→ ______________________________

09 The woman is a lawyer. + I got advice from her.

→ ______________________________

10 The movie was amazing. + We watched it last night.

→ ______________________________

11 The car stopped suddenly. + It was going too fast.

→ ______________________________

Answer p.33

12 This is the company. + Its products are eco-friendly.

→ ______________________________

13 The movie is a masterpiece. + People have talked about it for years.

→ ______________________________

C

다음 두 문장을 관계부사를 사용하여 한 문장으로 만드시오. (생략하지 말 것)

14 Do you know the time? + The train arrives at that time.

→ ______________________________

15 That's the park. + We used to play in that park.

→ ______________________________

16 Do you know the reason? + They canceled the event for that reason.

→ ______________________________

17 I don't know the way. + She solved the problem in that way.

→ ______________________________

D

우리말과 일치하도록 ( ) 안의 단어를 바르게 배열하시오.

18 그는 나와 같이 축구를 하는 축구 동호회 회원이다.

(whom, soccer, is, of, I, he, with, play, the member, the soccer club)

→ ______________________________

19 우리가 그 신발을 샀던 가게를 기억하니?

(the store, you, bought, remember, those shoes, where, do, we)

→ ______________________________

20 그녀는 여러 차례 상을 받은 책의 저자이다.

(several, she, awards, book, is, whose, won, the author)

→ ______________________________

CHAPTER

09 조동사 / 가법정

A 우리말과 일치하도록 알맞은 조동사와 ( ) 안의 단어를 사용하여 문장을 완성하시오. (필요시 형태를 바꿀 것)

01 내가 어렸을 때, 나는 나의 강아지와 놀곤 했다. (play)

→ When I was young, I ____________________ with my puppy.

02 이 지역에서는 소들이 수레를 끌기 위해 사용된다. (pull)

→ In this area, oxen ____________________ carts.

03 청소년들은 디지털 기기를 사용하는 데에 익숙하다. (use)

→ Teenagers ____________________ digital devices.

04 나는 그의 충고를 받아들였어야만 했다. (accept)

→ I ____________________ his advice.

05 Tim은 파티에 대해 잊었음에 틀림없다. 그는 오지 않았다. (forget)

→ Tim ____________________ about the party. He didn't come.

06 그들은 아들에 대해 걱정할 필요가 없었다. (worry)

→ They ____________________ about their son.

B 다음 두 문장이 같은 뜻이 되도록 빈칸에 들어갈 알맞은 말을 쓰시오.

07 If I knew the answer, I could tell you.

= As I ________________ the answer, I ________________ you.

08 If they had left earlier, they could have caught the train.

= As they ________________ earlier, they ________________ the train.

09 If I had studied harder, I would be in college now.

= As I ________________ harder, I ________________ in college now.

10 I wish I had gone to the concert last night.

= I'm sorry that I ________________ to the concert last night.

11 He talks as if he were an expert in the field.

= In fact, he ________________ an expert in the field.

C 우리말과 일치하도록 ( ) 안의 단어를 바르게 배열하시오. (필요시 형태를 바꿀 것)

12 내가 경고 표지를 보았더라면, 차를 멈췄을 텐데.
(see, have, I, the car, if, will, have, stop, I, the warning sign)

→ ______________________________

13 Chris가 다리를 다치지 않았더라면 지금 그 경기에 참여할 수 있을 텐데.
(he, have, if, his leg, attend, now, Chris, not, injure, can, the game)

→ ______________________________

14 그 개는 마치 위험을 감지한 것처럼 짖었다. (as, sensed, the dog, if, barked, danger, it)

→ ______________________________

15 그는 이 도시에 처음 온 사람이었음에 틀림없다. (must, a stranger, be, this, have, town, he, to)

→ ______________________________

16 그가 여기 있다면, 그는 우리를 도와줄 텐데. (will, he, us, be, if, he, help, here)

→ ______________________________

17 내가 어젯밤 더 일찍 잠자리에 들었더라면 좋았을 텐데.
(to bed, go, I, earlier, wish, last night, I, have)

→ ______________________________

18 버스가 10분 전에 도착했어야 했는데. (arrive, ago, have, should, the bus, ten minutes)

→ ______________________________

19 그녀는 Bill에게 일어났던 일을 들었을 지도 모른다.
(happen, hear, may, Bill, what, she, to, have)

→ ______________________________

D 우리말과 일치하도록 〈조건〉에 맞게 영어로 쓰시오.

20 그가 어제 조심히 운전했더라면 지금 병원에 있지 않을 텐데.

조건	1. be in the hospital, carefully, drive를 사용할 것 (필요시 형태를 바꿀 것) 2. 12단어의 문장으로 쓸 것

→ ______________________________

CHAPTER

10 특수 구문

A 빈칸에 들어갈 알맞은 말을 써서 밑줄 친 부분을 강조하는 문장을 완성하시오.

01 I saw a ghost in the dark street last night.

→ I ______________ a ghost in the dark street last night.

02 This book helped me the most in learning English.

→ ______________ helped me the most in learning English.

03 We first met in Paris.

→ ______________ we first met.

04 Betty hopes that he can come to the event.

→ Betty ______________ that he can come to the event.

05 I enjoy spending time with you.

→ I ______________ spending time with you.

B 어법상 틀린 부분을 찾아 바르게 고치시오.

06 None of the books is interesting to me.

______________ → ______________

07 It is Steve who always make the final decision.

______________ → ______________

08 On the hill stand a beautiful old church.

______________ → ______________

09 In front of the building was many people.

______________ → ______________

10 Hardly does he shows any interest in sports.

______________ → ______________

11 They like watching movies, and so am I.

______________ → ______________

12 Rarely were we see each other after graduation.

________________ → ________________

13 Never the teacher will allow such behavior again.

________________ → ________________

14 Never did Amy break the traffic signal, and neither I did.

________________ → ________________

C

우리말과 일치하도록 ( ) 안의 단어를 바르게 배열하시오.

15 모든 사람이 그 행사에 참석할 수 있는 것은 아니다.
(to, able, the event, everyone, is, not, attend)

→ ________________________________

16 Jerry는 모임에 제시간에 도착하는 일이 거의 없다.
(for, Jerry, meetings, rarely, on time, does, arrive)

→ ________________________________

17 Terry는 그 영화를 전혀 이해하지 못한다.
(understand, all, Terry, the movie, doesn't, at)

→ ________________________________

18 그는 항상 기분이 좋은 것은 아니다. (always, a, is, he, mood, not, in, good)

→ ________________________________

19 그녀는 세 개 언어를 말할 줄 아는데, 나도 그렇다.
(languages, can, three, can, speak, and, I, she, so)

→ ________________________________

20 우리가 파티를 열 장소는 바로 정원이다.
(will, that, in, hold, it, we, the party, is, the garden)

→ ________________________________

MEMO

MEMO